安徽省高等学校一流教材

新时代医学院校劳动教育理论与实务

主　审　文育锋
主　编　余　亮　黄月娥
副主编　唐浩如　张建英
编　委（按姓氏笔画排序）
　　　　刘　瑾　江明菲　陈　筠
　　　　胡　蝶　姚　露　谢玉娣

中国科学技术大学出版社

内 容 简 介

本书为2021年安徽省高等学校一流教材建设项目(2021yljc125)的成果。共三篇：理论篇对劳动及相关概念进行了概述，介绍了新时代的劳模精神、"工匠精神"，并创新性地将劳动心理、劳动道德、劳动卫生、劳动安全与劳动保护等方面的内容予以呈现；实践篇设有校园劳动、志愿服务、常见急救三个专题，以期医学生能更好地掌握医学劳动理论和提升劳动实践能力；政策篇选取了《关于全面加强新时代大中小学劳动教育的意见》《大中小学劳动教育指导纲要(试行)》，旨在帮助了解劳动教育新的时代使命，从而真正实现高等教育"五育并举"。

本书适合医学院校学生使用。

图书在版编目(CIP)数据

新时代医学院校劳动教育理论与实务/余亮,黄月娥主编. —合肥:中国科学技术大学出版社,2022.8
ISBN 978-7-312-05453-2

Ⅰ.新… Ⅱ.①余… ②黄… Ⅲ.劳动教育—医学院校—教材 Ⅳ.G40-015

中国版本图书馆CIP数据核字(2022)第139283号

新时代医学院校劳动教育理论与实务
XINSHIDAI YIXUE YUANXIAO LAODONG JIAOYU LILUN YU SHIWU

出版	中国科学技术大学出版社 安徽省合肥市金寨路96号,230026 http://press.ustc.edu.cn https://zgkxjsdxcbs.tmall.com
印刷	合肥皖科印务有限公司
发行	中国科学技术大学出版社
开本	710 mm×1000 mm 1/16
印张	18.25
字数	354千
版次	2022年8月第1版
印次	2022年8月第1次印刷
定价	45.00元

前　言

马克思主义劳动观认为,人是劳动的产物,人类生存与发展所需的全部物质条件和精神条件都是由劳动创造的。劳动一方面提供了人类生存发展所需的物质资料,一方面推动了社会的发展与进步。从刀耕火种的原始社会到今天高度信息化的时代,"劳动创造价值"从未改变。

2020年,中共中央、国务院发布《关于全面加强新时代大中小学劳动教育的意见》,对新时代劳动教育做了顶层设计和全面部署。全面贯彻党的教育方针,抓好新时代劳动教育,在大学生中弘扬劳动精神,帮助学生牢固确立"劳动最光荣、劳动最崇高、劳动最伟大、劳动最美丽"的劳动价值观,让中华民族勤俭、奋斗、创造、奉献的劳动精神在他们身上发扬光大,这既是高校落实"立德树人"根本任务的重要途径之一,也是编写本教材的初衷。

随着经济社会的快速发展,疾病谱和大众的健康观念也发生了深刻变化,医学劳动被赋予了新内涵,也对医学生的岗位胜任力提出了新要求。劳动教育普适的树德、增智、强体、育美等综合育人价值在医学高等教育过程中具体为医德塑造、医理探索、医技提升和医风培育,也为医学生能够肩负起"健康中国"时代使命打下坚实基础。

为贯彻落实新时代对劳动教育的要求,结合医学院校的特点,充分发挥劳动教育的育人价值,皖南医学院组织校内外一批经验丰富、学有所长的中青年教师编写了《新时代医学院校劳动教育理论与实务》。在汲取多部优秀劳动教育通识教材已有成果的基础上,与医学院校的人才培养目标深度融合,并充分考虑医学人才培养模式的特点,创新性地将劳动心理、劳动卫生等方面的内容在理论篇中予以呈现。基于医学院校对实践教学的倚重,实践篇中将校园劳动、志愿服务、常见急救作为三个专题进行介绍,以期更好地帮助医学生掌握医学劳动理论和提升劳动实践能力。政策篇选取了《关于全面加强新时代大中小学劳动教育的意见》《大中小学劳动教育指导纲要(试行)》,通过学习贯彻文件精神,理解劳动教育新的时代使命,帮助高等教育真正实现"五育并举"。

  本教材充分考虑了"以学生为中心"的高等教育课程改革的要求和学习者的认知发展规律,吸收和借鉴了劳动教育的最新研究成果,突出了医学生劳动教育的针对性,选取了医学特征明显的教学素材供教师授课和学生自学使用。

  本书作为2021年安徽省高等学校一流教材建设项目(2021yljc125)的成果,在编写过程中,编委会成员参阅了众多的文献资料,也吸收了许多学者和劳动教育专家的智慧,付出了艰辛的劳动,在此谨一并表示衷心的感谢。

  由于编者水平有限,书中难免存在瑕疵,恳请各界专家学者、读者批评指正。

编者

2022年3月

目 录

前言 ·· (i)

理 论 篇

第一章 绪论 ··· (3)
 第一节 劳动概述 ··· (4)
 第二节 劳动教育概述 ·· (17)
 第三节 新时代劳动教育课程 ·· (31)

第二章 劳动价值观与劳动价值观教育 ··· (39)
 第一节 马克思主义劳动价值观 ··· (40)
 第二节 劳动价值观教育 ·· (48)
 第三节 医学院校劳动价值观教育的实施路径 ································· (60)

第三章 弘扬新时代劳模精神 ·· (69)
 第一节 劳模精神的主要内涵 ·· (70)
 第二节 新时代弘扬劳模精神的现实意义及教育意义 ······················· (77)

第四章 发扬新时代"工匠精神" ·· (90)
 第一节 "工匠精神"的主要内涵 ··· (91)
 第二节 "工匠精神"的传承与培育 ··· (103)
 第三节 新时代大学生"工匠精神"的培育 ······································· (110)

第五章 劳动心理 ··· (116)
 第一节 劳动心理概论 ··· (117)
 第二节 劳动者常见心理 ·· (123)
 第三节 压力应对与劳动心理健康调适 ·· (136)

第六章 劳动道德 ··· (147)
 第一节 劳动道德概述 ··· (148)

第二节　劳动道德的规范要求 ………………………………………… (156)

　　第三节　劳动道德的培养 ……………………………………………… (162)

第七章　劳动卫生 ……………………………………………………………… (175)

　　第一节　劳动过程和环境中常见的有害因素 ………………………… (176)

　　第二节　劳动生理 ……………………………………………………… (187)

　　第三节　医疗卫生劳动者的职业卫生 ………………………………… (197)

第八章　劳动安全与劳动保护 ………………………………………………… (204)

　　第一节　劳动安全与劳动安全教育 …………………………………… (205)

　　第二节　劳动保护 ……………………………………………………… (220)

实 践 篇

专题一　校园劳动 ……………………………………………………………… (231)

专题二　志愿服务 ……………………………………………………………… (238)

专题三　常见急救 ……………………………………………………………… (244)

政 策 篇

《关于全面加强新时代大中小学劳动教育的意见》………………………… (253)

《大中小学劳动教育指导纲要(试行)》……………………………………… (260)

附录　全国大学生学科竞赛(部分) ………………………………………… (272)

参考文献 ………………………………………………………………………… (280)

理 论 篇

第一章 绪　　论

学习目标

1. 知识与技能目标：通过自主学习，学生能够掌握劳动、劳动者、劳动教育的定义。

2. 过程与方法目标：通过合作学习，学生能够认知劳动的特点，了解应该具备的劳动能力。

3. 情感、态度、价值观：通过探究学习，学生能够感悟主动投身劳动对于新时代社会主义建设和提升自身素养的意义。

本章概要

1. 劳动是人类特有的，运用自己的体力与智力所进行的一种有目的、有意识地改造自然和社会的实践活动。劳动不仅创造了人类本身，而且创造了并将继续创造人类所需要的一切物质和精神财富，在人类形成过程和人类社会发展过程中，起到了决定性的作用。

2. 新时代大学生劳动的主要内容包括日常生活劳动、生产劳动、社会服务性劳动和创造性劳动。

3. 大学生劳动教育是指高校按照一定的计划和目的，组织大学生通过参加各种劳动实践，引导大学生形成正确的劳动价值观、认同劳动精神、养成劳动习惯以及提高自身劳动技能的教育活动。

4. 新时代大学生劳动教育需体现思想性、社会性和实践性的高度统一，主要包括帮助大学生端正劳动观念、引导大学生弘扬劳动精神、带领大学生投身劳动实践、倡导大学生传承劳动文化、激发大学生进行创新劳动五大目标。

5. 对加强大学生劳动教育在落实高校立德树人任务的内在要求，推进"三全育人"综合改革，落实"五育并举"提升大学生综合素质具有重大意义。

6. 新时代高校劳动课程建设应将显性课程和隐性课程并重，劳动教育效果评价须诊断性评价、过程性评价和终结性评价结合。

 引 子

2020年3月,中共中央、国务院印发《关于全面加强新时代大中小学劳动教育的意见》(以下简称《意见》),对构建德智体美劳全面发展的教育体系进行系统设计和全面部署。《意见》指出"劳动教育是中国特色社会主义教育制度的重要内容,直接决定社会主义建设者和接班人的劳动精神面貌、劳动价值取向和劳动技能水平",同时提出"劳动教育是国民教育体系的重要内容,是学生成长的必要途径,具有树德、增智、强体、育美的综合育人价值"。可见,劳动教育被赋予新的时代使命,对真正实现"五育并举"具有关键作用。新时代大学生肩负着实现中华民族伟大复兴的重任,学习贯彻《意见》精神,在理解和把握新时代劳动教育的目的、意义和实施路径的基础上,结合医学教育特点,全面落实高等教育立德树人根本任务,可以帮助学生们树立正确的劳动观念,正确理解劳动是人类发展和社会进步的根本力量,认识劳动创造人、创造价值、创造财富、创造美好生活的道理,学会尊重劳动、尊重普通劳动者,牢固树立劳动最光荣、劳动最崇高、劳动最伟大、劳动最美丽的思想观念。通过不断加强新时代医学生劳动教育,有利于建设人才型社会,培养担当民族复兴大任的时代新人。

第一节 劳动概述

一、什么是劳动?

劳动是人类的本质特征,创造了社会的一切物质、精神财富。在人类文明进步和社会发展过程中,劳动的作用不可替代,人类文明史与劳动发展史同步向前。《中华人民共和国宪法》第四十二条明确规定中华人民共和国公民有劳动的权利和义务。作为新时代的大学生,了解劳动、尊重劳动、投身劳动是成为合格国家建设者和可靠接班人的必要路径。

在我国古代,"春耕种,形足以劳动"(《庄子·让王》)、"人体欲得劳动,但不当使极尔"(《三国志·华佗传》)中将劳动阐释为"操作""活动"。伴随着生产力的不断发展,劳动的含义从生产力欠发达时期的体力活动逐步拓展为创造物质财富和精神财富的全部活动,并可分为体力劳动和脑力劳动两大类。

关于劳动的定义,《中国大百科全书》《教育大辞典》《辞海》均有相应表述:

(1)《中国大百科全书》将劳动定义为"人类特有的基本的社会实践活动,人通过有目的的活动改造自然对象,并在这一活动中改造人自身的过程。劳动体现了人与自然、人与人两方面关系的统一"。

(2)《教育大辞典》将劳动定义为"劳动力的使用和消费,人以自身活动来引起、调整和控制人与自然之间的物质变换过程。制造和使用生产工具,并在一定的社会关系中进行劳动,是人和动物的本质区别"。

(3)《辞海》将劳动定义为:① 人类创造物质或精神财富的活动:体力劳动和脑力劳动。② 专指体力劳动:劳动锻炼。③ 进行体力劳动:他劳动去了。

我们知道,劳动在人类形成过程中起了决定性作用,人类的祖先类人猿经长期劳动实践,才成为能够制造和使用工具的人。在不同的社会制度,劳动具有不同的社会属性:在奴隶制度、封建制度和资本主义制度下,劳动者的劳动表现为奴隶劳动、农奴劳动和雇佣劳动,是不同性质的受剥削的劳动;在社会主义制度下,劳动者成了国家的主人,不再受剥削;进入共产主义后,劳动不再是谋生的手段,而且将成为人们生活的第一需要。

综上所述,劳动是人类特有的,运用自己的体力与智力所进行的一种有目的、有意识地改造自然和社会的实践活动,劳动不仅创造了人类本身,而且并将继续创造人类所需要的一切物质和精神财富,在人类形成过程和社会发展过程中,起了决定性的作用。

阅读材料1-1　五一国际劳动节

国际劳动节(International Workers' Day 或者 May Day)又称"五一国际劳动节""国际示威游行日",是全世界劳动人民共同拥有的节日。

1889年7月,由恩格斯领导的第二国际在巴黎举行代表大会。会议通过决议,规定1890年5月1日国际劳动者举行游行,并决定把每年5月1日这一天定为国际劳动节。

1921年五一劳动节前夕,在北京的共产主义小组成员邓中夏等人创办的长辛店劳动补习学校里,工人们学唱《五一纪念歌》。其歌词是:"美哉自由,世界明星,拼吾热血,为他牺牲,要把强权制度一切扫除净,记取五月一日之良辰。红旗飞舞,走光明路,各尽所能,各取所需,不分贫富贵贱,责任唯互助,愿大家努力齐进取。"这首雄壮有力的歌,是由长辛店劳动实习学校的教员和北京大学的进步学生共同创编而成的。

新中国成立以后,中央人民政府政务院于1949年12月将每年5月1日定为法定的劳动节,全国放假一天。每年的这一天,举国欢庆,人们换上节日的盛装,兴高采烈地聚集在公园、剧院、广场,参加各种庆祝集会或文体娱乐活动,并对有突出贡献的劳动者进行表彰。

阅读材料1-2　劳动名人名言

（1）社会主义制度的建立给咱们开辟了一条到达理想境界的道路,而理想境界的实现还要靠咱们的辛勤劳动。

——毛泽东

（2）成功=艰苦的劳动+正确的方法+少谈空话。

——爱因斯坦

（3）在人的生活中最主要的是劳动训练。没有劳动就不可能有正常的人的生活。

——卢梭

（4）知识是从劳动中得来的,任何成就都是刻苦劳动的结晶。

——宋庆龄

（5）没有顽强的细心的劳动,即使是有才华的人也会变成绣花枕头似的无用的玩物。

——斯坦尼·斯拉夫斯基

（6）伟大的成绩和辛勤劳动是成正比例的,有一分劳动就有一分收获,日积月累,从少到多,奇迹就能够创造出来。

——鲁迅

（7）只有透过劳动,思想才能变得健全;只有透过思想,劳动才能变得愉快,两者是不能分割的。

——罗斯金

（8）人生的最大愉悦,是自我的劳动得到了成果。农民劳动得到了收获,工人劳动出了产品,医生劳动治好了病,教师劳动教好了学生,其他工作也都是一样的。

——谢觉哉

（9）从观察中不仅仅能够汲取知识,而且知识在观察中能够活跃起来,知识

> 借助观察而进入周转,像工具在劳动中得到运用一样。如果说复习是领悟之母,那么观察就是思考和识记知识之母。一个有观察力的学生,绝不会是学业成绩落后或者文理不通的学生。
>
> ——苏霍姆林斯基

二、什么是劳动者?

劳动者是对从事劳作活动一类人的统称。其概念内涵广泛,凡是具有劳动能力,且通过劳动获取合法收入作为生活资料来源的公民都可称为劳动者。不同的学科从不同的角度对劳动者的概念进行了界定:

(1) 在马克思主义理论体系中,劳动者、劳动资料、劳动对象是生产力三个基本要素,劳动者是其中最为活跃和最富有创造性的要素,是人民群众的主体部分,推动着历史的前进,创造了人类社会的物质财富,并为精神财富的创造提供条件。

(2) 在社会学范畴,劳动者是指一个包括中小资产阶级、公务员、知识分子、自由职业者、工人、农民、渔民和手工业者在内的多阶级政治集合。

(3) 在哲学范畴,劳动者是指参加劳动并以自己的劳动收入为生活资料主要来源的人。其一,劳动者包括体力劳动者和脑力劳动者;其二,劳动者以自己的劳动收入作为生活资料的主要来源。

(4) 在法律范畴,劳动者具体指达到法定年龄,具有劳动能力,以从事某种社会劳动来获得收入为主要生活来源,依据法律或合同的规定,在用人单位的管理下从事劳动并获取劳动报酬的自然人。但并不是所有的自然人都是合法的劳动者,要成为合法的劳动者必须具备一定的条件并取得劳动权利能力和劳动行为能力,区别于"非法劳动者"。其中劳动者的主体资格始于劳动者最低用工年龄(除特种工作外,最低用工年龄为16周岁),终于法定退休年龄。

阅读材料1-3 大学生是社会精英还是普通劳动者?

2006年5月22日,教育部高校学生司负责人回答了《中国青年报》记者关于许多家长和大学生抱着精英心态的择业观对就业有何影响的问题。

问:尽管我们的高等教育已经进入大众化阶段,可很多家长和考生还都抱有精英心态,这种就业观是不是还在阻碍很多大学生就业?

答:近年来,随着高等教育的大众化以及就业压力的增加,总体来看,高校毕业生的就业期望有所降低,到中小企业就业、灵活就业、自主创业的毕业生人数逐年增加,学生择业观念和心态在发生积极的变化。但是,由于传统观念、社会舆论等多种因素影响,仍有相当一部分毕业生,尤其是家长的观念不能适应就业形势的变化,跟不上社会就业方式的变化。

今后几年这种反差可能会越来越大,突出表现在两个方面:一是在就业岗位上,二是在就业方式上。应该说,高等教育大众化阶段的大学生不能再自诩为社会的精英,要怀着一个普通劳动者的心态和定位去参与就业选择和就业竞争。这需要广大毕业生,尤其是家长,更新就业观念,调整就业期望,在正确判断形势的前提下适度选择,以多种方式努力实现广泛就业。

资料来源:http://zqb.cyol.com/content/2006-05/22/content_1391516.htm。

阅读材料1-4　人民日报社论:光荣属于每一个劳动者

心有灵巧画笔,绘就波澜壮阔的梦想宏图;手握精密刻刀,雕出气吞万里的锦绣河山。在这个属于劳动者的节日里,我们向全国工人阶级和广大劳动群众致以诚挚的节日祝贺!

中国梦,劳动美。正是劳动,让我们今天得以无比接近中华民族伟大复兴的目标。天舟与天宫"握手"太空,国产大飞机和航空母舰闪亮登场,雄安新区和北京城市副中心蓝图初绘,这些美好场景无不起始于辛勤、诚实、富于创造性的劳动。25年如一日勘察发现巨型钼矿,攻克技术瓶颈推进汽车制造国产化,钻研动车疑难故障成就"活的百科全书",一个个全国五一劳动奖和全国工人先锋号获奖群体的事迹,让无数人感受到榜样的力量、精神的光辉。中华大地上,千千万万劳动者以高度的主人翁责任感、卓越的劳动创造、忘我的拼搏奉献,在平凡岗位上做出了不平凡的业绩,更在民族复兴的伟大征程中成就人生价值,书写无上荣光。

劳动是一切成功的必由之路,是创造价值的唯一源泉。纵观国际格局,一个国家的发展能否抢占先机、赢得主动,越来越取决于国民素质特别是劳动者素质。放眼国内大势,落实新发展理念,推进供给侧结构性改革,实施创新驱动发展战略,孕育一支宏大的高素质产业工人队伍至关重要。改革发展召唤知识型、技术型、创新型高素质劳动者,社会进步也需要劳动精神、"工匠精神"、创新意识的引领带动。学习新知识、掌握新技能、增长新本领,在推进供给侧结构性改革中发挥主力军作用,工人阶级和劳动群众就能奏响"劳动光荣、创造伟大"的时代之歌,谱写劳动托举中国梦的新篇章。

劳动和创造，离不开知识的浸润。我们身处的时代，知识经济以前所未有的力度重塑着劳动形态和劳动观念，张扬人才价值、重视知识创新是时代的要求。在冲刺全面建成小康社会的关键一程上，我们比以往更加需要知识和知识分子；知识分子、技工技师、海归人才等各类人才也比以往拥有更加宽阔的舞台。广纳英才，汇聚众志，实干为先，加快形成有利于干事创业的体制机制，让各类人才把才华和能量充分释放出来，决战决胜全面小康就能早日成为现实。广大知识分子胸怀大局、心有大我，多为推进党和人民事业发展献计出力，多面向经济社会发展主战场、面向人民群众新需求创新攻关，必能在时代的洪流中绽放人生的华彩。

劳动和创造，最需要制度的呵护。党的十八大以来，以习近平同志为核心的党中央心系广大工人阶级和劳动群众的生产生活和职业发展情况，高度重视解决职工群众最关心、最直接、最现实的利益问题。从围绕收入、健康、休息等劳动者切身权益深化改革，到实施积极的就业创业政策托底民生保障，党和国家的政策关怀，鼓舞起亿万劳动者向着梦想实干奋进的决心和信心。去产能、去库存、去杠杆、降成本、补短板，深化供给侧结构性改革，实现产业转型升级，我们必然面临调整的阵痛、成长的烦恼。越是这样的时候，越需要我们更好坚持以人民为中心的发展思想，结合时代特点和现实要求，把全心全意依靠工人阶级的方针真正落实好，努力做好职工的思想引导、转岗安置、就业培训等工作，确保分流职工就业有出路、生活有保障，致力建构和谐劳动关系，捍卫劳动者的尊严。

每一滴汗水都折射太阳的光芒，每一份付出都照亮梦想的天空。全面建成小康社会，每一个劳动者都是主角。尊重劳动、尊重知识、尊重人才、尊重创造，焕发实干兴邦的劳动热情和创造激情，我们一定能用勤劳的双手创造属于自己的幸福和光荣。

资料来源：中华人民共和国中央人民政府网.人民日报社论：光荣属于每一个劳动者——写在五一国际劳动节[EB/OL].（2017-04-30）.http://www.gov.cn/xinwen/2017/04/30/content_5190083.htm.

三、劳动的特征

（一）劳动的专属性

1. 劳动创造了人

在从猿到人的转变过程中，劳动起了决定性的作用，没有劳动就没有人类，马克思一再谈到人类的社会本质以及劳动在人类形成中的决定作用,且被考古学和古人类学的大量发现和事实所证实。

2. 劳动保证了人的存续和成长

劳动是人维持自我生存和自我发展的唯一手段。通过劳动,人类不断拓展生产和生活资料来源、构建社会关系、促进自然与人的和谐共存;通过劳动,人类的健康得到保持、寿命得到延长、环境得到改造、思维创造得到激发。

3. 劳动促进了人类社会的发展和进步

人类拥有和使用的一切物质、财富均是劳动的成果,我们所享有人类文明的一切成就,都建立在劳动者的经验积累、知识传播、技能提升的基础之上。

(二)劳动的创造性

只有那些能够创造出物质财富和精神财富的创造性活动,才能称为劳动。

1. 物质文明离不开劳动创造

从我国古代的四大发明——造纸术、印刷术、火药和指南针,到融入新时代日常生活的新四大发明——高速铁路、扫码支付、共享单车和网络购物,人们通过发明、改进劳动工具和生产技术,提高了劳动效率,促进了物质文明的发展,从而改善了生活条件。

2. 劳动创造了精神文明

从"老师讲学生听"的灌输式知识传播方式到"以学生为中心"的教学模式改革,从书籍、报纸到新时代的全媒体和多媒体,从黑白到彩色再到VR,新时代的劳动者不断提高了我们对精神需要的满足水平。

阅读材料1-5　医学劳动的特点

> **1. 医学劳动的社会性**
>
> 人类的一切劳动实践都具有社会性的特点,但医学劳动由于其特殊的劳动对象以及医学与社会紧密联系着的特有关系,使医学劳动社会性的特点更加鲜明突出。这一特点主要体现在:
>
> (1)医学劳动者的劳动对象是社会的人,医学劳动者的特殊劳动以人类健康需要而存在。人类的健康需求决定着医学劳动者劳动存在的意义,为医学劳动者规定了其特定的社会角色。社会的不同需要造就出各种不同专业、类型的劳动者。服务社会是医学劳动者的基本特点。这一特点要求当医学劳动者的专业兴趣与社会需要发生矛盾时,首先应服从社会需要,以全心全意为伤病员服务为宗旨,自觉弘扬"白求恩精神"。

(2) 新的医学模式突出了"社会性"。为满足人们对更高健康水准的追求，医学科学开始由临床医学时代向预防医学时代转变。医学劳动者的工作对象不仅是生病的人，还有健康需求的人群。社区医疗服务将成为未来医疗卫生工作的重点和发展方向。在新的医学模式下，医学劳动者需要借助社会科学的研究方法和手段，医学有赖于社会科学来发展和完善自己。目前医学中的社会学问题和社会学中的医学问题已是社会学家和医学界关注的一个重大课题。

(3) 在自然与社会科学高度融合渗透的背景下，出现了医学社会化的趋势。有学者认为这一趋势表现在医学研究的统一化、社会化上。医学与社会科学的汇流及当代科学技术的高度综合化使医学研究进入更广泛的社会领域。同时一些医学技术本身无法解决的问题，如与医学有关的伦理、法律问题，必须从社会科学领域加以研究寻找答案。对于因社会因素引起的疾病谱变化等与社会现象相关的问题，要求医学劳动者运用社会学的理论、观点和方法来研究医学问题。

2. 医学劳动的探索性

医学作为人类保持健康、防治疾病、延年益寿的实践活动和知识体系，它是世世代代积累的经验总结和精神财富，至今仍是一门充满未知领域的科学。人类在与自身疾病的抗争中艰难地探索和寻找战胜自身疾病的途径和方法。医学史告诉我们，人类与疾病斗争的历史与人类文明发展史一样悠久，即使是最伟大的医学实践家，其实践的广度和深度仍是有限的，他对医学的认识毫无例外地受到时代的局限，受到时代科学技术的制约。正因如此，才有了一代又一代人对医学不倦的追求和探索，现代科学技术的进步为人类探索未知提供了便捷条件和手段，医学家们经过90多年的探索才基本查清了人类自身的结构与功能。临床诊治过程中，由于受到技术条件和经验的制约，也只有经过不断探索才能最终征服疾病，如临床实践中经常遇到的合理用药问题。对同一病种的不同病人，由于病人之间存在个体差异，对病人的用药方案就不能简单地雷同，医生要在临床观察过程中经过探索并不断加以调整，才能达到最佳的治疗效果。因此，医学劳动者必须具有探索问题的能力，其劳动也就具有探索性的特点。

3. 医学劳动的精确性

医学劳动者的劳动以促进人的健康、延长人的生命为目的，要求医学劳动者的劳动做到观察精确、实验精确、诊断精确。在现代科学技术条件下，以计算机技术为标志的高精技术大量进入医学领域，更加突出了医学劳动的精确性。即使是传统的中医临床，也越来越多地借助现代医学的某些精确诊断手段。

医学的数学化是现代医学走向精确性的标志。马克思曾说过："一种科学只有当它达到了能够运用数学时才算真正发展了。"长期以来医学科学停留在定性描述的经验阶段,因而缺乏应有的、严格的精确性,使得临床实践中的许多客观存在的事实无法用理论来解释。一个根本的原因是无法用数学语言来表达所观察到的现象。数学在医学中难于应用的原因有:一是生物系统特性常以随机变量出现;二是在一个生物系统中特性的数量比较大;三是生物系统中无法用数值表示的特性即非实数性。

随着数学方法向医学的渗透和数学方法的不断进步,上述困难已逐步获得初步解决。数学方法在医学中的应用越来越广泛。如统计学和概率论先进入医学领域;大量微分方程渗透到生物医学中;模糊数学为医学数学化开辟了新途径;计算机专家咨询系统出现。瑞士数学家Jerne在《免疫网络结构理论》中提出了现代医学科学研究的新模式:医学免疫学问题—数学化即知识表达技术—计算机完成计算与论证(机械化推理技术)反馈修正(实践检验)—免疫网络结构理论。Jerne因此被授予1985年诺贝尔生理学或医学奖。诺贝尔生理学或医学奖首次授予一位数学家具有特别的意义,预示着医学定量描述的理论阶段的到来,医学科学由此开始跨入精密的自然科学行列。这是一场医学科学的革命。现代医学劳动者劳动体现精确性的特点与数学方法的运用密切相关。一方面,要求现代医学劳动者善于驾驭以计算机技术武装起来的现代医学技术装备。近几十年来,一大批高精尖医疗设备不断涌现,如CT、磁共振、大型血管造影X线机、直线加速器、超声诊断仪、大型全自动生化分析仪等。人们借助电子计算机技术将数学方法大量运用于医学科学。通过计算机数值处理,部分实现了对人类生物特性的定量描述,有效地提高了疾病诊断的科学性和精确性。但是现代化的技术装备需要有现代科学知识的人来掌握,否则精密的仪器装备也难于发挥出效用。另一方面,要求现代医学劳动者努力学会运用数学方法描述医学实践活动中的现象和命题。现代医学中许多未知领域的现实问题只有上升到能够用理论即量化来解释,才可能找到医学规律的突破口。医学劳动者在临床和科研实践中对研究和探讨的问题,通过建立数学模型对医学实践中某一必然或偶然的现象运用计算机进行定量研究,探索其内在的规律性。

因此,医学问题的数学模型化是实现医学劳动精确性的根本途径。随着计算机技术的发展,近些年来人们已着手将医学问题进行数学模型化,并相继出现了病因相关模型(CAS-NET)、肾脏病诊断系统(PIP)等多种医学专家系统。

可以预见,随着数学方法越来越多地渗透到医学领域以及计算机技术在医学中的广泛运用,医学的数学化趋势将加速,医学将真正走向精确性的时代。

4. 医学劳动的协作性

现代科学已由个体研究发展到协作研究，医学也不例外。在现代医学条件下，医学劳动者的劳动更主要表现为协作性的特点。建于1886年、被誉为"科学殿堂"的法国巴斯德研究院在100多年的历程中，医学研究取得无数辉煌的成就，研究开发出254项专利和260种受到保护的生物物质，培养出8名诺贝尔奖获得者，下属110个研究单位，还有23个国外巴斯德研究所。目前在这所著名研究所工作的有1100名科学家，而他们中的一半是进行合作的外国科学家，这堪称国际医学界合作的典范。1901~1990年的90年间，有81项医学成果获得诺贝尔医学奖，其中45项是多人协作完成的，前45年协作研究项目仅占获奖项目的31.4%，后45年协作研究项目占了获奖项目的76.9%，增加了45个百分点。上述事例说明，在现代医学条件下，无论是临床工作还是科研工作，完全依靠个体劳动已不适应现代医学的要求，其趋势是越来越多地依赖医学劳动者群体的协作劳动。

资料来源：叶建成.医学劳动的特性和成才[J].中华医院管理志,1998(2):11-13.

（三）新时代大学生劳动的内容

1. 日常生活劳动

日常生活劳动是指处理与个人生活事务有关的劳动。进入高等教育阶段的大学生，在校学习期间的日常生活离开了父母的悉心照顾，这就要求他们必须有能力独立处理自己的吃、穿、住、用、行。集体宿舍和教室作为大学生日常生活和学习的物理空间，诸如擦窗户、扫地、拖地、垃圾分类等劳动均与空间卫生的保持有关，个人的洗衣、刷鞋、洗床单被套、铺床、整理衣柜、整理杂物、适当的装饰宿舍等均是日常生活劳动。这些看似简单的劳动，恰恰又是大学生必须能够完成的。

阅读材料1-6 大学生生活不能自理 脏衣服"打包"寄回家

某市市民冷女士前两天从邮局取回一个大包裹，同事们都好奇地问是不是老家寄来了什么稀罕的年货。谁知冷女士的回答却让同事们大跌眼镜———根本不是什么年货，而是在外地读书的儿子寄回的一大包脏衣服。

冷女士的儿子王虎（化名）前年考入外地某大学，没有独立生活经验的王虎面对换下来的脏衣服大感头疼。每学期，他都把从家里带去的干净衣服先穿一遍，然后再挑出相对干净点儿的衣服穿下一轮。实在找不出干净衣服了，就将衣服送去洗衣店洗。而每学期末,他都会把剩下的脏衣服拎回家洗。可这学期攒了太多的脏衣服,拎回家觉得麻烦,所以想了个"高招"——把脏衣服直接"打包"寄回家。

"我也知道他这么往家寄脏衣服不好,可他上大学前没让他动手干过什么。"冷女士说,"现在想让他改,我也狠不下那个心,再说当妈的给孩子洗衣服还不是应该的?"冷女士告诉记者,听说现在像她儿子这样不爱洗衣服的孩子挺多的。

据了解,像王虎这样寄脏衣服回家的大学生还是极个别的,但去洗衣店解决脏衣服已成多数大学生的选择。各高校周边都有不少洗衣店,大学生是其主要顾客群体之一。这些洗衣店水洗一件普通衣物收费3元左右,学生们都认为花这点钱能省去自己洗衣服的麻烦很划算。

资料来源:陈捷.大学生生活不能自理 脏衣服"打包"寄回家[EB/OL].(2008-01-25).http://www.taihainet.com/Campus/cpnews/community/2008-01-25/214343.html.

2. 生产劳动

生产劳动是指劳动者借助劳动资料,使自己的劳动作用于劳动对象按照预定的目的生产某种产品的活动。

早在1984年9月,中宣部、教育部发布的《关于高等学校学生参加生产劳动的若干规定》中就明确指出:"组织学生参加一定时间的生产劳动,是实现社会主义大学培养目标不可缺少的重要环节,也是对学生进行思想政治教育的重要途径。生产劳动应列入教学计划。"1996年,第三次全国教育工作会议首次提出"教育与社会实践相结合"的概念,指出"如果只是让学生关起门来读书,不参加劳动,不接触社会实践,不了解工人、农民是怎样辛勤创造社会财富的,不培养劳动人民感情,是不利于他们健康成长和全面发展的""学生适当参加一些物质生产劳动,应成为一门必修课,不是可有可无的"。新时代大学生的道德素养、人文素养、科学素养和创新素养均需要在生产劳动中逐步构建、提升,以为将来职业素养打下坚实的基础。

对新时代医学院校,尤其是对医学专业的大学生而言,完成大学学业之后,还必须进行住院医师规范化培训,住院医生在三年培训期间将系统地进行生产劳动,在劳动中学习各种医疗设备的使用,掌握前沿的医疗技术,并在临床开展医疗救治工作,在岗位上切身体验医者仁心、仁术的平凡与伟大。

3. 社会服务性劳动

社会服务性劳动是指直接服务于社会的有组织的不计报酬的义务劳动。它既为生产服务,又为生活服务,这类劳动在现代社会占有越来越重要的地位。对于大学生来说,在校期间能够积极参与的社会服务性劳动主要包括:全国大中专学生志愿者暑期文化科技卫生"三下乡"社会实践、中国"互联网＋"大学生创新创业大赛"青春筑梦红色之旅"实践赛道等；在校内外的服务性岗位上见习实习；由青年志愿者协会、公益类社团组织的深入城乡社区、福利院、公共场所的志愿服务，开展的公益劳动，参与的社区治理的志愿服务等。凡是利用自己掌握的知识和具备的技能为他人和社会提供服务的劳动均属于此范畴。

4. 创造性劳动

创造性劳动又称为创新劳动，是通过人的脑力劳动萌发出技术、知识、思维的革新，从而高效提升劳动效率、产生出超值社会财富或成果的劳动。大学学习阶段，"挑战杯"大学生课外学术作品竞赛、"创青春"大学生创业大赛、专利大赛等科技创新竞赛以及大学生创新创业训练项目、大学生学科和专业技能比赛等就属于此类型。此类型的劳动强调科学创新研究与所学专业相结合，与理论课程教学环节相结合，与学生兴趣爱好相结合。在创造性劳动中，大学生将理论知识实践转化为研究能力，可以帮助大学生在创新创业创造等一系列活动中发现和解决问题，从而提高实践能力和创新能力。

阅读材料1-7 大学生能够参加的创新性劳动

> **1."互联网＋"大学生创新创业大赛**
>
> "互联网＋"大学生创新创业大赛，由教育部与政府、各高校共同主办。大赛共包含高教主赛道、青年红色筑梦之旅赛道、职教赛道和萌芽赛道四个大项，旨在深化高等教育综合改革，激发大学生的创造力，培养造就"大众创业、万众创新"的主力军；推动赛事成果转化，促进"互联网＋"新业态形成，服务经济提质增效升级；以创新引领创业、创业带动就业，推动高校毕业生更高质量创业就业。截至2021年，该项赛事已成功举办七届，大赛以赛促学，激发学生的创造力，激励广大青年扎根中国大地了解国情民情，锤炼意志品质，开拓国际视野，在创新创业中增长智慧才干，把激昂的青春梦融入伟大的中国梦，努力成长为德才兼备的有为人才；大赛以赛促教，大赛作为深化创新创业教育改革的重要抓手，引导各类学校主动服务国家战略和区域发展，深化人才培养综合改革，全面推进素质教育，切实提高学生的创新精神、创业意识和创新创业能力。推动人才培养范式深刻变革，形成新的人才质量观、教学质量观、质量文化观。大赛以赛促创，推动赛事成果转化和产学研用紧密结合，促进"互联网＋"新业态形成，服务经济高质量发展，努力形成高校毕业生更高质量创业就业的新局面。
>
> 详见："互联网＋"大学生创新创业大赛官网：https://cy.ncss.org.cn/。

2. "挑战杯"全国大学生课外学术科技作品竞赛

"挑战杯"科技竞赛是由共青团中央、中国科协、全国学联主办,国内著名大学和新闻单位联合发起,国家教育部支持下组织开展的大学生课余科技文化活动中的一项具有导向性、示范性和权威性的全国性的竞赛活动,简称"大挑"(与挑战杯创业计划大赛对应),被誉为中国大学生学术科技"奥林匹克"。它是目前国内大学生最关注、最热门的全国性竞赛,也是全国最具代表性、权威性、示范性、导向性的大学生竞赛。该竞赛每两年举办一次,旨在培养大学生勇于创新、迎接挑战的精神,培养跨世纪创新人才。目前已形成校级、省级、全国的三级赛事,参赛同学首先参加校内及省内的作品选拔赛,优秀作品报送全国组委会参赛。党和国家领导人对竞赛活动十分关注,时任中共中央总书记、国家主席、中央军委主席的江泽民同志于1993年8月4日为"挑战杯"题写了杯名,时任国务院副总理的李岚清同志等党和国家领导人纷纷为"挑战杯"竞赛题词。自1989年首届竞赛举办以来,"挑战杯"竞赛始终坚持"崇尚科学、追求真知、勤奋学习、锐意创新、迎接挑战"的宗旨,在促进青年创新人才成长、深化高校素质教育、推动经济社会发展等方面发挥了积极作用,在广大高校乃至社会上产生了广泛而良好的影响。

详见:"挑战杯"全国大学生课外学术科技作品竞赛官网:http://www.tiaozhanbei.net/。

3. "挑战杯"中国大学生创业计划大赛

创业计划竞赛起源于美国,又称商业计划竞赛,是风靡全球高校的重要赛事。它借用风险投资的运作模式,要求参赛者组成优势互补的竞赛小组,提出一项具有市场前景的技术、产品或者服务,并围绕这一技术、产品或服务,以获得风险投资为目的,完成一份完整、具体、深入的创业计划。"挑战杯"中国大学生创业计划大赛采取学校、省(自治区、直辖市)和全国三级赛制,分预赛、复赛、决赛三个赛段进行。大力实施"科教兴国"战略,努力培养广大青年的创新、创业意识,造就一代符合未来挑战要求的高素质人才,已经成为实现中华民族伟大复兴的时代要求。作为学生科技活动的新载体,创业计划竞赛在培养复合型、创新型人才,促进高校产学研结合,推动国内风险投资体系建立方面发挥出越来越积极的作用。

详见:https://www.tiaozhanbei.net/。

除上述三大赛事外,教育部认可的全国大学生学科竞赛共有57项,是大学生在校学习期间进行创造性劳动的平台。大学生们结合所学知识,在参赛的过程中形成热爱科学、相信科学、运用科学、勇于创新的学术思维,锻炼了学生的科学研究能力,对全面提升大学生的德智体美劳能力和水平,起到了重要的支撑和引领作用。本书在附录中列举了与医学院校大学生专业相关的19项赛事,供参考。

第二节 劳动教育概述

一、什么是劳动教育?

(一)新中国劳动教育的政策导向

1949年9月,新中国成立前夕,具有临时宪法性质的《中国人民政治协商会议共同纲领》把爱劳动与爱祖国、爱人民、爱科学和爱护公共财物同列为中华人民共和国全体国民的公德。

1963年,党中央提出组织知识青年上山下乡,投身到生产实践中。其间,知识青年在上山下乡的时代洪流中参加劳动,思想觉悟和意志品质得到磨炼和提升。我们耳熟能详的雷锋、王进喜等劳动榜样为劳动教育提供了示范。

1981年,《关于建国以来党的若干历史问题的决议》中提出"坚持德智体全面发展、又红又专、知识分子与工人农民相结合、脑力劳动与体力劳动相结合的教育方针"。

1995年颁布的《中华人民共和国教育法》明确规定"教育必须为社会主义现代化建设服务,必须与生产劳动相结合,培养德、智、体等方面全面发展的社会主义建设者和接班人"。

2001年,在《关于基础教育改革与发展的决定》中把"教育与生产劳动相结合"扩展为"教育与生产劳动和社会实践相结合"。同年,《基础教育课程改革纲要(试行)》要求学校开展综合实践活动课。同时,劳动教育加强了对劳动态度、观念等价值目标的重视。

2002年,党的十六大报告强调"四个尊重",明确指出"必须尊重劳动,尊重知识,尊重人才,尊重创造,这要作为党和国家的一项重大方针在全社会认真贯彻"。

2007年,《国家教育事业发展"十一五"规划纲要的通知》指出通过组织学生参加各种生产劳动及公益活动,引导学生尊重及热爱劳动。

2010年,《国家中长期教育改革和发展规划纲要(2010—2020年)》提出强化劳动教育,培养学生热爱劳动及劳动人民的情感。

2016年,《中国学生发展核心素养》中"劳动意识"在"社会参与""实践创新"维度下明确列出。

2018年,全国教育大会明确提出"坚持马克思主义指导地位,坚持中国特色社会主义教育发展道路……培养德智体美劳全面发展的社会主义建设者和接班人"。其间,伴随着党"五育并举"教育方针的确立,劳动教育的地位逐步加强。

2020年,中共中央、国务院印发的《深化新时代教育评价改革总体方案》明确提出:加强劳动教育评价。实施大中小学劳动教育指导纲要,明确不同学段、不同年级劳动教育的目标要求,引导学生崇尚劳动、尊重劳动。探索建立劳动清单制度,明确学生参加劳动的具体内容和要求,让学生在实践中养成劳动习惯,学会劳动、学会勤俭。加强过程性评价,将参与劳动教育课程学习和实践情况纳入学生综合素质档案。

2021年,新修改的《中华人民共和国教育法》明确提出:"教育必须为社会主义现代化建设服务、为人民服务,必须与生产劳动和社会实践相结合,培养德智体美劳全面发展的社会主义建设者和接班人。"

(二)劳动教育的定义

《辞海》将劳动教育视为德育的内容之一,将其定义为对学生进行热爱劳动和劳动人民、珍惜劳动成果、树立正确的劳动观点和劳动态度、通过日常生活培养劳动习惯和技能的教育活动。

《教师百科辞典》将劳动教育界定为向受教育者传播现代生产的基本知识和技能,培养他们具有正确的劳动观点、劳动习惯和热爱劳动人民、劳动成果的感情。劳动教育十分重视劳动过程中的智力因素,把平凡的劳动同创造性劳动结合起来,把简单的劳动与富有知识的劳动结合起来。劳动教育包括生产劳动、社会公益劳动和自我服务劳动等多方面的教育活动。

《教育大辞典》从实践出发,强调劳动教育即劳动、生产、技术和劳动素养方面的教育,旨在培养学生正确的劳动观点、劳动态度、劳动习惯,使学生获得工农业生产的基本知识和技能。

因此,劳动教育是以促进学生形成劳动价值观(即确立正确的劳动观点、积极的劳动态度,热爱劳动和劳动人民等)和养成劳动素养(有一定的劳动知识与技能、形成良好的劳动习惯等)为目的的教育活动。

二、新时代大学生劳动教育

(一)新时代大学生劳动教育的概念

随着中国特色社会主义进入新时代,新时代教育服务功能也发生了新变化,教育特别是高等教育要为人民服务,为中国共产党治国理政服务,为巩固和发展中国特色社会主义制度服务,为改革开放和社会主义现代化建设服务,赋予劳动教育新的使命和内涵。

2018年9月,全国教育大会完整提出"培养德智体美劳全面发展的社会主义建设者和接班人",进一步凸显了劳动教育在新时代教育体系中的重要地位,推动新时代劳动教育回归初心、回归育人。

2020年3月,《意见》就全面贯彻党的教育方针,加强大中小学劳动教育进行了系统设计和全面部署。《意见》明确提出,实施劳动教育的重点是在系统的文化知识学习之外,有目的、有计划地组织学生参加日常生活劳动、生产劳动和服务性劳动,让学生切实经历动手实践,出力流汗,接受锻炼,磨炼意志。

作为一个动态、发展的概念,随着时代的不断发展,劳动教育的内涵也在逐步地丰富和完善。新时代的劳动教育,一定是以习近平新时代中国特色社会主义思想为指导,立足于人的全面发展,突出构建劳动精神培养、劳动价值观取向和劳动技能水平的教育。具体到大学生劳动教育,是指高校按照一定的计划和目的,组织大学生通过参加各种劳动实践,引导大学生形成正确的劳动价值观、认同劳动精神、养成劳动习惯以及提高自身劳动技能的教育活动。随着经济和科技的迅猛发展,劳动方式及类别发生了深刻变革,以"互联网+劳动教育""双创+劳动教育"等为代表的劳动教育新模式逐步兴起,产学研创结合、校企合作、双创活动平台等劳动教育新支撑为学生获得社会发展所需的劳动知识技能和精神提供了更为广阔的受教育平台。

(二)新时代大学生劳动教育的基本目标

1. 帮助大学生端正劳动观念

正确的劳动观念应该是认识到没有劳动人类就无法生存,社会就不能进步发展,参加劳动是每个人对社会应尽的义务。正确的劳动观念有助于形成正确的劳动态度,帮助大学生懂得尊重劳动和劳动人民,珍惜劳动成果,并投入到劳动中去,为提高劳动生产率,为促进人类社会进步和发展做出贡献。新中国涌现出了一大批劳动的先进典型,劳动最光荣、劳动最崇高、劳动最伟大、劳动最美丽的价值观在他们身上熠熠闪光——如不怕苦不怕累、艰苦奋斗的铁人王进喜;"高标准、严要求、行动快、工作实、抢困难、送方便"的纺织工人赵梦桃;带领团队埋头苦干20余载,建成500米孔径射电望远镜(FAST)的"中国天眼"之父南仁东;把高铁干成中国名牌的于延尊等。

随着知识经济和经济全球化时代的到来,高层次人才已经成为中华民族伟大复兴的紧缺资源,接受过高等教育的大学生是国家发展建设的主力和后备军,对国家发展的前途命运负有特殊的责任。正所谓"青年兴则国家兴,青年强则国家强,青年一代有理想、有本领、有担当,国家就有前途,民族就有希望"。在大学生群体中树立正确的劳动观念,可以有效引导大学生正确理解和回答"什么是劳动""为什么劳动"等问题,培育他们尊重劳动的基本认知,培养他们热爱劳动的情感,培训他们以获得适应经济社会发展的劳动技能,激发他们投身劳动创造的积极性等是劳动教育最核心、最本质的目标。

2. 引导大学生弘扬劳动精神

劳动精神是人们所表现出来的对于劳动的一种积极接受的态度,它无惧于劳动过程中的挑战和困难,具体表现为坚定不移热爱劳动的意志力。党的十八大以来,习近平总书记多次强调要在全社会弘扬劳动精神,《中共中央国务院关于全面加强新时代大中小学劳动教育的意见》进一步明确了劳动精神的内涵,将其凝练为勤俭、奋斗、创新和奉献。

劳动对于国家、民族、社会和个体的重要性与必要性,马克思早有定论。作为马克思主义的坚定继承者、高举旗帜者和时代代言人,我们党自成立起,就作为工人阶级的先锋队,始终代表中国无产阶级、劳动群众、最广大人民的根本利益,始终强调崇尚劳动、尊重劳动者和弘扬劳动精神,在"永久奋斗"中收获"其乐无穷",在"遍地英雄下夕烟"中收获"稻菽千重浪",在"上九天""下五洋"中收获"旧貌变新颜""谈笑凯歌还"。

在长期的劳动实践中沉淀起来的劳动精神,是我国经济社会发展的动力源泉。作为全体劳动者共同的精神财富,劳动精神是对广大劳动者劳动实践的高度肯定与科学总结,是人类为了自身的幸福而不懈努力奋斗的实践结晶。"劳动创造了人本身""劳动是唯一价值源泉""劳动创造财富,劳动使人幸福"等,积淀成为劳动者的精神力量。正是一代代劳动者的共同努力,创造了辉煌中国,书写了地球家园的绚烂篇章。

阅读材料1-8　新时代大学生劳动精神的四个着力点

　　劳动精神是在劳动创造社会财富和美好生活的过程中所体现的劳动态度、劳动意志、劳动情感、劳动观念等精神品质和价值理念的有机复合体。2020年3月，中共中央、国务院发布《关于全面加强新时代大中小学劳动教育的意见》（以下简称《意见》），明确提出了劳动教育的总体目标：通过劳动教育，使学生能够理解和形成马克思主义劳动观，牢固树立劳动最光荣、劳动最崇高、劳动最伟大、劳动最美丽的观念；体会劳动创造美好生活，体认劳动不分贵贱，热爱劳动，尊重普通劳动者，培养勤俭、奋斗、创新、奉献的劳动精神；具备满足生存发展需要的基本劳动能力，形成良好劳动习惯。《意见》赋予劳动精神以新的品质要素和时代内涵，为高校有重点地开展大学生劳动教育、培养造就担当民族复兴大任的时代新人提供了现实着力点。

1. 着力涵育勤俭美德，端正大学生勤勉自持的劳动态度

　　近年来，党和国家强调加强大学生劳动教育，要求努力构建德智体美劳全面培养的教育体系，极大凸显了培养劳动精神的意义与价值。勤俭作为劳动精神的重要内容，是劳动基本态度与道德取向的反映。勤能开源，俭可节流，二者相辅相成，影响劳动者的态度与行为选择。

　　勤俭是中华民族的传统美德，古人以"勤思劳体""克勤于邦，克俭于家""勤以立志，俭以养德"等思想深刻阐明了勤俭的重要意义。我们党在不同时期提出的"勤俭建国"方针、"勤俭"公民道德规范以及"厉行节约、反对浪费"的文明新风，都是对勤俭美德的赓续与弘扬。新时代，教育大学生崇尚劳动、尊重劳动，培养勤俭美德，集聚辛勤劳动、诚实劳动、创造劳动的底气和实力，更具有重要意义。

　　着力涵育勤俭美德，旨在端正大学生勤勉自持的劳动态度。为此，一要加强马克思主义劳动观教育和劳动实践锻炼，深化劳动认知。马克思主义劳动教育理论认为，劳动是人类生存发展的第一需要，一切社会财富和历史进步都是劳动创造的结果；劳动教育是人存在与发展的重要源泉，目的在于培养全面发展的人。高校要引导大学生掌握马克思主义劳动观这把"总钥匙"，使大学生在面对各种社会现象、价值选择、人生考量时，做到是非明、方向清、路子正，真正明白只有付出辛勤劳动才能结出果实。同时，鼓励大学生积极参加劳动实践，亲身体验劳动甘苦，抵制好逸恶劳、奢侈浪费的恶习，树立劳动光荣、浪费可耻的基本态度。二要加强中华优秀传统文化教育和国情教育，使大学生领悟勤俭的意义。要立足基本国情,宣传与时俱进的勤俭观和符合实际的消费观、资源观,倡导"一分耕耘,一分收获""勤耕不辍,富而不奢"的传统美德,引导大学生认识到合理消费与勤俭节约并行不悖是文明进步的表现,深刻理解劳动与享受的辩证统一。三要加强个人修养与制度约束,提升大学生的勤俭修为。要以家庭教育为起点,用勤奋学习、诚实劳动、节俭自律等日常言行熏陶浸染,引导大学生不弃微末、身体力行并持之以恒。要建章立制,引导大学生遵守经济秩序和道德规范,做节约适度、绿色低碳、文明健康的宣传者和践行者,将勤俭内化为一种生活习惯和方式,让勤奋做事、勤勉为人、勤劳致富在全社会蔚然成风。

2. 着力筑牢奋斗信念,锤炼大学生勇于拼搏的劳动意志

奋斗是指通过劳动改变现状或开拓未来的坚定信念与行动姿态,是一个为达成既定目标、实现理想抱负不懈劳动、顽强斗争的实践过程,体现为不畏艰险、昂扬向上的意志状态与精神风貌。纵观中外历史,凡有所作为者无不是经过攻坚克难而成大业,一切理想的实现、事业的成功、人生的幸福无不在永久奋斗的信念坚守中孕育创造。奋斗是中国共产党在长期革命、建设和改革开放中形成的光荣传统和优良作风,是实现中华民族伟大复兴的精神法宝与力量之源。

伟大梦想不是等得来、喊得来的,而是拼出来、干出来的。社会主义是干出来的,新时代是奋斗出来的。把我国建设成为富强民主文明和谐美丽的社会主义现代化强国,实现中华民族伟大复兴的中国梦,归根结底靠包括青年大学生在内的一代又一代劳动者的不懈奋斗、劳动创造,因此,筑牢大学生奋斗信念至关重要。

着力筑牢奋斗信念,旨在锤炼大学生勇于拼搏的劳动意志。第一,加强理想信念教育和责任担当教育,把准奋斗方向。要用习近平新时代中国特色社会主义思想武装大学生头脑,使大学生牢固树立共产主义远大理想和中国特色社会主义共同理想,增强为实现"两个一百年"奋斗目标和中华民族伟大复兴努力拼搏的信念和信心。引导大学生以忧患意识和长远眼光,深刻把握百年未有之大变局下中国日益走近世界舞台中央的机遇和挑战,自觉把个人追求融入国家繁荣和民族进步的事业中;明确人生发展方向和现实定位,根据自身现状规划制定阶段性发展目标和可行性职业目标,使奋斗之路更加理性、务实。第二,搭建素质能力培育平台,增强奋斗本领。要通过树立终身学习理念、培育优良校风、健全学习约束机制等,鼓励大学生勤学善思,敏于求知。同时,拓展深入基层、学以致用的实践锻炼平台,使大学生依靠踏实学习、诚实劳动,练就与时代发展和事业要求相适应的素质和能力,成为可堪大用、能担重任的栋梁之才。第三,注重心理健康教育和人文关怀,锤炼奋斗意志。在大学生遭遇大事、难事、急事,奋斗意志动摇或消减时,高校要根据个体差异和事件性质,有针对性地分析归因、找准问题、疏解情绪、解疑释惑,引导他们在摔打、挫折、考验中历练宠辱不惊的心理素质,坚定百折不挠的进取意志,保持乐观向上的精神状态;高校要发挥组织优势,调动社会资源,在就业创业、社会参与、权益保障等方面进一步畅通渠道,坚定大学生的奋斗初心。

3. 着力塑造创新品格,树立大学生追求卓越的劳动理念

培养大学生的劳动精神,应当适应环境变化要求,不断创新方式方法,实现塑造创新品格目标。创新通常指运用已有知识,对事物进行改进或创造而产生超常价值的劳动实践形式,是引领驱动事物发展的内在力量。创新的标志在于通过创造性劳动取得"人有我有、人有我强、人强我优"的突破性成果,凝结着人们打破思维定式与条条框框、敢走前人未走之路的勇气和智慧,是敢闯敢试的进取意识、不落窠臼的思维超越和标新立异的创造能力等品格的综合呈现,是最具时代特色的劳动精神表征。当前,创新已成为推动新科技革命和全球变革的第一引擎,依靠自主创新补齐我国基础科学研究和关键核心技术的诸多短板,既对传统劳动提出挑战,也提供了培养创新精神的珍贵契机。加强新时代大学生劳动教育,尤其要在"培养学生创新意识和创新能力"上下功夫,着力塑造创新品格,为培养造就高素质创新型劳动大军、推动各项事业高质量发展提供强大人才与智力支持。

着力塑造创新品格,旨在树立大学生追求卓越的劳动理念。在培养大学生劳动精神的实践中,要做到以下几个方面:一是注重开发大学生的兴趣,激发创新意识。引导大学生坚定勇于探索、追求卓越的雄心壮志,既不妄自菲薄,也不妄自尊大,以强烈的好奇心、求知欲、挑战力、坚忍性,进行自我教育、自我开发、自我创造。要改进教育评价机制,发挥创新指标在学生个性化发展和人才培养中的导向功能;多渠道宣传企业家精神、"工匠精神",培养大学生洞察机会、承担风险、精益求精的创新特质,形成鼓励创新的环境。二是优化大学生知识结构,培养创新思维。充分重视大学生主体地位,深化教学改革,加强课程的延伸性、综合性、探究性,鼓励大学生大胆构思、怀疑自省,敢于提出问题、敏锐发现问题、善于解决问题,加强逻辑思维、逆向思维、辩证思维等训练,引导大学生用探究的手段、批判的精神、求异的品质,提出新理论、开辟新领域、探索新路径。三是加强学科建设和平台布局,提高创新能力。要加强基础学科、交叉学科、边缘学科建设,完善新兴学科和前沿科学布局,依托重大科技项目、重点实验室、重大赛事等平台,吸引鼓励优秀大学生投身基础研究、进行关键技术攻关,提高信息加工、分析研究、动手操作和成果转化能力。加强校企、校地合作,建立协同创新工作矩阵,推进虚拟仿真平台、创客空间、创业科技园、孵化基地等实训实践平台建设,引导大批竞争力强、成长性好的大学生创新创业主体融入社会、贡献才智。

4. 着力厚植奉献情怀,提升大学生担当有为的劳动境界

奉献是指为了国家、集体和他人利益,自觉自愿投入劳作、付出劳动、让渡财富甚至舍弃生命的本色行为,正如马克思所言"劳动已经不仅仅是谋生的手段,而且本身成了生活的第一需要"。奉献精神蕴含着深刻的公共价值体认,个人对社会的贡献越大,就越能获得自我价值实现的利益回报与社会尊重。奉献体现社会主义和集体主义导向,社会主义解放发展生产力、实现共同富裕的本质,决定人们要自觉把国家和人民的利益摆在首位、积极劳动创造,按照集体主义原则正确处理义与利、奉献与索取等关系。奉献既表现为危急时刻不畏牺牲的伟大情怀,也体现为包容谦让、扶弱济困的凡人善举,既是高尚的情操境界,更是劳动的责任担当。加强新时代大学生劳动教育,就是要在厚植奉献情怀上着力,引导大学生为祖国和人民甘于奉献、乐于奉献,把劳动作为生活需要,将奉献作为人生追求,让青春在奉献中焕发出绚丽光彩。

着力厚植奉献情怀,旨在提升大学生担当有为的劳动境界。首先,引导大学生恪尽职守、敬业奉献。敬业是奉献的基本追求。不论分工如何、能力大小,在平凡岗位上担职尽责就是在为祖国为人民为民族做奉献,就要干一行、爱一行、精一行、专一行,在勤学笃用中获得自我提升的契机。高校要加强大学生职业道德教育,宣传劳模先进事迹、选树教书育人楷模,坚持"德者有得、好人好报"的价值导向,扶正祛邪、扬清激浊,营造学有榜样、行有示范、至公无私、矢志奉献的良好环境。其次,引导大学生投身公益、服务奉献。鼓励大学生实际参与社区建设、环境保护、大型活动、抢险救灾、网络公益等志愿服务,注重培育公共服务意识,使学生具有面对重大疫情、灾害等危机主动作为的奉献精神。通过规范完善志愿服务培训,探索日常化、长效化运行机制,进一步提升大学生在生产劳动、生活劳动、服务劳动中的奉献水平。再次,引导大学生励志有为、爱国奉献。要加强思想政治教育,引导大学生饮水思源听党话、理直气壮跟党走,深化"四史"理解、坚定"四个自信",以国家富强、民族振兴、人民幸福为己任,勇做走在时代前列的奋进者、开拓者、奉献者;大力宣传弘扬红色革命精神、科学家精神,以张富清、黄大年、黄文秀等为榜样,引导大学生用爱国情、强国志、报国行谱写新时代的奉献之歌。

> 总之,在劳动精神的"勤俭、奋斗、创新、奉献"中,勤俭是基石,奋斗是支撑,创新是关键,奉献是归宿,四者相互承接、彼此贯通,统一于劳动教育生动实践。着力于这四者,有助于明确培养新时代大学生劳动精神的内容体系与实践逻辑,为全面加强大学生劳动教育、落实立德树人根本任务提供路径指引。
>
> 资料来源:黄蓉生,樊新华.培养新时代大学生劳动精神的四个着力点[J].中国高等教育,2021(9):4-6.

3. 助力大学生提高劳动技能

接受教育、参加培训和岗位实践是大学生提高劳动技能的主要途径。大学阶段的劳动技能教育体现出较强的专业性和不同类型院校的特殊性,如军事院校更侧重于军事技能的培养,医学院校更突出临床技能的培训。从教育的具体落实路径来看,大学生劳动技能大致包含两部分的内容:一部分是基于不同专业培养方案的教学计划内劳动能力,这是结合大学生所学专业的特点而做出的具体安排,包括完成教学实验、专业实习、毕业设计和生产见习等;另一部分是无专业差别的普适劳动技能,包括通过参加学校组织的暑期"三下乡"、寒假社会实践、科技创新、助学助管、勤工助学、义务支教、校园维护、社会公益劳动等活动而获得的技能。劳动技能获得的过程是大学生实践能力构建的过程,也是沟通合作能力及解决实际问题的能力提升的过程,从而为大学生将来更好地胜任未来的本职工作,更好地融入社会、奉献社会打下良好的基础。

4. 倡导大学生传承劳动文化

勤于劳动、善于创造的中华民族始终崇尚"天道酬勤"。"民生在勤,勤则不匮""日出而作,日落而息""黎明即起,洒扫庭除"是中华民族代代相传的优秀品质。正是因为劳动创造,我们拥有了历史的辉煌;也正是因为劳动创造,我们拥有了今天的成就。日复一日,年复一年,在中华大地上,千千万万劳动者耕耘着、创造着,用汗水和心血浇灌着劳动的果实,实现着人生的价值,推动中华传统文化中劳动思想不断注入新的内涵,迸发出新的光芒。

新时代劳动教育离不开劳动文化的振兴。劳动教育就是要在全社会创造浓厚的劳动文化,激发青少年学生热爱劳动的内生动力,教育引导他们学会劳动、学会勤俭、学会感恩、学会助人,立志成长为德智体美劳全面发展的社会主义建设者和接班人。学校,尤其是高校,是传承中国特色社会主义文化的重要阵地,理应走在学习、宣传、传承劳动文化的前列,结合植树节、学雷锋纪念日、五一劳动节、农民丰收节、志愿者日等,开展丰富多彩的劳动主题教育,培育崇尚劳动的校风、教风和学风。

新时代大学生是党的事业接力者、民族复兴生力军,其理想信念、价值观念、意志品质事关伟大斗争中青年一代能否担当大任,事关"两个一百年"圆梦征程上民族精神能否赓续不断、代代传承。通过劳动教育,引导大学生树立正确的劳动观,让大学生深刻理解"马克思主义劳动观最美丽""奋斗的青春最美丽""在平凡中造就不平凡最美丽",是激励学生担当奉献、促进学生健康成长的必要方式和有效手段。每一个大学生个体树立正确的劳动观,并在正确劳动观的指导下开展具体的劳动实践活动,个人的美好追求、全民的美好生活向往、民族的伟大复兴梦想、共产主义的远大理想才能一步步变为现实。

5. 激发大学生进行创新劳动

实现中国梦,要大力倡导劳动创造。随着技术创新、知识创新、管理创新日益成为社会发展的核心,创新劳动对推进科技进步和经济发展方式转变的作用越来越大,已成为一个国家最有力的竞争武器。在对大学生的要求中,《意见》尤其强调要注重大学生创新精神的培养,指出"高等学校要注重围绕创新创业,结合学科和专业积极开展实习实训、专业服务、社会实践、勤工助学等,重视新知识、新技术、新工艺、新方法的运用,创造性地解决实际问题"。

劳动力市场上对创新型人才的求贤若渴,更给予了青年大学生更加清晰的职业规划和发展前景。在此背景下,青年大学生只有提高创新能力,才能适应国家和社会的发展需求,青年大学生只有练就过硬本领,才能以真才实学服务人民,以创新创造贡献国家。劳动教育帮助大学生在劳动中深刻理解和主动践行创新精神,热爱劳动和珍惜世界上的一切劳动成果,主动积极地接受劳动,从心底里去尊重劳动和劳动者,进一步激发劳动热情,最终成为社会主义现代化和民族复兴历史重任的创新性的劳动者。

(三)新时代大学生劳动教育的特征

1. 鲜明的思想性

思想性是劳动教育的灵魂,它注重强调劳动是一切财富、价值的源泉,劳动者是国家的主人,一切劳动和劳动者都应该得到鼓励和尊重。新时代落实劳动教育的思想性要坚定不移地贯彻马克思主义劳动观,在教育过程中始终弘扬社会主义核心价值观,倡导通过诚实劳动创造美好生活、实现人生梦想,反对一切不劳而获、崇尚暴富、贪图享乐的错误思想。

2. 突出的社会性

劳动教育的目标是培养德智体美劳全面发展的人,实施劳动教育的重点在于将正确的劳动价值观、良好的劳动品质、高超的劳动技能有目的有计划地传递给学生，一方面使受教育者将劳动精神、"工匠精神"、劳模精神内化于心，从思想上形成劳动认同，成为自觉践行社会主义核心价值观的社会成员；另一方面，培养受教育者的劳动批判精神和开拓创新能力，体会社会主义社会平等、和谐的新型劳动关系，推动社会的改革和进步。劳动教育社会化程度越高，个人劳动素质和能力就越强，对社会的贡献就越大。

3．显著的实践性

对新时代大学生劳动教育来说，开设劳动课程，开展劳动理论学习固然必要，但组织大学生进行劳动，亲身体验劳动过程更为重要。通过引导学生在认识世界的基础上，学会建设世界，塑造自己，在劳动实践中，实现树德、增智、强体、育美的目的。从马克思主义的劳动观来看，人的各项身体机能，包括人的思维能力、实践能力、审美能力等都是在劳动中不断发展起来的，四体不勤，不懂劳动的大学生注定在其成长过程的各方面饱受限制和阻碍。

《意见》强调，实施劳动教育的重点是在系统的文化知识学习之外，让学生动手实践、出力流汗接受锻炼、磨炼意志。新时代大学生劳动教育鼓励大学生进行体力劳动，就是强调将劳动教育落到实处，将劳动渗透到大学生的生活中，让大学生时时处处都可以劳动，促使大学生养成良好的劳动习惯。人的劳动观念、劳动习惯、劳动精神、劳动能力都是在日复一日的劳动过程中形成的，大学生只有积极参与劳动、走进社会、走近劳动者，才能积累更多关于劳动创造财富、劳动创造美好生活、劳动者是创造社会历史的主体的感性认识，丰富劳动体验、职业体验，为其更深入地理解马克思主义的劳动观奠定基础。也只有在日常生活劳动、服务性劳动和生产劳动实践中，大学生才能掌握日常生活和职业发展所需的基本劳动能力，增强自立意识、创新意识和公共服务意识，感受现代劳动新形态和新方式对劳动者素质提出的更高的要求，从而促使大学生自觉提升自身的劳动素养。

（四）新时代大学生劳动教育的基本遵循

1．新时代劳动教育必须高度重视劳动在人才培养体系中的基础地位

自全国教育大会以来，习近平总书记多次强调构建德智体美劳全面培养的教育体系，明确将劳动教育作为"五育并举"人才培养体系的重要组成部分。过去，劳动教育或被当作德育的内容之一来理解，或被当作社会实践的形式来理解，甚至被等同于体育锻炼来理解，劳动教育的价值淹没在了德、智、体、美"四育"之中。提高劳动教育的实效性必须建立在概念明晰的基础之上，只有澄清劳动教育在整个教育体系中的性质和地位，才能在实践中做到有的放矢。

新时代，一方面，劳动教育在形塑劳动精神面貌、端正劳动价值取向和提高劳动技能水平方面彰显出独特的育人价值,劳动教育在培养学生树立正确的劳动价值观和良好劳动品质中的不可替代性日益凸显出来。另一方面,劳动教育作为树德、增智、强体和育美中不可或缺的一环,作为伴随学生成人成长成才的重要活动越来越受到重视。实践证明,无论是崇德求真、向善尚美,还是强健体魄,都离不开劳动的参与。新时代劳动教育不仅是一项具有相对独立性的教育内容,还是一种具有极高渗透性的教育形式。总而言之,新时代劳动教育不仅是"五育并举"的重要一环,更是"五育融合"的关键依托,在构建新时代人才培养体系中具有基础性和全局性的地位。

2. 新时代劳动教育必须保持与劳动形态变化及其发展趋势同向同行

新时代,落实彰显时代特征的劳动教育必须适应劳动形态的变化及其发展趋势。劳动是人类社会特有的活动,不仅能够促进个人与社会的发展,而且能够使人树立正确的劳动价值观念。与时俱进、开拓进取、不畏挑战是时代新人的鲜明特色,而劳动则是养成这些优良品质的关键法宝。正如马克思所说,"整个所谓世界历史不外是人通过人的劳动而诞生的过程",整部人类发展史就是部劳动形态的演变史,个人只有适应社会发展之需,顺应社会发展之势才能拥有切实的存在感和幸福感。

新时代,劳动形态的变化具体表现为体力劳动与脑力劳动的比例变化,数字信息技术劳动成为区别于互联网时代、智能时代的新型劳动形态;在生产力方面,劳动力市场上对科技研发工作者伸出更多的橄榄枝,对创造性劳动者表现出求贤若渴的姿态;在产业结构方面,表现为第一、第二产业比重的降低和第三产业比重的提高。《意见》中明确将体现时代特征作为新时代劳动教育的基本原则之一,提出"适应科技发展和产业变革,针对劳动新形态,注重新兴技术支撑和社会服务新变化。深化产教融合,改进劳动教育方式;强化诚实合法劳动意识,培养科学精神,提高创造性劳动能力"。可以说,顺应新时代劳动形态发展变化及其趋势,调整劳动教育的内容和要求,是劳动教育与时俱进的鲜明体现,是保证劳动教育效果的重要因素。

3. 新时代劳动教育必须坚持以全面提升大学生劳动素养为总体目标

新时代劳动教育是以人为本的劳动教育,以全面提升学生的劳动素养为总体目标,克服了以往劳动教育中的工具化倾向。对《意见》中所提到的新时代劳动教育总体目标进行深刻剖析可以发现,劳动素养是一个涵盖劳动价值观、劳动态度、劳动精神、劳动能力和劳动习惯的综合系统概念。其中,劳动价值观是整个劳动教育体系的核心要素,是支撑体系中其他部分的关键内容。新时代的劳动价值观教育是根本,劳动教育最核心、最本质的目标就是引导学生树立尊重劳动、尊重知识、尊重人才、尊重创造的价值观念；引导学生发自内心地以辛勤劳动为荣，以好逸恶劳为耻；培养学生形成与劳动人民惺惺相惜的宝贵情感；帮助学生挖掘劳动创造的积极性和主动性。新时代劳动教育澄清了劳动价值观教育的重要价值，澄清了新时代劳动教育的主要使命在于引导学生牢固树立"四个最"的劳动价值观念。《意见》也首次强调了新时代劳动教育要注重培养学生勤俭、奋斗、创新、奉献的劳动精神。

4. 新时代劳动教育必须切实服务大学生的全面发展

新时代劳动教育是在继承马克思教育与生产劳动相结合思想基础上的再次创新性发展。在以往的劳动教育实践中，受限于日常生活和生产实践的经验化的认识，劳动教育被窄化为劳动技能教育，过分强调通过劳动达到对劳动产品和社会财富的占有，歪曲了劳动教育的本真价值。新时代的劳动教育应强调劳动体验，突出劳动教育在磨炼意志、铸造人格方面的重要作用。新时代，谋生性劳动所占的比重会日益下降，与之相应地，个人尊严和自我价值的实现将成为个体劳动的主要价值诉求，劳动对人的本真价值越来越凸显出来。在新的时代背景下，劳动不仅仅是谋生的手段，它超越了生物性的生存维度，更加突出作为生活意义本身的劳动。对此，劳动教育应当以唤醒个体对完整生活意义的追求为己任，从劳动本身就是一种生活的维度出发，将劳动中物的尺度和人的尺度统一起来，为培养新时代全面发展的社会主义建设者和接班人服务。

（五）新时代加强大学生劳动教育的意义

在新时代背景下，高校加强大学生的劳动教育，努力提高以劳动素养为圆心的学生素质，对践行立德树人根本任务、深化高等教育改革、服务学生成长和国家的发展意义深远。

1. 加强大学生劳动教育是落实高校立德树人任务的内在要求

立德树人是我们党的教育方针，也是学校的根本任务。立德树人中处于第一位的是"立德"，具体指通过政治思想教育、道德教育、个性心理品质培养等方式培养出具有爱劳动、讲卫生、爱实践品质的新时代学生。"树人"是指培养的学生要能够满足社会主义建设的需要，即不仅有目标、有知识才干、有情怀，关键还要懂践行的时代青年。只有提高学生的劳动意识和素质，才能将理想转为实践，民族复兴才能有保障。习近平总书记指出："空谈误国，实干兴邦。""幸福都是干出来的，我们要撸起袖子加油干。"伟大的构想、美好的未来都是要靠真真切切的实践才能实现的，伟大的"中国梦"是我们大家的梦，更寄希望于我们的青年们，因此青年们应该是奋斗的、勤劳的、实干的。在习近平总书记关于劳动的系列重要讲话中，特别强调劳动教育在立德树人、全面育人的重要地位和作用。对人才培养主体高校而言，必须重视劳动教育的重要性，坚持把提升学生的劳动素质作为立德树人的重要部分，贯彻党的教育方针，培养出时代所需的优秀人才。

2. 加强大学生劳动教育是推进"三全育人"综合改革的有效载体

"三全育人"综合改革的内涵是实现全员育人、全程育人、全方位育人。大学生劳动教育作为思想政治工作质量提升工程中"劳动育人"的抓手和载体，是推进育劳与育德相结合的实践方式，开展劳动教育即从"劳"这一方位对学生进行培养，让学生不仅懂理论知识，还会实践；让学生养成勤劳勇敢的奋斗精神，远离好逸恶劳；让学生学会务实的做事态度，并将自身梦想与祖国需要相结合，积极投入到社会主义伟大实践中去，用实际行动来践行当初上大学的初心，用自己的聪明才智以及汗水践行为人们谋幸福的使命。通过开展劳动教育实现"劳动育人"，在劳动观上对学生进行正确引导，在劳动实践中对学生进行行为塑造，培养出社会主义建设所需要的优秀人才。

3. 加强大学生劳动教育是落实"五育并举"的重要举措

"德、智、体、美、劳"作为素质教育中的五个核心要素，具体表现为由劳至德、劳德共育、劳情相融、劳智相长的过程。劳动教育作为开展素质教育的重要环节，是新时代大学生综合素质全面发展的基础条件。劳动被称为"最常态有用的体育运动"，能够以劳强体；智力教育强调运用知识在解决问题过程中让思维能力和创新能力得以提升，带着问题的劳动实践支撑以劳增智；劳动实践促进大学生将源于书本的道德认知转化为自觉行动，进一步形成道德素养，实现以劳树德。此外，社会生活中劳动构成了人与人关系建立与维系的纽带。只有主动开展劳动实践，具备较好的劳动素质，才能在工作岗位中形成良好的社会关系，成为社会不可缺少的一部分，从而激发内生动力实现人的全面发展。

4. 加强大学生劳动教育是提升大学生综合素质的必要途径

社会主义建设已取得的伟大成就建立在劳动者的智慧与汗水之上。大学生肩负着建设中国特色社会主义的历史重任和时代使命，通过高等教育阶段系统的劳动教育，帮助大学生认同劳动观念、端正劳动态度、养成劳动习惯和品质、升华劳动情感、掌握劳动知识、学会劳动技能、构建劳动思维，为融入社会发展浪潮、投身社会发展洪流做好准备。同时，劳动素质与人的实践能力相关，劳动素质越高，学生的实践能力越完善，他们对劳动知识的学习和开展劳动实践的兴趣就越高，从而越能为国家和人民的现实需要服务，凸显人生的价值。另外，具备劳动素质是一个德、智、体、美、劳全面发展的社会主义建设者和接班人的内在要求。劳动教育能锻炼艰苦奋斗的劳动意志，培养尊重人民与开拓创新的劳动精神，提高人们的劳动能力,培养出具有良好劳动素质、符合社会发展需要的人。

第三节 新时代劳动教育课程

一、劳动教育课程发展历程

劳动教育课程是以树立马克思主义劳动观,端正劳动态度,获得劳动技能,增强自我约束、自我服务意识,培养大学生吃苦耐劳的优良品德和团队合作意识,提高学生的综合素质能力为目标的基础性课程。

新中国成立以来,我国劳动教育课程发展经历了探索、发展、调整、再探索、高速发展五个阶段:

① 探索阶段(1949—1956)。新中国成立后,党和国家高度重视劳动,将劳动教育融合到思想改造、专业实习、社会服务的形式中。

② 发展阶段(1957—1977)。1956 年我国已基本完成社会主义改造,这个阶段的人民认为劳动是一项光荣的职责。生产劳动成为这个阶段最主要的劳动课。1963 年、1966 年很多文件都直接指出知识青年、学生、教师要投身生产劳动,其中《全日制中学暂行工作条例(草案)》中单列一章详细阐述了生产劳动。

③ 调整阶段(1978—1999)。改革开放后,国家开始将劳动教育课程化,在全日制小学、中学都设置了劳动课;1987 年在全日制中学开设了劳动技术课,并颁布了《全日制中学劳动技术课教学大纲(试行稿)》保障劳动教育技术课的质量。

④ 再探索阶段(2000—2011)。2000 年是全面建设小康社会的开局之年,党的十六大强调要尊重"劳动",并不断推进劳动教育课程化。2001 年《基础教育课程改革纲要(试行)》要求学校开展综合实践活动课。

⑤ 高速发展阶段(2012 年至今)。党的十八大以来,国家不断提高劳动教育在"五育"中的地位,并深化劳动教育课程改革。例如,2014 年《关于深化考试招生制度改革的实施意见》将劳动与技术教育纳入升学考核指标。2020 年《关于全面加强新时代大中小学劳动教育指导纲要》明确了普通高等学校要将劳动教育纳入人才培养方案,指出劳动教育的实施载体——课程,即可在已有课程中设置专门模块,或者开设劳动专题教育必修课程,其中本科阶段的必修课不得少于 32 学时,课程内容应加强对马克思主义劳动观的教育,普及与学生职业发展密切相关的通用

劳动科学知识,让学生经历必要的实践经验。至此,劳动教育课程发展进入了高速发展时期,课程类型也在不断丰富,平台不断拓展。

二、高校劳动教育课程内容

学校是实现劳动教育的主要阵地,劳动教育课程是劳动教育实现的主要途径。根据课程的性质,劳动教育课程可以分为显性课程和隐性课程,结合大学生生活学习的学校、家庭、社会三类场所,可以将高校的劳动教育课程内容分为两大类别七个小类别。

(一) 显性课程

显性课程又被称为显在课程、正规课程、官方课程,一般指的是根据一系列教育目标而设置的教学计划,这些教学计划通常被纳入学校正式的教学计划,包括各门学科以及有目的、有组织的课外活动。

高校的显性劳动教育课程有多种分类方式,界内认为劳动教育课程包括通识课程和专业课程,主要有以下四种类型:一为公共通识选修课;二为专题讲座;三为独立设置的实践课程;四为依托学科、专业形成的融合性课程。

公共通识选修课是实施课堂劳动教育的主渠道,主要以理论授课为主,包括线上和线下两种授课形式,课程设计和实施过程中动手课时比例较少,如劳动通论等。其主要的教学目标是培养学生正确的劳动观和职业观,同时获得科学的劳动知识,涵盖劳动伦理、劳动关系、劳动保障、劳动安全卫生等。

专题讲座主要是学校聘请校内或者校外的有关劳动教育的专家以线上线下讲座的形式对学生进行劳动教育。这类课程是公共通识选修课的辅助教学形式。

独立设置的实践课程是一种探索性的劳动教育课程,主要是动手和动脑相结合的劳动教育课程,既包括了项目式、探究型、综合性和创新性的实践课,如实践(包括实验)课、实习(训)课等;也包括了具有创新性的艺术类课程,如绘画、舞蹈、表演等。这类课程的目标在于专业知识目标和劳动教育内容相结合。

融合性课程是指将劳动教育有机融合到专业教育、思政教育、创新创业教育、职业生涯与就业指导等课程中。这类课程主要是培养学生的专业劳动能力和素养,树立良好的劳动精神。

(二) 隐性课程

隐性课程是高校另外一种重要的劳动教育课程,是学校政策或者课程计划外非官方、未明确规定的学校学习经验,通常都是无意识习得的,与显性课程相对。所以高校要高度重视和充分利用隐性课程的教育功能。隐性劳动教育课程主要包括校内劳动实践、校外劳动实践以及校园文化。

校内劳动实践根据劳动分工可以分为以下两种劳动:一是以体力为主的劳动,如宿舍、食堂等的清扫和整理,校园环境的卫生、绿化、美化等;二是以脑力为主的劳动,如助管、助教、助研等。根据是否获得劳动报酬的标准可以分为勤工俭学、公益服务。这些都是校内真实的劳动机会,它们能促进学生在劳动期间和劳动后不断地反思和总结,从而提高他们发现问题和解决问题的能力。

校外劳动实践可以根据学生是否在校的情况分为在学期间校外劳动和保留学籍校外劳动。在学期间校外劳动主要是参加自主实习(训)、见习、调研,校外有报酬的勤工俭学、公益活动。保留学籍校外劳动主要指的是参军、支教、创业。例如,2020年在抗击新冠肺炎疫情期间,北京大学公共卫生学院流行病与卫生统计学系9名学生作为第一批志愿者参加国家疾病预防控制中心数据研究和统计工作,就是在学期间校外劳动。

三、高校劳动教育课程实施

(一)高校劳动教育课程实施存在的问题

1. 课程目标不明确

劳动教育课程的计划性、组织性要求具有明确且具有教育性的课程目标。当前我国大部分高校劳动教育课程并未根据不同学段、不同类型学生的具体情况构建具有一体化、系统性、针对性的课程目标,同时也并未明确不同学段和类型的学生的授课时间、形式、课程类型的比例。

2. 缺乏系统的课程体系

当前大多数高校逐步开始开设劳动教育理论课程,主要的劳动形式为勤工助学、社会实践、实习实训、公益劳动、志愿活动等,并未进行系统的设计,缺乏课程的顺序性与逻辑性,无法满足学生的多元化、个性化的需求。

3. 评价方式形式化

由于很多高校对劳动课程评价主要是沿用以往既有的较为成熟的专业学科评价考核系统,抑或是进行了简单的修改和补充,所以现阶段的劳动课程评价模式单一、理论陈旧、技术落后、指标单一,导致学生劳动主体意识缺乏、"体验感"不足。

（二）新时代医学院校大学生劳动教育课程实施路径

1. 明确劳动教育课程目标

根据布鲁姆的分类目标，可以将劳动教育课程分为劳动知识目标、劳动技能目标、劳动情感与价值观目标。从劳动教育发展史来看，20世纪60年代的高校劳动教育课程目标主要是帮助学生养成良好的劳动习惯，获得基本的劳动技能；80年代则转而侧重于培养学生的劳动情感，提高其劳动实践能力；90年代则注重复合型人才的培养，强调学生的综合素质；而新时代，新的教育理念要求"以学生为中心"，注重人的全面发展，培养完整的人，因此高校应更加侧重于劳动科学知识与技能、劳动情感态度、劳动精神及劳动价值观的培养。

新时代产业不断升级，中国的人口红利即将结束，将进入"人才红利时期"。纵观国内，由于地区经济发展不平衡，人才聚集于东部沿海地区，甚至出现了"抢人大战"，如果大学生没有正确的劳动价值观，一切向"钱"看齐，那这样的现象将持续恶化，东西部差距将越来越明显。

2020年新冠肺炎疫情更加坚定了医学院校要对医学教育进行"升级"改造的决心，既要着眼于劳动技术性与实践性的拓展，又要同时强化医德教育。对于初入校园的大一、大二学生，主要是向其传授劳动科学知识，形成系统的劳动知识体系，如如何问诊、如何用药；对于大三的学生，主要是帮助其获得与专业相关的劳动技能，培养劳动情感与态度，如救死扶伤，尊重病人的人格与权利，为病人保守秘密，严谨、求实、团结、进取；大四、大五的学生基本处于实习阶段，这个阶段是提高学生专业劳动技能、形成正确劳动精神和价值观的时期。

2. 构建科学的劳动教育课程体系

课程是教学过程中的中介和纽带，是培养目标实施的有效途径，是教育目的得以实现的基础，因此坚持"课程本位"是必要的。高校须根据人才培养目标设计劳动教育课程，安排劳动教育课程类型和课程门类，组织课程内容，规定课程目标和学习要求。

医学院校作为培养具有综合素质、全面发展的医药类人才的基地，根据医学专业特点开发劳动教育内容，统筹考虑学校劳动教育课程的框架，设置劳动教育通识课程，梳理通识课程、专业基础课程、专业拓展课程中的劳动教育元素，并结合选修课程、必修课程，从整体中看到隐性课程中的劳动教育资源，构建具有综合性、实践性、开放性、针对性的课程体系是切实可行的。

如何将科学设置的劳动教育课程落实，做到上下贯通，需要做到以下几点：第一，修订人才培养方案，将劳动教育纳入学校的培养方案当中。根据新培养方案，启动课程大纲的修订,将劳动教育纳入学时分配当中,可以激发教师挖掘素材,将劳动教育内容有机融合于其他课程中,同时可以依托教学质量与教学改革工程项目,设计劳动教育课程示范课程,鼓励教师在其他课程中发现劳动教育元素,发挥示范带头作用。第二,合理分配理论和实践教学学时,搭建理论和实践一体化的课程结构。由于医学院校的学时多,课业压力大,学生业余时间不足,因此理论学时的比例应较实践学时少,理论学时主要以传授劳动知识,培养劳动素养、劳动观念,树立爱岗敬业的劳动态度为主。实践学时可以通过多种形式保障,将劳动教育融入日常生活,把热爱劳动的理念渗透学生的生活、学习中。第三,充分挖掘隐性课程的劳动教育资源。医学院校可以在校园文化建设上下功夫,保障课程的多元化,可以在各类公共危机、公共事件中鼓励学生积极参与。如面对疫情防控需要,医学院校学生应积极参加志愿服务、公益劳动,强化学生主体责任感。同时,学校可以邀请这些"最美逆行者"宣传他们的感人事迹,用身边人、身边事引导医学生养成不畏艰难、无私奉献的劳动精神。

3. 丰富劳动教育课程实施平台

劳动实践的形式和载体具有多样性,医学院校紧贴医学专业、医药行业的发展前沿,多措并举开展实践类劳动教育,尤其是通过参与创造性劳动,逐步打破学生固有的思维方式、合作方式和对话方式。

为了弥补大学生劳动教育的"体验感"不足,可以使用虚拟仿真技术进行劳动教育,可以让学生在虚拟的情景空间中"体验"劳动。虚拟仿真技术可以拓宽学生的劳动空间,打破"家校""校社""校医"之间的壁垒。

劳动教育课程实施的载体除了课堂讲授、讲座、实习、实训等形式外,还可以依托项目、创新创业等。在"大众创业、万众创新"的政策驱动下,医学院校大学生创新创业的平台不断拓展,如临床医学、护理学、药学、公共卫生等各类技能大赛、"挑战杯"大学生创新创业项目实施计划、"互联网+"大学生创新创业大赛等,学生自主组建团队,在教师的指导下,形成科学的实施方案,通过不断地实验、实践,实现劳动教育与"双创""竞赛"的有机结合。

四、高校劳动教育评价

2020年10月,中共中央、国务院印发的《深化新时代教育评价改革总体方案》明确提出,加强劳动教育评价,切实保证劳动教育提质增效。

新时代劳动教育改革和教育质量提升离不开以诊断性评价、过程性评价和终结性评价为主要内容的科学评价的支撑。

（一）诊断性评价

诊断性评价指向劳动教育课程实施条件。我们必须直面一定程度上我国劳动教育在高校教育课程体系中相对弱化、实施过程简化等问题，现有的课程无法充分发挥劳动教育的育人功能。在实施劳动教育之前，要对学校开展劳动教育的课程体系进行诊断性评价，以判断学校是否具备开展劳动教育的各项工作条件，以保障劳动教育的基础和前提。

课程是落实劳动教育目标任务的核心载体。课程体系评价应包括对劳动教育课程在人才培养方案中的占比、劳动教育的教材建设、显性和隐性课程建设等的评价。以此为参照开展课程体系评价，有利于夯实劳动教育的课程地位，构建规范化的课程体系，为劳动教育的实施奠定基础。

（二）过程性评价

过程性评价客观反映大学生接受劳动教育的过程。大学生中不会、不想、不爱劳动甚至鄙视劳动的现象仍客观存在。充分利用互联网、大数据、云计算等现代信息技术手段对大学生的劳动情况进行全面、客观、真实的记录，辅以问卷访谈、测评等补充方式，全面加强涉及劳动认知、劳动技能、劳动意志、劳动态度、劳动习惯和劳动价值观指标的过程性评价，并将大学生参与劳动教育课程学习和实践情况纳入学生综合素质学分考核，有助于提升大学生劳动的主动性和积极性，帮助大学生完成"要我劳动"向"我要劳动"的转变。通过有效发挥过程性评价的激励功能，还有利于引导大学生在对劳动过程开展积极反思的基础上，更好地掌握劳动技能，增进劳动情感。

（三）终结性评价

终结性评价监测大学生的劳动素养。根据劳动教育的目标对劳动教育的达成度进行恰当的评价，从而对劳动教育的效果进行价值评判。主要包括以劳动知识、劳动技能为主要内容的劳动功能性素养评价和以劳动情感、劳动价值观等为主要内容的劳动目的性素养。二者共同构成的劳动素养既是一个人劳动品质的重要体现，又是衡量劳动教育成效的重要指标。

值得注意的是，采用终结性评价对劳动素养进行监测并不意味着以标准化测试的形式来衡量学生劳动素养的发展状况，而是坚持定性评价与定量评价相结合，以定性评价为基础，以定量评价为补充，尝试将抽象的、不易测量的目标（如劳动情感、劳动态度、劳动精神等）转化为具体的评价指标内容（如劳动表现、劳动技能、劳动习惯等),从大学生思想认识、情感态度、能力习惯三个方面,全面客观地反映劳动教育实效;坚持自我评价和他人评价相结合,吸纳学生自身、教师、同学、家长和服务对象等主体参与评价,以客观系统全面地反映学生劳动素养发展状况。

阅读材料1-9 劳动教育宣传口号

(1) 以伟大的劳模精神、劳动精神提神振气,以伟大的劳模精神、劳动精神迎接挑战,以伟大的劳模精神、劳动精神再创辉煌。

(2) 无论时代和条件怎么变,劳动者至上的精神没有变;无论怎样深化改革,劳动者至上的地位没有变;无论西化、分化的图谋怎样干扰,劳动者至上的定力不受干扰。

(3) 在祖国伟大繁荣的美好蓝图中,每一个奋力拼搏的劳动者都是排头兵;在全面实现小康社会的愿景中,每一个积极向上的劳动者都是生力军。

(4) 人世间的美好梦想,只有通过诚实劳动才能实现;发展中的各种难题,只有通过诚实劳动才能破解;生命里的一切辉煌,只有通过诚实劳动才能铸就。

(5) 在劳动中恪尽担当之责铸"劳动之诚",在劳动中涵养担当之勇拓"劳动之路",在劳动中锤炼担当之能创"劳动之果"。

(6) 在平凡的岗位上彰显了伟岸风采,在普通的劳动中展现了时代担当,在抗击疫情阻击战中绽放了无上荣光。

(7) 爱岗敬业是本分,争创一流是追求,艰苦奋斗是作风,勇于创新是使命,淡泊名利是境界,甘于奉献是修为。

(8) 劳动让理想之光照亮现实,劳动让艰难险阻铸就光荣,劳动让平凡人生实现非凡。

(9) 让筑梦人施展才华拥有舞台,让劳动者创造活力竞相迸发,让全人类梦想之花精彩绽放。

(10) 以勤奋劳动成就梦想,以诚实劳动铸就辉煌,以创造劳动续写荣光。

(11) 从事业的足迹,看精益求精的敬业风气;借言行的力量,巩固劳动光荣的社会风尚。

(12) 让劳模精神成为受推崇的精神品格,让劳模精神成为受尊重的精神高地。

(13) 弘扬的是劳动的精神,塑造的是劳动的风尚,彰显的是劳动的价值。

(14) 保持劳动的习惯,拥有劳动的本领,激发劳动的热情。

(15) 一切乐境,都可由劳动得来;一切苦境,都可由劳动解脱。

(16) 干出劳动者的风采,彰显劳动者的价值,展现劳动者的作为。
(17) 让劳动的价值更加凸显,让奋斗的强音愈发激昂。
(18) 在苦干实干中破局开路,在团结奋斗中共克时艰。
(19) 人民创造历史,劳动开创未来。
(20) 特别能吃苦,特别能战斗,特别能奉献。
(21) 劳动生产孕育劳模,劳模促进劳动生产。
(22) 向所有劳动者致敬,为所有奋斗者喝彩。
(23) 劳动的荣光分外耀眼,奋斗的强音激荡人心。
(24) 伟业由劳动而书写,人生因奋斗而精彩。
(25) 弘扬劳动精神,激发劳动斗志,营造劳动氛围。
(26) 劳动的热情,劳动的辛勤,劳动的合力,劳动的成果。
(27) 劳动最光荣,劳动最崇高,劳动最伟大,劳动最美丽。
(28) 懂劳动之义,明劳动之理,树劳动之德。
(29) 劳动是财富的源泉,劳动是幸福的源泉。
(30) 以辛勤劳动为荣,以好逸恶劳为耻。

课堂讨论

1. 请结合自身实际,和同学们分享你掌握的劳动技能。
2. 通过文献阅读,结合医学劳动的特点,谈谈你对自己所学专业的理解。
3. 结合本章内容的学习,谈谈自己的学习体会。

(余亮)

第二章　劳动价值观与劳动价值观教育

学习目标

1. 知识与技能目标：通过自主学习劳动价值观教育，让学生能够掌握马克思主义劳动价值观的主要内容；熟悉新时代医学生劳动价值观教育的主要内容；了解新中国劳动价值观教育的发展历程。

2. 过程与方法目标：通过合作学习了解劳动教育的目的和意义，让学生能够感悟劳动教育的价值，明确新时代医学生如何通过劳动实现人生价值。

3. 情感、态度、价值观：通过探究学习新时代医学生劳动价值观教育的培养途径，让学生能够认识医学生应具备的劳动价值观，努力践行正确的劳动价值观。

本章概要

1. 劳动首先是人和自然之间的过程，是人以自身的活动来引起、调整和控制人和自然之间的物质变换的过程。

2. 马克思、恩格斯以唯物史观为指导，分析了劳动与价值、剩余价值的关系，揭示了资本主义社会异化劳动的根源和秘密，尤其是通过分析资本主义劳动二重性和资本主义再生产过程，揭示了资本主义劳动的本质和内在矛盾、资本主义生产劳动的秘密和克服资本主义异化劳动的正确途径。

3. 了解中国传统文化中"耕读结合"的思想渊源。"耕读结合"是指一边农耕，一边学习。"耕读结合"的教育思想是教育与生产劳动相结合的起源，是最原始的理论教育与实践教育的结合。

4. 马克思主义劳动价值观教育思想的核心是教育与生产劳动的结合。马克思、恩格斯根据异化劳动理论，结合对资本主义及其矛盾的深入阐述，不断探究教育与生产劳动相结合是社会生产力发展的必然趋势，是教育发展的必然方向。

引子

　　劳动是中华民族的优良传统美德,更是新时代追求卓越、奋勇前进的精神力量。践行劳动、尊重劳动,方可自在;热爱劳动、享受劳动,方可自为。面包与牛奶由劳动创造,诗与远方也由劳动实现,而我们不断追求的美好生活的目标更是由劳动所兑现,让我们在劳动中创造美好生活,用劳动践行中华民族复兴的伟大使命。正是因为劳动创造,我们拥有了历史的辉煌;也正是因为劳动创造,我们拥有了今天的成就。劳动关系是最基本的社会关系之一,有什么样的劳动关系就有什么样的社会关系。全国各族人民在中国共产党的领导下,发扬"艰苦奋斗,甘于奉献"的劳模精神、"拼搏奋斗,吃苦耐劳"的改革开放精神、"顽强拼搏,团结战斗"的女排精神等奋斗精神,用辛勤劳动创造了中国欣欣向荣、团结稳定的社会面貌。劳动是推动人类社会进步的根本力量,在实现中华民族伟大复兴关键时刻,培育深厚的劳动情怀、树立正确的劳动价值观对当代大学生培育践行社会主义核心价值、实现青春梦想、形成正确的就业创业观、提升抗挫折能力、培养社会责任感具有重要意义。

第一节　马克思主义劳动价值观

一、马克思主义劳动价值观的主要内容

(一)劳动的本质

　　劳动是人与自然的物质交换过程。马克思在《资本论》中就"劳动过程和价值增值过程"提出:"劳动首先是人和自然之间的过程,是人以自身的活动来引起、调整和控制人和自然之间的物质变换的过程。"

　　劳动决定和制约着社会结构。劳动的发展变化必然带来社会的发展与进步。劳动推动了社会的发展,是一切历史的前提和基础。社会经济结构、政治结构和文化结构及其发展状况,都直接或间接地受劳动手段的制约。另外,劳动工具的不同也代表了人类社会发展进步的不同水平。在以简单加工的石器为主要劳动工具的时代是不可能有现代高度发达的物质资料、精神文明和复杂的社会结构的。因此,

人们的物质生产实践是社会发展的最终决定力量。劳动方式的发展，带来了社会系统活力的增强与社会的发展和进步。

（二）劳动是创造价值的唯一源泉

马克思主义劳动价值论是马克思、恩格斯经过几十年的艰辛探索而得到的科学理论结晶，是人类价值学说史上最科学、最完整的理论体系，是价值学说史上的重大革命。主要内容包括商品二因素、劳动二重性、价值形式、货币论、价值规律论等，而贯穿于其中的核心思想则是劳动创造价值理论，劳动是创造价值的唯一源泉。

马克思在《资本论》中论证了商品的劳动二重性原理：抽象劳动是人类劳动在生理学意义上的耗费，它形成商品的价值；具体劳动是人类劳动力在特殊的有一定目的的形式上的耗费，它生产商品的使用价值。马克思在劳动价值论中，还特别强调了在价值创造和价值形成过程中劳动的决定性作用。在这里，必须要对"活劳动"和"物化劳动"这两个重要的范畴进行区分。"活劳动"是指人体力与脑力的耗费。"物化劳动"是指人的劳动完成以后凝结在商品中的人的劳动，是劳动过程的结果。马克思在《政治经济学批判》中指出："活劳动只不过是这样一种手段，它使物化的死劳动增加价值，赋予死劳动新的灵魂。"虽然物化劳动与活劳动都是价值创造与价值形成过程中的必要条件，但是只有活劳动是创造价值的劳动，也是商品价值创造的唯一源泉。

人作为活劳动的主体，体现了人的本质，而生产资料则是物化劳动，活劳动需要借助生产资料来发挥作用。马克思的"活劳动是创造价值的唯一源泉"，深刻揭示了广大工人、劳动群众在价值创造中的积极作用。这对我们弘扬劳动者最伟大的价值观念具有重要启发意义。

（三）异化劳动

马克思的《1844年经济学哲学手稿》这部著作的突出贡献是提出了资本主义条件下的异化劳动理论，马克思从异化劳动的逻辑结构出发，概括了异化劳动的四个环节。

1. 劳动者同劳动产品相异化

马克思认为，劳动产品是劳动主体的对象化，劳动者本应在劳动产品中实现自己的价值并将其占有。但是，在资本主义制度下，劳动者自己的劳动产品成为一个异己的对象同劳动者相对立，劳动者被其劳动产品所奴役，这从产品的分配权被资本家控制这一事实中就可以看出。工人生产得越多，反而被剥削得越深，从而贫困的程度也越深;工人创造出来的产品越有价值,他自己却越没有价值。

2. 劳动者同劳动获得相异化

马克思指出,是劳动过程即生产活动本身的异化引起了劳动对象和劳动产品的异化。即劳动产品的异化是劳动活动异化的必然结果。劳动本身的异化是指工人在产品生产的过程中处于被动的地位,成为机器的一部分,生产的唯一目的就是最大限度地增加资本主义的产品,劳动者本身完全失去自由。所以,马克思才说:"产品不过是活动、生产的总结。因此,如果劳动的产品是外化,那么生产本身必然是能动的外化、活动的外化、外化的活动。在劳动对象的异化中不过总结了劳动活动本身的异化、外化。"在马克思看来,在异化劳动中,劳动是外在的东西,不属于工人,不表现工人的本质,而是属于别人;劳动不再是工人的劳动,工人在劳动过程中也不再属于他自己,即这种劳动违背了劳动者的本质。

3. 人与自己的类本质相异化

马克思指出:"正是通过对对象世界的改造,人才实际上确证自己是类的存在物。这种生产是他的能动的、类的生活。"马克思认为,人的类本质是自由自觉、有目的、有意识的创造性活动,即劳动。但在资本主义私有制下,劳动对象和劳动过程中的异化,导致了人与自己的类本质相异化。既然工人劳动所生产出来的产品自己无法占有,而只是成为一种外在的、工人无法支配的东西;既然工人的劳动不是自主的活动,也不是自由的活动,而只是为了维持自身肉体生存的单纯手段,成为一种奴役劳动;那么劳动者失去的不仅是他的劳动对象、他自己的劳动,他也失去了他的类本质,变成自身类本质的对立物。

4. 人同人相异化

马克思说:"人从自己的劳动产品、自己的生命活动、自己的类的本质异化出去这一事实所造成的直接结果就是:人从人那里的异化。当人与自己本身相对立的时候,那么其他人也与他相对立。"既然劳动产品及劳动活动本身都成为劳动者的异己力量而对立存在,那么这背后一定存在一个敌对的、强有力的人作为他们的劳动和劳动产品的主人。在这种条件下,劳动者的劳动也只能是被他人所强迫和管束下的劳动,只能成为为他人服务的劳动。马克思指出,这样的一个主人只能是劳动者之外的人。在资本主义制度下,资本家就是奴役剥削劳动者和劳动产品的人,因此,人与人之间的异化表现为资本家对工人的剥削和压迫。

(四)劳动解放论

马克思、恩格斯认为资本主义社会是一个劳者不获、获者不劳的社会。如何才能实现劳动的解放呢?马克思描述了在资本主义条件下工人的异化生存状态。他从国民经济所承认的"当前的经济事实出发",不仅揭示出工人残酷的异化的生存状态,而且找到了造成这种异化状态的根源是资本主义私有制。在资本主义生产方式下,人的自由自主的活动却演变为"异化劳动",即劳动仅仅成为维持工人肉体生存的手段,与自由自主的活动相去甚远。由于劳动异化,导致了人的类本质和人相异化,人不能确认自己的类本质。因此,马克思探讨了扬弃异化劳动的途径。要扬弃异化劳动就必须通过社会主义革命,通过共产主义运动来扬弃私有制,消灭旧式的社会分工,最终实现没有私有制和异化劳动的共产主义。私有制的产生是生产力发展的必然结果,消灭私有制也是生产力发展的必然要求。只有消灭私有制,才能使社会全体成员平等地占有生产资料,进而平等地参与社会劳动和分享其劳动成果。人们只有在劳动中平等地占有生产资料并平等地分享劳动成果,才能极大地调动劳动者的生产积极性和创造性,促进生产力的发展。"分工是迄今为止历史发展的主要力量之一",但是分工也产生了异化,使劳动者丧失了其他方面的技能,成为"单向度的人",所以分工应该被消灭。只有这样,人的解放才能在劳动解放的基础上成为现实。

二、马克思主义劳动价值观的形成与发展

马克思通过对资本主义社会现实的批判,以及对德国古典哲学的异化理论、资产阶级古典政治经济学家的劳动价值观和空想社会主义学说的批判继承,从唯物史观角度剖析资本主义社会的现实,从实践、感性活动方面开启了劳动上的新视域,全面把握了劳动的丰富内涵和本质以及在人类社会发展中举足轻重的地位和作用。由此,马克思"在劳动发展史中找到了全部社会史的锁钥"。但是,马克思劳动价值观的形成和发展是一个循序渐进的历史过程。具体来说,马克思劳动价值观的形成与发展共经历了以下几个阶段。

(一)奠基阶段:异化劳动理论的提出

1844年8月以前,是马克思劳动价值观的奠基阶段。这一阶段在工业革命的影响下,资本主义生产和劳动发生巨大变化,生产方式由机器化大生产代替了工场手工业,资本主义生产方式全面确立。但生产社会化与私人占有制的矛盾大大激化,劳动异化现象也成为当时劳动者生产和生活过程中的真实写照。因此,马克思提出了异化劳动理论。在《1844年经济学哲学手稿》中,马克思结合自己的实践,针对当时流行的国民经济学和黑格尔的一些错误观点进行批判,在此基础上论证了私有财产和异化劳动的辩证关系,创造性地提出了"异化劳动"这一概念。马克

思阐述了资本主义社会异化劳动的表现主要为劳动者同自己的劳动产品相异化、劳动者同自己的劳动活动相异化。在此基础上,马克思又探讨了异化劳动带来的后果主要是人同自己的类本质相异化以及人与人相异化。马克思通过揭示资本主义异化劳动的本质及根源,分析资本主义阶级矛盾、阶级结构,进而对共产主义劳动做了理论层面的展望。马克思的异化劳动理论为马克思主义唯物史观、马克思的劳动价值论以及科学社会主义理论奠定了良好的基础。

(二)唯物史观的创立与马克思劳动价值观的发展阶段

此阶段从1844年8月到1848年2月《共产党宣言》的发表。这一时期是资本主义快速发展但阶级矛盾日益尖锐,无产阶级逐步觉醒并登上政治舞台的重要时期。因此,如何揭示资本主义生产的矛盾,为正在兴起的工人运动和无产阶级革命提供正确的理论武器成为马克思和恩格斯的理论工作重点。这一阶段马克思、恩格斯首先通过论述生产力和生产关系、经济基础和上层建筑等范畴并在此基础之上创立了科学的唯物史观。唯物史观的创立是马克思的创造性发现,它的创立为马克思主义理论提供了新的视角和打开了思路,既为马克思分析经济学提供了科学的世界观和方法论,又为经济学确定了研究对象和研究出发点,从而对马克思的劳动价值论产生更大影响。

(三)劳动价值论的形成

此阶段从1848年2月到1871年巴黎公社革命的爆发。在这个阶段,马克思、恩格斯以唯物史观为指导,分析了劳动与价值、剩余价值的关系,揭示了资本主义社会异化劳动的根源和秘密,尤其是通过分析资本主义劳动二重性和资本主义再生产过程,马克思、恩格斯揭示了资本主义劳动的本质和内在矛盾,揭示了资本主义生产劳动的秘密和克服资本主义异化劳动的正确途径。另外,马克思还分析了共产主义社会的劳动和劳动结构,为从历史整体上研究劳动提供了具体材料,找到了消灭异化劳动的科学途径。

(四)劳动价值观进一步发展

巴黎公社之后,资本主义为了摆脱经济危机,开始了新一轮的技术革命,资本主义逐步向垄断资本主义阶段过渡,进入了平稳发展时期。马克思在前人研究成果的启发和基础上,吸收了历史学、文化人类学和自然科学的新成就,从人类发展史的角度探索了劳动在创造人和人类社会中的作用,揭示了人的本质和劳动的本质,把科学社会主义建立在历史发展规律的基础之上,实现了劳动价值观的总结。

第二章　劳动价值观与劳动价值观教育

阅读材料 2-1　马克思劳动价值论回应时代诉求

马克思劳动价值论自诞生以来，在社会经济发展各方面都展现了强大的生命力和科学性。新时代中国特色社会主义市场经济发展中出现的新现象和新问题，要求劳动价值论在新时代新的经济实践中不断拓展和丰富其理论内涵，永葆与时俱进的理论品质。

理论是时代产物，需回应时代诉求

任何理论都是时代的产物。随着中国特色社会主义建设的不断深入，新时代我国经济社会发展各个领域发生了深刻的变化，出现了许多新情况和新特征，对马克思劳动价值论提出了新的时代诉求。从理论的绝对性和相对性辩证运动规律而言，任何理论都不是一成不变的，马克思劳动价值论随着时代的变化发展而不断拓展新的内容。马克思劳动价值论作为特定时代的产物，其理论本身体现了真理的绝对性和相对性的辩证统一。马克思当时所处的是工业经济占主导地位的时代，物质生产部门工人们的生产性劳动占主体，工人们这种生产性劳动主要是简单的劳动，马克思对以脑力支出为主的复杂劳动做了简化。他指出，"比较复杂的劳动只是自乘的或不如说多倍的简单劳动，因此，少量的复杂劳动等于多量的简单劳动。经验证明，这种简化是经常进行的。一个商品可能是最复杂的劳动的产品，但是它的价值使它与简单劳动的产品相等，因而本身只表示一定量的简单劳动。为了简便起见，我们以后把各种劳动力直接当作简单劳动力，这样就省去了简化的麻烦"。就当时社会经济发展的现状而言，这种处理复杂劳动和简单劳动与价值之间的关系是合理的。随着现代科学的发展，详细考察管理劳动、科技劳动、精神劳动等以脑力支出为主的复杂劳动和价值的关系，成为当今劳动价值论争论和劳动价值论发展的聚焦点。中国特色社会主义市场经济建设实践证明，马克思劳动价值论是科学且正确的，同时也是发展的，需要随着新时代社会经济发展而不断拓展新的内容。

从理论适用于大环境新变化而言，需要马克思劳动价值论发挥与时俱进的理论品质，回应大环境新变化的理论诉求，提升现实解释力。新时代我国社会的主要矛盾已发生了转变，经济现象错综复杂，经济建设面临着很多新情况和新问题。马克思劳动价值论的理论应用大环境已经发生了巨大变化。就劳动发展的新形式而言，中国特色社会主义市场经济下社会劳动形式发生了许多新的变化，劳动的表现形式、复杂程度、生产领域、现实需求等方面具有新的时代特征。中国特色社会主义市场经济的新变化和新发展对马克思劳动价值论的当代解释力提出了新的诉求。新时代马克思劳动价值论适用于大环境新变化的诉求，需要我们处理好现象和本质的关系问题。马克思劳动价值论作为马克思主义政治经济学的基本原理，理论的核心要义和本质内涵没有改变，但是劳动创造价值的具体形式和实现方式发生了新的变化。马克思劳动价值论要发挥理论品质，结合新时代社会经济发展的新问题和新现象，把握好现象与本质的辩证关系，不断透过新时代、新现象，提升马克思劳动价值论的现实解释力。如果把现象混同于本质，容易陷入马克思劳动价值论"过时论"的错误论调中。

从理论服务于社会经济发展而言，要求马克思劳动价值论立足新时代新的经济实践，回应社会经济发展过程中面临的新问题和新挑战。随着我国社会经济各领域的不断发展，需要运用发展变化的新思维充分认识马克思劳动价值论的本质内涵，在新时代新的经济实践的基础上增加新的理论内容，回应社会经济发展过程中面临的新问题和新挑战。如当前社会现象容易让人产生错误的认知：在价值创造的过程中，除了劳动要素以外，非生产要素也能创造价值。这种社会现象容易让人混淆价值创造的源泉，进而产生新的社会问题。马克思劳动价值论积极回应社会经济发展中的新情况和新问题，消除人们的错误认知。

科学认识和继承理论有助于指导现实

作为马克思主义政治经济学的核心内容，马克思劳动价值论同中国特色社会主义市场经济的发展有着密切的联系。科学认识并继承发展马克思劳动价值论，对于建设中国特色社会主义市场经济具有重要的现实指导意义。

科学认识并继承发展马克思劳动价值论，有助于正确理解价值源泉问题，为我国社会主义初级阶段基本经济制度和分配制度的合理运行提供科学的理论指导。由于非生产要素的参与使得私营企业主获得较高收入等社会现象的存在，价值源泉一元论和多元论的争论从未停止过。坚持价值源泉一元论的学者认为，人的活劳动是价值创造的唯一源泉。坚持价值源泉多元论的学者，对劳动创造价值的看法不一，认为价值创造不仅有活劳动，还有其他生产性要素，尤其是认为物化劳动等要素共同作用形成了价值。"要素价值论"和"广义价值论"认为，土地、资本、劳动、企业家等各种生产要素共同创造价值，这两种理论提倡按贡献分配，把使用价值的生产和价值的生产、价值的形成过程和价值的增值过程混为一谈，将财富创造与价值创造相提并论，本末倒置了价值创造和价值分配的逻辑关系。马克思曾批判价值源泉"多元论"，并对财富创造和价值创造加以区分。

科学认识并继承发展马克思劳动价值论，透过商品二重性的划分阐明价值形式的发展历程，通过劳动二重性的划分探明价值源泉的劳动，帮助人们认识价值源泉的问题,正确理解价值创造和财富创造的区别,避免价值源泉多样化的趋势。价值创造是价值分配的基础,价值源泉不以收入分配为前提。弄清楚二者的关系,人们就不会以收入分配的方式颠倒过来寻找价值创造的源泉。科学认识并继承发展马克思的劳动价值论,是解释新时代我国社会主义市场经济发展中各种新问题、新困惑的有力理论武器,为我国社会主义初级阶段基本经济制度和分配制度的合理运行提供科学的理论指导。

科学认识并继承发展马克思劳动价值论,有助于充分认识创新在新时代社会经济发展中的重要意义,促进社会经济发展更具活力、动力和竞争力。马克思劳动价值论把生产商品的劳动区分为具体劳动和抽象劳动,具体劳动形成商品的使用价值,抽象劳动形成商品的价值。具体劳动有重复性劳动和创新性劳动的区别,创新性劳动促使具体劳动在使用价值上创新,为价值的增值开辟新的空间,成为新时代产业结构升级的必然要求。创新的核心是科技创新,科技本身不能创造价值,但是科技为人所用,掌握了科技的人可以提高劳动效率而创造出更多的使用价值和价值,因而新时代要深化对科技人员、经营管理人员在社会生产和价值创造中的重要作用的认识。

科学认识并继承发展马克思劳动价值论,紧紧抓住拉动社会经济发展全局的"牛鼻子",充分认识创新在新时代社会经济发展中的重要意义,高度重视创新,尤其是科技创新,在具体劳动上实现创新,能有效提高生产效率,降低生产成本,增强行业竞争力,促进社会经济持续稳步发展。

科学认识并继承发展马克思劳动价值论,有助于树立科学的劳动观,形成良好的社会风尚。在社会主义市场经济条件下,生产劳动的内涵和外延发生了巨大的变化,服务性劳动、科学技术劳动和信息劳动被大家广为认可和接受。马克思劳动价值论回应新时代诉求,落脚新时代社会经济发展的现实需求,深化对劳动的内涵和外延的认识,尊重劳动,提升劳动者的社会责任感和使命感,凝聚劳动共识。

科学认识并继承发展马克思劳动价值论,有助于人们正视劳动的意义和价值,改变错误的劳动观念,摆正心态,树立"劳动最光荣、劳动最崇高、劳动最伟大、劳动最美丽"的劳动价值观,尊重劳动、热爱劳动,推动社会主义精神文明建设,形成良好的社会风尚。

马克思主义理论是开放的理论,新时代中国特色社会主义建设中需科学认识并继承发展马克思劳动价值论,积极回应新时代中国特色社会主义市场经济发展中出现的新现象和新问题,更好地为中国特色社会主义市场经济建设服务。

资料来源:林贤明.马克思劳动价值论回应时代诉求[N].中国社会科学报,2021-11-25(06).

第二节 劳动价值观教育

一、中国传统的劳动价值观教育

中国传统文化博大精深,学习和领悟其中的思想精华,有助于人们树立正确的世界观、人生观、价值观。中华民族和中国人民是热爱劳动的民族,积厚流光的中国传统中蕴含着丰富的劳动教育思想。劳动文化作为优秀传统文化,几千年来哺育了勤劳善良的中华民族。继承和发扬其中的精华对大学生培养正确的劳动价值观大有裨益。

(一)中国传统文化中"耕读结合"的思想渊源

"耕读结合"是指一边农耕,一边学习。"耕读结合"的教育思想是教育与生产劳动相结合的起源,是最原始的理论教育与实践教育的结合。中国封建社会长期存在轻视、蔑视体力劳动,看不起基层劳动者的现象。春秋战国时期出现了一种敢于打破传统、以耕读为荣的耕读思想,如许行提出的"滕君则诚贤君也;虽然,未闻道也。贤者与民并耕而食,饔飧而治。今也滕有仓廪府库,则是厉民而以自养也,恶得贤?"意思是"滕国国君虽然是个贤明的君主,尽管这样,他还没有真正领悟道义。贤明的国君应同普通百姓一起耕作吃饭,一面烧火做饭,一面治理天下。可如今,滕国虽有贮藏粮食的仓廪和存放财物的府库,但是这是搜刮和损害百姓的利益来奉养自己,怎么能算得上明君呢?"此外,张履祥主张的"读而废耕,饥寒交至;耕而废读,礼仪遂亡"等都是主张"耕读结合"的典型代表。在他们看来,知识分子应该一边耕种,一边读书,将耕种和读书有机地结合起来才是最合理的生活方式。在耕读思想者的极力倡导下,"耕读结合"在古代文人中广为流传,不仅培养了许多农学家,著作了大量农业书籍,也孕育了很多脍炙人口的诗篇。比如专门记载农事活动的《四民月令》和田园诗歌《归去来兮辞》《归田园居》等都是古代文人秉持耕读结合、坚持耕读生活的产物。

(二)"劳动"箴言的现实荣光:劳动智慧

中华优秀传统文化虽然直接论述劳动的名家箴言并不多,但与"如何劳动"相关的见解和建议则相对丰富。概括起来,就是要保持正确的劳动态度,秉持科学的劳动方法,从而顺利推进劳动,取得事半功倍的效果。一方面,传统文化中蕴含了"求实"劳动。《老子》第 64 章中的"合抱之木,生于毫末;九层之台,起于累土;千里之行,始于足下",告诉大家事物发展变化有其自身规律,无论做什么事情都必须具有坚强的毅力和实干的魄力,从小事做起,从点滴做起,才能有大发展、成大事业。另一方面,传统文化中蕴含了"创新"劳动。先贤们深知"故步自封"只会让社会死气沉沉,只有通过"求变""革新"才能带来生气和活力。《周易·系辞下》中的"穷则变,变则通,通则久",蕴含了我国古人可贵的辩证法思想:事物到了窘困穷尽的时候就应当有所变化,变化之后才能通达,通达之后才能长久。

(三)中国传统文化中半耕半读教育思想

1. 半耕半读是生存与发展之道

耕读使生存所需的衣食得到保证,经济独立带来了人格独立,为外向发展奠定了基础。扬州文人石成金在编撰的《传家宝》中说:"人生在世,惟读书、耕田二事是极要紧者。盖书能读得透彻,则理明于心,做事自不冒昧矣。用力田亩,则养赡有赖,俯仰无虑。若不读书,何以立身、行道、显亲、扬名?若不耕田,何以仰事父母?何以俯畜妻子?"

2. 半耕半读是进退与隐仕之道

《论语》有云:"邦有道,不废;邦无道,免于刑戮。""天下有道则见,无道则隐。"孟子也说:"穷则独善其身,达则兼济天下。"

3. 半耕半读是自在与逍遥之道

从"采菊东篱下,悠然见南山"的超凡脱俗到"乘天地之正,而御六气之辩,以游无穷者"(《庄子·逍遥游》)的逍遥自由,最终达到"天地与我共生,而万物与我为一"(《庄子·达生》)的忘我境界。

4. 半耕半读是自然与人生之道

生活于自然之中,耕自然之地,读自然之理,体验自然之大道,并以此成就人生之理想、精神之高洁、人格之完善。人生由此艺术化、美学化,故山水诗画、田园诗画、隐逸诗、游仙诗、农禅诗,层出不穷,蔚为大观,凝而为神思高格,发而为具象美感,甚至草木虫鱼、举手动足、风雨行施、荷夫牧童,皆是我之外化、物之神化。

阅读材料 2-2　章氏家训:第一部将"耕读传家"列为家训的著作

章仔钧(868—941),字仲举,号彰良,汉族,出生于官僚世家,其祖章及,字鹏之,仕唐为康州刺史,其父章修,仕唐为福州军事判官。浦城(今福建南平浦城)

人。章仔钧生于晚唐,长于五代乱世,扼守闽北咽喉要冲20多年,文韬武略,西挡南唐、北拒吴越,保一方安定,威震闽越;其夫人练氏侠肝义胆,勇救建瓯10万军民,被建瓯百姓尊为国母。公元941年,章仔钧去世,赠金紫光禄大夫、上柱国、武宁郡开国伯。夫妻二人皆为忠义典范。章氏夫妇有15个儿子,74个孙子,在中原乱世时,偏安闽越一隅,得以喘息,枝繁叶茂。北宋达到了章姓家族最辉煌的时期,从这儿诞生了福建第一位宰相章得象、浦城第一个状元章衡,北宋末期还出了一位宰相章惇。章氏夫妇留下的最宝贵的遗产就是《章氏家训》。

《章氏家训》言简意赅,共196字,主要内容有:耕读传家,勤俭持家,忍让安家,凶暴亡家,不存猜忌,不听离间,不生愤事,不专公利。其核心内容是耕读和勤俭,最核心的思想在于教育子孙后代知书达理,修身立命,遵守规矩,为家族争光。其中,"劝学篇"主要训诫:不肖子孙,眼底无几句诗书,胸中无一段道理。心昏如醉,体懈如瘫,意纵如狂,行卑如丐。败祖宗之成业,辱父母之家羞,妻妾为之泣。岂可入我祠而葬我茔乎?戒石具左,朝夕诵思。"修身篇"主要训诫:休存猜忌之心,休听离间之语,休作生忿之事,休专公共之利。吃紧在尽本求实,切要在潜消未形。"齐家篇"主要训诫:传家两字,曰读曰耕;兴家两字,曰俭与勤;安家两字,曰让与忍;防家两字,曰盗与奸;败家两字,曰嫖与赌;亡家两字,曰暴与凶。"立业篇"主要训诫:子孙不患少而患不才,产业不患贫而患喜张,门户不患衰而患无志,交游不患寡而患从邪。

在《章氏家训》的熏陶影响下,章姓家族,代有才人,如明代经学家章潢,近代国学大师、民主革命家章炳麟等,历史上虽然绩溪章氏分支庞杂,发展近千年,但崇文重教的核心理念始终凝聚着宗族的发展主线,秉承家训做人做事,已成为章氏族裔的独特内涵和自觉意识。《章氏家训》千年传承,不仅对于家族、家风的培育具有重要意义,对于社会历史文化的传承,也具有重要的见证意义。

资料来源:吴宇轩.《章氏家训》:第一部将"耕读传家"列为家训的著作[EB/OL].(2020-05-04).https://www.sohu.com/a/392715975_322551.

(四)中国传统文化主张教育与生产劳动相结合的理念

教育与生产劳动相结合是对耕读结合思想的丰富与发展。在我国,无论是传之不朽的百家经典,还是激人奋进的近现代著作,其中不乏一些主张教育与生产劳动相结合的经典论述。在诸子百家中,墨子作为主张教育与生产劳动相结合的第一人,提出了"士虽有学,而行为本"的教育思想。在墨子看来,教育的过程中应该创造机会让学生参加生产劳动,从实践中总结经验,学习知识,掌握技能。法家则立足于战争和经济的需要,鼓励"耕战",提出坚持全民皆农、以农养战的思想,主张教育广大劳动人民学习社会政治法令和对"耕战"有用的实际知识,以培养耕战之士。虽然鼓励对劳动人民进行教育是为了战争,但也从侧面反映了法家学者看到了教育与生产劳动相结合的重要性。清代的彦元在继承前人教育思想的基础上,结合自身的劳动经历提出了"凡为吾徒者,当立志学礼、乐、射、御、书、数及兵、农、钱、谷、水、火、工、虞"。在他看来,向学生传授农、工等知识应置于教育的重中之重,这样的劳动教育理念使彦元培养出了大量既善于农事又通兵工的实用之才。

阅读材料2-3 教育与生产劳动相结合的历史发展

人类的教育活动作为一种有目的地培养人的社会活动,是随着人类的产生而产生的。在不同的历史时期,教育与生产劳动的关系是不一样的。

在原始社会,教育与生产劳动是紧密结合的。教育是在生产劳动和社会生活中进行的,具有明显的非生产性。一方面,教育的场所就是那些社会生产劳动和生活的场所,原始社会没有学校,教育活动都是融合在生产、生活中进行的;另一方面,教育的内容非常简单,就是那些社会生产劳动和生活过程中积累的经验。

到了古代社会,由于学校的产生,教育与生产劳动的关系由原始社会的紧密结合走向分离。一方面,教育实施的场所变成了专门实施教育活动的学校;另一方面,教育实施的内容偏重社会人事、文事,轻视科技与生产劳动。

到了近代,机器大工业生产时代的到来提高了对人才质量的培养要求——要求培养的人才既要有一定的知识技能,又要有较强的应用能力。因此,教育就要顺应生产力的要求,改变古代教育与生产劳动分离的现实,实现教育与生产劳动的再次结合。

在现代,大工业生产的高度发展对人提出发展的要求。在历史唯物主义和剩余价值学说理论的基础上,马克思主义思想家提出了关于人的发展学说,提出既把人的发展看成现代化大生产的客观要求,又对共产主义新人的理想蓝图进行了描绘。马克思主义思想家强调,教育与生产劳动相结合是实现人的发展的唯一方法和根本途径。

资料来源:根据互联网信息整理而成。

二、马克思主义劳动价值观的教育思想

劳动教育虽不是马克思主义经典理论研究的重点,但是马克思在对资本主义进行批判分析的论述中不同程度地涉及了劳动教育的相关内容。

(一)劳动创造了人和人类社会

马克思、恩格斯关于劳动创造了人和人类社会的观点可以从以下方面理解:劳动创造了人,生产劳动与劳动工具的制造在人的形成与人类社会的诞生历程中起着举足轻重的作用;劳动是一切财富的根源,但必须将劳动与自然界相互联系才是一切财富的根源,自然界为劳动提供了必要的物资,劳动把自然界提供的物资转化为财富,劳动是人类生活的必备条件。

(二)劳动是人的全面发展的重要途径

马克思主义关于劳动是人的自由全面发展核心途径的理论可以从两个方面进行诠释:一方面,高度发达的劳动生产力是人自由全面发展的基础。只有生产力高度发展,促使物质财富资源不断充实,才能充分地满足社会成员的需求,社会成员才能根据自己的需求自由地享有物质财富,从而使得社会财富从支配人的异己力量变为被每个人支配的力量。只有当人的体力和智力获得充分的自由发展和运用时,人们才能发展各自的潜能和天赋,走向更加自由而全面的人。另一方面,自由自觉的劳动是实现人的全面发展的基础。马克思认为,资本主义社会的雇佣劳动是不自由的劳动,"在奴隶劳动、徭役劳动、雇佣劳动这样的一些劳动的历史形式下,劳动始终是令人厌恶的事情,始终表现为外在的强制劳动"。

阅读材料2-4 新时代呼唤"新劳动教育"

劳动创造世界,劳动最光荣。在五一劳动节到来之际,重申和强调劳动教育显得尤为迫切。近年来,党和国家对劳动教育的关注和重视有目共睹。今年3月,中共中央、国务院印发《关于全面加强新时代大中小学劳动教育的意见》(简称《意见》),就加强大中小学劳动教育进行了系统设计和全面部署,意义重大,影响深远。

勤劳是中华民族的传统美德,对劳动教育的重视不是今天才有,追根溯源,古已有之。《尚书·无逸篇》说:"不知稼穑之艰难,乃逸乃谚。"这句2000年前的

至理名言,在今天仍然没有过时,面对不问稼穑、五谷不分的孩子,面对被弱化、被淡化的劳动教育,我们需要为劳动教育鼓与呼,这不仅仅是为了给劳动教育这门课正名,更是为了国家的明天、民族的未来。劳动是人之为人最基本的生存方式,随着时代的不断进步,劳动的形式、内容也在不断发生变化。劳动教育也必然不能沿用过去的传统概念,而应该有全新的时代内涵、育人价值和实践路径。

新时代劳动教育要注重内涵"与时俱进"。今天的劳动教育不是农耕时代的劳动教育,是人工智能时代的劳动教育。《意见》特别指出,劳动教育要"体现时代特征"。面对人工智能、互联网、大数据,我们的劳动教育要注重"劳动+教育"的深度融合,避免沦为某种生活技能的单纯机械训练,要关注互联网思维、终身学习能力、创新能力的培养,只有这样才能突出劳动教育的时代特色,让孩子们在劳动教育中感受劳动的时代之美。

新时代劳动教育要发挥"全方位"育人价值。劳动教育有着独特的育人价值,在促进成长、锤炼品质等方面发挥着不可替代的作用。劳动教育的本质是实践教育,对其他"四育"都有强大的正面引领作用,正所谓"以劳树德,以劳增智,以劳强体,以劳育美"。当劳动教育到位了,不再边缘化,德、智、体、美、劳全面培养的教育体系才能真正构建。

新时代劳动教育要开拓"协同推进"新路径。劳动教育事关发展大计,需要全社会协同推进。正如《意见》中强调的,劳动教育实施途径多样化,家庭要发挥基础作用,注重日常养成;学校要发挥主导作用,注重系统培育;社会各方面要发挥协同作用,支持学生走出教室,动起来、干起来。当各级政府把劳动教育摆上重要议事日程,当学校、家庭、社会各司其职,当其他社会组织给予关注,相信在这样的"协同推进"下,一个良好的劳动教育生态正在一步步变为现实。新的时代,呼唤新的劳动教育。让我们从小事做起,从身边做起,从现在做起,让崇尚劳动、热爱劳动、劳动光荣成为共同的价值观。

"绿遍山原白满川,子规声里雨如烟。乡村四月闲人少,才了蚕桑又插田。"这是古人笔下的劳动美景,今天,让我们用自己的双手描绘出绚丽多彩、生机勃勃的新时代劳动画卷。

资料来源:新时代呼唤"新劳动教育"[N].中国教师报,2020-04-29(01).

(三)教育须与生产劳动相结合

马克思主义劳动价值观教育思想的核心是教育与生产劳动相结合。马克思、恩格斯根据异化劳动理论,结合对资本主义及其矛盾的深入阐述,不断对教育与生产劳动相结合是社会生产力发展的必然趋势,是教育发展的必然方向。马克思在《共产党宣言》《反杜林论》等经典著作中不断对教育与生产劳动相结合的路径进行探索。他认为,教育与生产劳动相结合是提高社会生产的一种办法,针对资本主义生产方式造成人片面发展的客观现实和机器大工业的发展使人对全面发展需要越来越强烈的现状,提出了教育与生产劳动相结合不仅是提高社会生产的一种办法,还是造就全面发展人的唯一途径。在马克思、恩格斯看来,脑力劳动和体力劳动的分离和对立是阻碍人全面发展的重要因素,唯有坚持教育与生产劳动相结合,才能长久地打破这种对立的局面,进而促进人的全面发展。针对无产阶级及其子女难以享受教育的现实困境和资产阶级儿童不事生产的有害教育,他们把教育与生产劳动相结合的思想进一步深化,指出教育与生产劳动相结合是改造社会最强有力的手段之一。

阅读材料2-5　石家庄小伙:我送"胖五"上青天

2020年5月8日13时49分,长征五号B运载火箭搭载的新一代载人飞船试验船返回舱成功返回。长征五号B运载火箭首次飞行任务的圆满成功,标志着空间站阶段飞行任务首战告捷,为全面实现我国载人航天工程第三步发展战略奠定了坚实基础,意义非常重大。按下长征五号B运载火箭点火按钮的操作员是石家庄小伙尹景波。

轻轻一按准备了八年

2020年5月5日18时,中国文昌航天发射场指挥控制大厅内,当01指挥员下达"点火"口令时,控制系统发控台操作手尹景波沉着坚定地按下了"点火"按钮,几秒钟后,只见长征五号B运载火箭从发射塔架上腾空而起,直刺云霄。当听到"船箭分离"时,大厅中岗位人员欢呼雀跃,激动地相互拥抱庆祝,尹景波也激动不已,他等待这一刻已有8年之久,为了这"轻轻一按",之前所有的付出都是值得的。尹景波于1989年出生,石家庄灵寿县人,从西安交通大学硕士毕业后,2012年就职于中国文昌航天发射场,先后参与发射场设备系统、控制系统软硬件建设等工作,现任长征五号B运载火箭控制系统发控台操作手。长征五号B运载火箭任务自春节前就开始执行,同时并行开展长征七号火箭任务,身兼多岗的尹景波十分忙碌。

在长征七号火箭分系统进行匹配测试时,作为控制系统箭上二级岗位操作手的尹景波,一早就到了测试厂房,开始做地面增压测试准备工作。撤收等效器、恢复电阻盒状态、连接电池插……一系列动作一气呵成。他松了松口罩,沉稳地报告:"120,箭上二级状态准备好,人员就位好!"看看钟表,8:32。来不及休息,尹景波迅速脱下防静电大褂,匆忙走出测试厂房。按照计划,他要在8:40赶到位于测试厂房200米外的指挥控制大厅,参与长征五号B运载火箭的测试任务。因为他还有另外一个重要身份:长征五号B运载火箭任务发控台操作手,负责为火箭按下"点火"按钮。长征五号火箭的测试工作持续了一个半小时,看看时间,10:20,刚刚好。他迅速整理好发控台,又返回长征七号火箭测试厂房,组织岗位人员撤收控制系统相关设备。新冠肺炎疫情发生后,尹景波几乎每天都要这样在两个岗位之间来回切换。"本来是定岗在发控台,可是回家过年的人员,或不能回来上班,或被隔离观察,我就又多承担了一个岗位的工作。"繁忙的工作没有让尹景波感觉到沉重,反而让他每天都处在充实与幸福中。

成为发射场第三位"金手指"

能够充分在岗位发光发热,实现自我价值,的确是件很幸福的事情。尹景波还清晰地记得,一年前系统指挥员找到他,让他负责长征五号B运载火箭任务的发控台岗位,他虽然表现得很淡定,内心却兴奋异常。发射场每一名科技人员都有一个"金手指"梦,他也不例外。尹景波很清楚,发控台是地面测试系统的核心设备,需要对整个控制系统测试的流程和设备原理很熟悉,需要熟练掌握每一个按钮的操作和每一个参数所代表的含义。钻研图纸、背记发控台上几十个按钮及数百个参数、请教前辈、撰写笔记,成了尹景波那段时间工作和生活的全部。付出终有回报,经过精心准备,尹景波顺利通过了严格的上岗考核,以优异的成绩拿到了"金手指"的资格证,他也是文昌航天发射场投入使用以来第三任控制系统发控台操作手。

"金手指"属于发射场重中之重的岗位,一般情况下不会再负责别的岗位工作。可疫情的发生导致系统内一时间人手紧缺。正加紧备战"长五"任务的尹景波主动申请顶替"长七"任务箭上二级因疫情不能归队的岗位人员。为此,他要完成双倍的工作量,付出双倍的努力。

多年来的付出在此刻感觉很值,"工作再多也不嫌多,再苦也不怕苦,就是对家人有些愧疚"。家就在20多千米外,因疫情的原因,尹景波已经近两个月没有回家,想到独自带着小孩在家自我隔离的爱人,这个航天小伙的眼神流露出忧伤。在长征五号B运载火箭任务成功后,尹景波说:"紧张的心情刚刚平复,我这一辈子都不会忘记此刻,多年来的付出在此刻感觉很值,家人在此刻应该更能认识、理解我们航天人。"

资料来源:张瑞谦,王林.石家庄小伙:我送"胖五"上青天[EB/OL].(2020-05-10).http://www.heb.Chinanews.com.cn/kjww/20200510408554.shtml.

三、新中国成立以来劳动价值观教育

早在1934年,毛泽东同志就将"教育与生产劳动联系起来"列为中华苏维埃政府文化教育总方针的主要内容。新中国成立以后,我国劳动价值观与时俱进,党和国家在不同的阶段均提出了与之相适应的劳动教育的目的、任务与要求。20世纪90年代,"教育必须与生产劳动相结合"被写进《中华人民共和国教育法》。

(一)新民主主义社会向社会主义社会过渡时期(1949—1956)

这一阶段开始注意根据工农业发展形势进行生产技术教育,初步建构了系统的生产劳动技术教育体系。新中国成立后的新民主主义时期,国家以建设与恢复发展为主要任务,劳动教育也以个人与国家的生存和发展为主要目的进行初塑。国家将这一时期的教育方针定义为"为工农服务,为生产建设服务",通过教育支援工农生产,通过教育推动国家建设。1950年,时任教育部副部长钱俊瑞在报告中最先提及"实行教育与生产结合"的教育方针。这一概念的提出使劳动教育在新中国国家政策中有了新的内涵,推动与基础生产相结合的劳动成为教育的新形式,在劳动中开展教育、通过劳动进行教育以及劳动推动教育发展。但在政策落实过程中,存在地区、课程不平衡的问题,人们普遍的劳动意识和劳动习惯还未形成,辍学人数依旧攀升,劳动教育落实的探索依旧任重道远。

(二)社会主义建设探索时期(1957—1977)

三大改造完成后,社会主义新制度确立下来,为新的政治制度服务成了这一时期劳动教育新的探索目标。《关于正确处理人民内部矛盾的问题》一文中明确提出"我们的教育方针,应该使受教育者在德育、智育、体育几方面都得到发展,成为有社会主义觉悟的有文化的劳动者",确立了培养劳动者的教育目标。1958年,中共中央、国务院发布的《关于教育工作的指示》指出,党的教育工作方针是"教育为无产阶级的政治服务,教育与生产劳动相结合"。

(三)改革开放后至21世纪前(1978—1999)

1978年改革开放揭开了时代新篇章,党的十一届三中全会后,教育战线对新时期劳动教育在全面发展教育中的地位等问题进行了深入讨论。这一时期的教育方针深深植根于经济建设中,为国家的全方面改革建设服务,与国民经济快速发展相契合。"国家发展社会主义的教育事业,提高全国人民的科学文化水平。"国家对

"文化大革命"时期的教育破旧立新,重新规定了教育的阶级属性。邓小平多次在全国工作会议上指出,要在新的社会背景下,研究如何在批判继承的基础上更好地贯彻落实教劳结合的教育方针,如何更好地让教育为经济建设添砖加瓦。1986年10月,时任国家教委副主任彭珮云提出"德、智、体、美、劳"五育全面发展的说法,"五育并举"的表述开始统一为"培养德、智、体全面发展的社会主义建设者和接班人",这绝不意味着可以忽视美育和劳育,而是将其归到"德、智、体"中。1993年11月,中国共产党十四届三中全会召开,社会的现代化建设步伐加快,劳动教育迎来了由学科化向综合实践化发展的过渡时期。1993年《中国教育改革和发展纲要》(以下简称《纲要》)指出,当前的教育工作任务是要进一步提高劳动者素质,推动形式上和技能上的劳动教育。《纲要》拉开了劳动教育现代化转型的序幕,推动劳动教育逐渐走向制度化和规范化。时任国家主席江泽民同志多次在全国工作会议上强调党的教育方针要大力贯彻落实,推动了劳动教育的转型发展。这一时期劳动教育的发展处于重大转型阶段,综合实践化、人本化和素质教育化是该阶段过渡的重点和目标,人的劳动培养由此有了更全面的内涵和意义,为21世纪全面建设小康社会中劳动教育的发展奠定了思想理论根基与初步探索经验。

(四)全面建设小康社会以来(2000—2012)

21世纪伊始,我国加快推进社会主义现代化建设,劳动创造价值高度彰显,劳动光荣、创造伟大成为时代强音。新时期对劳动者的人本关怀成为中国共产党执政的重要价值取向。树立正确劳动价值观,正确认识社会的劳动领域和劳动群体发展态势,由衷热爱与尊重体力劳动和体力劳动者,为建构一个所有"劳动者参与发展、分享发展成果的"公平正义的社会而奋斗,成为当代劳动教育的重要目的之一。2001年国务院《关于基础教育改革与发展的决定》(以下简称《决定》)发布,赋予了劳动教育愈加丰富的内涵与要求,推动了劳动教育迈入整合发展的时代。首先,在教育中推行综合实践活动课程,实现课程形式整合。整合发展是这一时期劳动教育最显著的特征。《决定》中重申"教育与生产劳动和社会实践相结合",由此,劳动教育由单独设科正式转向综合实践活动课程这一多元化的实施方式。其次,"教育为人民服务",落实课程价值整合。劳动教育的推行以培养个人意识与能力为落脚点,将广泛的资源整合在每个个体之中,以人为本重视劳动价值和主体意识。最后,注重劳动情感教育,充实课程精神世界。"加强劳动教育,培养学生热爱劳动、热爱劳动人民的情感"为劳动教育注入了新内涵。"劳动技术教育是现代社会人文精神与技术理性相融合的现代教育形式,是促进学生未来发展的先进文化。"劳动教育不再只是技能和习惯的培养,更有思想品德和精神世界的塑造,劳动教育的内涵越来越全面，人格的培养机制也越来越健全。进入21世纪以后，对知识和人才的尊重融合进了教育的发展，劳动教育全面进入整合发展时期，通过综合实践活动课程的方式，劳动教育更加多元化，以人为本，凸显课程内在人文价值的丰富化，劳动情感教育将劳动、情感进行整合以塑造丰富的精神世界。全面推进学生自主参与社会综合性实践，培养学生的独立意识，让学生认知劳动创造的乐趣与重要性。

（五）中国特色社会主义新时代（2012年至今）

党的十八大胜利召开，我国进入中国特色社会主义新时代，教育的改革发展也进入新时代。在综合素质评价稳步推进以及立德树人教育体系逐步完善的大背景下，将"劳"纳入教育方针提上了工作日程。

首先，坚持价值引领，确立新时代思想方向。2015年7月，教育部等各部委相继发表有关劳动教育的重要意见，指出劳动教育在贯彻党的教育方针要求、实施素质教育和培育践行社会主义核心价值观方面具有难以估量的重要作用，对价值观塑造具有重大战略意义。

其次，加强法律建设，明确新时代制度规范。2015年12月，《全国人民代表大会常务委员会关于修改〈中华人民共和国教育法〉的决定》明确提出：教育必须为社会主义现代化建设服务、为人民服务，必须与生产劳动和社会实践相结合。用法律的形式再次强调了"教劳结合"。

新时代以来，劳动教育开始加速发展，关于劳动教育的落实机制也愈加健全，劳动教育更加趋向价值观的引领，多学科资源的相互整合与开放性、包容性的方式方法不断涌现，新时代劳动教育健全的实践体系正在构建。

阅读材料2-6　"老干妈"的故事

> "老干妈"一年能卖出6亿瓶，这是一个天文数字！
> 其创始人陶华碧在当年新财富500富人榜中以90亿元身价排第334名。
> 老干妈的创始人陶华碧出生于1947年，那个时候新中国还没有成立，她是家里的老八，一出生就吃不饱穿不暖，每年只有到过年的时候才能吃一顿肉。
> 在她20岁的时候，命运出现了转折，她嫁给了地质队的一个会计，从此生活上衣食无忧。可是，不久丈夫患了重病，卧床不起。她既要赚钱为丈夫治病，还要抚养两个未成年的儿子，全家的重担落到了她柔弱的肩膀上。
> 不久，丈夫不幸去世，留下她们孤儿寡母。为了孩子，她坚决不改嫁，独自一人承担起抚养两个孩子的重任。
> 可以说，陶华碧前半生经历的所有苦难，是很多人难以承受的，那么，是什么

支撑着陶华碧,让她没有被苦难击垮,反而逆袭创造了别人难以企及的成就呢?

有人说是因为陶华碧有文化,能够起"老干妈"这样一个好名字。

的确,一个品牌名字起好了,就成功了一半。但是,"老干妈"这个名字的由来和陶华碧的文化没有一毛钱关系,因为她没上过学,而且也只会写自己的名字。"老干妈"名字的真正由来只和两个字有关——善良!

1989年,42岁的陶华碧开了一家饭店叫实惠饭店。听名字感觉这饭店好像很大,其实就是她用废弃的砖头、旧石、棉瓦盖的简陋的棚子,棚子里面的摆设也很简单:几张桌子,几把椅子,再加上一口锅和一些碗筷。饭店开张后因为价格特别实惠,所以生意兴隆。

饭店旁边有一所学校,学生们经常来吃饭。陶华碧发现其中有一个孩子,不好好学习,还经常打架斗殴。陶华碧觉得这个孩子如果再这样下去这辈子就完了。经过打听,陶华碧得知这个孩子家里很穷,父母没钱给他买午饭。为了有饭吃,这个孩子就在同学里面充当老大,这样一些有钱人家的孩子就会主动"孝敬"他。陶华碧明白了,这个孩子不是本质坏,喜欢打架,而是为了生存,从此以后,这个孩子再来吃饭,陶华碧就不再收他的饭钱,而且对孩子嘘寒问暖,百般关心。

这个孩子渐渐被陶华碧的善良感动了。一天,他吃完饭后,突然叫陶华碧一声"干妈"。见有人喊"干妈",旁边吃饭的孩子们就一起喊了起来,因为陶华碧并不只是帮这一个孩子,其他孩子如果衣服破了,她也帮着补,吃饭没有带钱,她就记账,从来不催要。这些孩子的父母因为忙于生计,大多没有时间管教他们,陶华碧就像母亲一样关心他们,他们心里早就认可陶华碧为"干妈"了。

此时的陶华碧已经快50岁了,有些孩子在喊"干妈"的时候又在前面加了一个"老"字,就这样,附近的人都知道有一个实惠饭店,实惠饭店有一个善良的"老干妈"。

还有人说,"老干妈"之所以能成功和陶华碧把自己的照片印在上面很有关系,因为这让很多人想起了妈妈的味道。他们觉得陶华碧非常懂营销,是一个营销天才。这就是无稽之谈了,陶华碧没有上过MBA课程,也没有学习过任何企业管理课程。

那么,陶华碧为什么会把自己的照片印在瓶子上面呢?其实这也是源于她的善良。陶华碧觉得自己做产品质量永远是第一位的,照片印在瓶子上,就是给消费者一种承诺、一种安心。如果质量出现问题,所有人都能认得出她。所以,把照片印在瓶子上,对她是一种督促,更是源于她内心的善良。

资料来源:迟忠波.老干妈陶华碧:你所有不甘屈服的苦难,上天迟早会加倍补偿[EB/OL].(2018-08-24).https://www.sohu.com/na/249792636_1000/3027.

第三节　医学院校劳动价值观教育的实施路径

一、劳动价值观教育在医学人才培养体系中的作用

劳动教育不是孤立存在的，是要和德育、智育、体育、美育互相融合、有机联系形成促进人的全面发展的现代人才培养体系。医学生应加强劳动教育，发挥劳动教育在塑造健全人格、锤炼高尚品格、磨炼顽强意志等育人功能上的重要作用，才能培养德智体美劳全面发展的社会主义建设者和接班人。

（一）从梦想实现的维度

一方面，劳动教育是医学院校学生实现梦想的必修课；另一方面，医学院校学生的个人梦想是中国梦的精彩音符。今天，国家对科技的依赖程度不断增强，实现中华民族伟大复兴的中国梦很大程度上取决于科技创新能力的提高，取决于科研人员素质的提高。因此，医学院校学生的刻苦学习、积极实践为中国梦的实现提供了牢固的现实基础和可靠的支撑力量。

（二）从价值引导的维度

医学院校学生正确的劳动价值观不仅直接影响他们在大学阶段的学习和生活，更关系到他们走向工作岗位后的就业倾向、价值取向、社会责任等方面的精神特质。在劳动教育中，正确的劳动价值观不是一朝一夕、短期努力就能培育出来的，而是要通过持之以恒、日积月累才能沉淀下来并固化为价值观。医学院校学生的劳动教育必须要培养他们的劳动态度、劳动习惯、劳动技能和劳动品德，才能让他们树立正确的劳动价值观，从而为他们将来走向工作岗位奠定坚实的基础。

（三）从实践育人的维度

劳动价值观教育不能仅通过理论说服人和书本教导人两种方式，还必须以实践为基础，通过实践来提高劳动价值观教育的有效度，增加劳动价值观教育的深度。劳动是联系知识与实际的纽带。劳动生活和劳动实践对于医学院校学生来说，不但可以印证所学的课堂知识，把教科书的专业知识内化为个体认知，培育创

新意识,还可以从具体的劳动过程中体会劳动的意义和快乐,发现和感悟关于生命、人生、价值等层面的道理,从而实现人的自由全面发展。

(四)从文化育人的维度

医学院校学生正确劳动价值观的形成是他们自身与社会、自然环境共同作用的结果。医学生会不知不觉地受到身边社会环境和物质环境的感染和熏陶,因此,医学院校应重视劳动教育,它不仅能够使劳动价值观教育贴近学生实际,增强学生的劳动认同,而且可以使学生在校园活动过程中受到潜移默化的影响。

阅读材料 2-7　张定宇:疫情"暴风眼"里,"渐冻"之躯与时间赛跑

> 在"疫情的风暴之眼",他拖着"渐冻"之躯,踩着高低不平的脚步,与病毒鏖战、与死神较量、与时间赛跑,带领医院干部职工救治 2800 余名患者,以实际行动诠释了"人民至上、生命至上"的理念。他是湖北省卫健委副主任、武汉市金银潭医院院长张定宇。在全国抗击新冠肺炎疫情表彰大会上,张定宇被授予"人民英雄"国家荣誉称号。
>
> **与病毒鏖战**
>
> 在抗击新冠肺炎疫情中,武汉市金银潭医院被称为"离炮火最近的战场"。2019 年 12 月 29 日,随着首批不明原因肺炎患者转入金银潭医院,这家老武汉人都未必熟悉的传染病专科医院成为全民抗疫之战最早打响的地方,承担着大量重症及危重症患者的救治工作。"这个病毒和我们以前见到的都不一样,这是我一生中遇到的最大挑战。"张定宇回忆说,2020 年春节前的一周,患者从一个一个转诊到一拨一拨地转诊。此后,保洁员告急,安保人员告急,医护人员告急,防护用品告急……"特别是早期收治的病人,所有手段都用上了还是拉不回来,内心很煎熬。"最初那一个多月,清早 6 点钟起床、次日凌晨 1 点左右睡觉,不知不觉成了张定宇的常态。共产党员、院长、医生,是张定宇的三重身份。"无论哪个身份,在这非常时期、危急时刻,都没理由退半步,必须坚决顶上去!"他说。在各方支援来前,张定宇领着全院干部职工在一线撑了近一个月。缺少医护,大家主动增加排班频次;缺少保洁员,后勤的顶上去;缺少保安,行政的撑起来……
>
> **与时间赛跑**
>
> "搞快点!搞快点!"在医院楼道里、病房里,大家常常听到张定宇的大嗓门。可伴随嗓门越来越大,他的脚步却越来越迟缓,跛行越来越严重。曾经,张定宇因为担心影响医护人员的工作和情绪而说是"自己膝关节不好"。可面对一遍遍

地追问,他终于承认说:"我得了渐冻症。"张定宇的病情让不少同事感到惊讶。"他明明走得好快!"金银潭医院北7病区护士长贾春敏说。有一次,张定宇打电话让她5分钟内到达病区,"他从办公室到北7楼比我远,等我到的时候,他已经在那儿了。平时他老跟不上我们,但他拼的时候,我们跟不上他。"贾春敏说。可张定宇仍觉得时间不够用。在妻子感染新冠肺炎入院3天后,晚上11点多,张定宇才赶紧跑去10多千米外的另一家医院探望,陪了不到半小时。"看到他很疲惫,就催着他赶快回去休息。"张定宇妻子程琳回忆说,直到出院,那是丈夫唯一一次去医院陪她。即便有再多牵挂,他还是选择在抗疫前线坚守。早上7点半,往往换班的医护人员还没到,张定宇就已经到了。"收病人、转病人、管病人,按道理有些事他可以不管,但他都会到现场亲自过问。"金银潭医院南三病区主任张丽说。

与死神较量

从医30余年,1963年出生的张定宇在不少前线奋战过。他曾随中国医疗队出征,援助阿尔及利亚;2011年除夕,作为湖北第一位"无国界医生",他出现在巴基斯坦西北的蒂默加拉医院;2008年5月14日,四川汶川地震后,他带领湖北省第三医疗队出现在重灾区什邡市……每一次在患者和自己之间做选择时,他都选择以患者为先。以"渐冻"之躯,张定宇硬是与疫魔拼出了惊心动魄的"中国速度"。"他太累了,病情也加重了,原来左腿还能正常走路,现在也跛了。遇到天气降温,更是完全挪不开步子。"程琳说,有次降温,张定宇从停车场走到楼下电梯口,200多米走了15分钟。张定宇在车后备厢里放了一根登山杖,扛不住时他会拿出来支撑自己行走。面对因拼命"赛跑"而加剧萎缩的双腿,他淡然地说,既然拦不住时间流逝,那就让它更有意义。"我从没想过做英雄。是所有人一起做出了牺牲与贡献,而我仅仅是他们中的一分子。"在张定宇心里,"人民英雄"国家荣誉称号不是授予他个人的,而是授予抗疫前线所有基层医务工作者的。

资料来源:侯文坤.张定宇:疫情"暴风眼"里,"渐冻"之躯与时间赛跑[EB/OL].(2020-11-10). http://www.xinhuanet.com/politics/2020-11/10/c_1126722898.htm.

二、医学院校劳动价值观教育的主要内容

劳动价值观教育不是一蹴而就的,而是融于青少年成长成才的全过程。劳动教育具有鲜明的实践性特征,劳动教育的有效开展既是与人才培养体系有机匹配,

又是在实践活动中予以实施,实现对立德树人的支撑。

(一)培养良好的劳动习惯

大学生正处于世界观、价值观和人生观形成的重要时期,生活阅历缺乏,基本生活技能欠缺,尚未完全形成对人生的深刻体验和感悟。劳动作为沟通主观与客观的中介,有助于医学院校学生的全面成长。现在有些高校进行学生管理工作改革,投入专项经费设置勤工助学岗位,让学生负责校园环境卫生,去食堂做帮工,去打扫宿舍楼卫生,让学生在参与美化和净化学校的劳动过程中,亲身体验"一粥一饭之不易,一丝一缕之艰辛",懂得劳动的艰辛,尊重劳动价值,尊重别人的劳动付出,养成吃苦耐劳的品格,培养良好的劳动习惯,获得一定的劳动技能,增强集体荣誉感。

(二)注重理论与实践融合

在劳动教育的培育目标上要把握好专业学习和社会实践的结合,培养社会主义的建设者和接班人。一方面,劳动教育要渗透到专业课程中。在医学院校的专业课上,到处都有劳动教育的资源,在具体涉及劳动教育内容的相关课程中引导学生培育劳动情怀,树立正确的劳动价值观取向。另一方面,劳动教育要渗透到社会实践中。实践出真知,劳动教育必须超脱黑板上的教育,转化为行动教育。医学院校在劳动教育中,要加大对劳动情怀的培育,可以通过建设教学与科研紧密结合的实践教学基地以及学校与社会密切合作的校企办学等途径,增加实验实践教学课时,通过参加具体的劳动实践,让医学院校学生切身体会劳动的艰辛,增长社会阅历,增加社会体验,增强社会竞争力。

(三)树立正确的就业创业观

医学院校要顺应时代发展的要求,引导学生不仅要勤于学习,敏于求知,还要善于实践,勇于创新探索,在就业或创业的过程中,实现人生价值。一方面,树立正确的择业观。择业观在很大程度上受劳动价值观影响,或者说,有什么样的劳动价值观,就会有什么样的择业观。反过来,确定正确的择业观在一定程度上也会促进正确劳动价值观的形成。另一方面,培育创新创业劳动观。创业是一种创造性劳动,是一个从无到有、从理念到行动、从不知到可知的劳动过程,在这个过程中,不仅需要了解新情况、解决新问题,而且需要勇于创新、善于创新。医学院校学生正处在人生最富活力、最富创造力的阶段,他们理应成为创新的主体。要坚持创新创业教育,弘扬创造性劳动光荣的良好风气,保护并培养年轻人的批判思维,引导医学生敢于、善于打破常规,在实践中推陈出新,在就业创业上开创新局面,在价值实现的过程中凝聚成促进社会发展、国家进步的强大动力。

阅读材料2-8　张伯礼:用"中国方案"抗击疫情

"人民英雄"国家荣誉称号获得者、中国工程院院士、天津中医药大学校长张伯礼,通过中西医结合、中西药并用,将"中国方案"应用于抗击疫情中。这位召之即来、来之能战、战之能胜的"人民英雄",心中最惦念的永远是患者。他说自己每两个月就会去一趟武汉,因为那里有正在康复的病人,希望他们能被彻底治愈,回归正常生活。

不负人民:一切为了救人

"国有危难时,医生即战士。宁负自己,不负人民!"他在抗击"非典"时立下的铮铮誓言在新冠肺炎疫情暴发后又一次兑现。2020年1月27日,农历大年初三,正在天津指导疫情防控工作的张伯礼临危受命飞赴武汉,作为中央疫情防控指导组专家组成员投身抗疫最前线。然而,在武汉超负荷的工作下,张伯礼胆囊炎发作,并于2月19日接受了微创胆囊摘除手术。他调侃道,"这回我把胆留在了武汉,更加与武汉市民肝胆相照了。"有人问他,为什么不从一线撤回?"武汉一线的工作还需要我,不可能撤回。我就是去给人治病的,自己得病是关键时刻掉链子,不值得说。但是病了怎么办?赶紧手术,继续上前线战斗,这是理所当然的事。"张伯礼说。手术后,医生要求他至少休息两个星期,张伯礼却说:"多给点药,住院一个星期就行。"在今年全国中小学生的"开学第一课"上,张伯礼动情地说:"中医把胆叫'胆腑'。胆者,中正之官,决断出焉。胆虽然没了,但做决断的勇气不能少。"

肩负使命:提出抗疫的"中国方案"

初到武汉时,疫情形势正值最严峻的时刻。医院里人满为患,各类患者交织在一起,极易交互传染。深入了解情况后,张伯礼和专家组认为,要迅速采取措施,对疑似、发热、密接和确诊四类人进行分类管理、集中隔离。还要采用"中药漫灌"的方式,让患者普遍服用治湿毒疫的中药汤剂。在张伯礼看来,整建制承包方舱医院,按中医的理论指导治疗,可以观察出中医药疗效特点和规律,更好地指导治疗。2月12日,他率来自天津、江苏、湖南、陕西、河南等地的350余名医护人员组成中医医疗团队,进驻武汉市江夏方舱医院。看舌象、摸脉象……张伯礼白天指导临床会诊巡查病区,晚上召集会议研究治疗方案。此外,怎样设置床位、床位间距留多少、空气循环问题、患者吃饭情况……他都要亲自考察过问。

许多医生劝张伯礼好好休息,"老爷子干活太拼命了,每天少的时候就睡一两个小时。"但他依旧"我行我素"。在这位"无胆英雄"的推动下,中医药全过程介入新冠肺炎救治。武汉16家方舱医院累计收治患者超过1.2万人,每个方舱医院都配备了中医药专家,同步配送中药方剂,中药使用率达90%。截至2020年3月10日休舱,江夏方舱医院总共收治的564名患者中无一例转为重症,无一例复阳。3月19日,武汉新增确诊病例、新增疑似病例、现有疑似病例首次全部归零,这一天也恰逢张伯礼72岁生日,"'武汉清零'对我就是最好的祝贺了。"

载誉归来:"人民英雄"时刻坚守

中西医结合,中西药并用,在新冠肺炎疫情防控过程中,中医药人守正创新、传承精华,交出一张漂亮的答卷。疫情期间,国家中医药管理局先后与意大利、德国、日本等几十个国家和地区交流中国的中医药诊疗方案、有效方药和临床经验。截至目前,连花清瘟胶囊已在加拿大、印度尼西亚、巴西等多个国家和地区获得上市许可。张伯礼也在几十场海外连线中,分享中国抗疫经验。

"病毒没有国界,疫情不分种族,2020年人类有个共同的心愿,就是尽快战胜疫情。"张伯礼说。2020年9月,张伯礼被授予"人民英雄"国家荣誉称号。如今,张伯礼还会来到天津中医药大学第一附属医院出诊。身穿白大褂的他,一如往常步履矫健、面带微笑地走进诊室。"要把荣誉珍藏起来,化作一种精神和力量,更加努力地工作。"

资料来源:宋瑞,栗雅婷,张建新.张伯礼:用"中国方案"抗击疫情[EB/OL].(2020-11-11). http://www.xinhuanet.com/health/2020/11/11/c_1126724079.htm.

三、医学院校劳动价值观教育的培养途径

根据新时代劳动价值观教育在医学人才培养体系的重要作用,可以从完善课程体系、丰富教育内容、创新教育形式、培养自我教育意识四个方面加强医学生劳动价值观教育,以期开创全员育人、全程育人、全方位育人的新局面。

(一)完善劳动教育的课程体系

课程是专业建设的核心内容,是人才培养的基本要素。完善的课程体系有利于学生对知识系统专业地学习。医学院校应按照中共中央、国务院关于在大中小学设置劳动教育课程的具体要求,完善劳动教育的课程体系,以保证医学生对劳动专业、系统地学习。第一,开设劳动教育的必修课程。以新时代医学生为教育对

象,通过劳动教育,使新时代大学生牢固树立劳动最光荣、劳动最崇高、劳动最伟大、劳动最美丽的观念;具备满足生存发展需要的基本劳动能力;养成热爱劳动、精益求精的劳动态度;形成良好的劳动习惯。同时,根据劳动教育理论性和实践性并重的特点,建立完善的学生劳动素养评价制度,对劳动教育的过程和结果进行及时的评价和考核,并把劳动素养评价考核结果作为学生评优评先的重要参考。第二,将劳动价值观教育融入其他教学活动之中。将劳动价值观教育与医学课相结合,可以促进大学生对临床技能的专业学习;将劳动价值观教育与思想政治理论课相结合,可以促进大学生对劳动价值观的专业学习。

(二)丰富劳动价值观教育的内容

医学院校应从广度和深度两个方面采取措施,丰富劳动价值观教育的内容,增强高校劳动教育的针对性,抓住劳动价值观教育的本质。劳动价值观教育虽然包括劳动价值观教育、劳动态度教育、劳动习惯教育以及劳动技能教育四个方面,但在劳动教育的过程中不能仅仅围绕这四个方面进行,还需要善于捕捉与劳动教育相关的内容,拓宽劳动教育的范围。结合 2020 年新型冠状病毒感染肺炎的疫情,在劳动教育过程中注重对大学生公共服务意识的培养,使他们在面对重大疫情、灾害等危机时,具有主动作为的奉献精神等。

(三)创新劳动教育的形式

虽然目前劳动价值观教育的方法多种多样,有职业生涯规划、入学教育、专业实习、社会实践等方式,但是随着新时代的到来,必须结合新时代大学生劳动教育的新特点、新要求探索新的教育方法。新时代劳动教育更加注重弘扬劳模精神和"工匠精神",医学院可以举办一些讲座,如邀请劳模进校园,分享他们的故事;新时代劳动教育更加强调科学知识的学习,以培养学生的创新性劳动,如可以创办创新创业工作室,免费为学生提供创新创业的场所,并鼓励学生在掌握一定的劳动技能之后,入驻工作室,这样一方面可以培养他们的创新才能,为以后就业做准备,另一方面也可以激发更多的学生向他们学习,进行创造性劳动。

(四)培养学生自我教育意识

引导学生树立正确的劳动价值观念,养成良好的劳动习惯,不仅有助于大学生道德品质的提升,而且还有利于大学生个性的全面发展;同时还要注重培养大学生积极的劳动态度。劳动心理学研究表明,当劳动者以积极的态度对待劳动,主动参加劳动时,其心理处于一种轻松状态,动作频率会加快,从而易于产生劳动创造,有助于提高劳动生产率。因此,作为创新主力军的青年大学生,更应该树立积极的劳动态度,而根据问卷调查数据表明,目前我国大学生劳动积极性虽较以往有所提高,但整体上仍未达到最佳状态。一个人劳动态度的形成受多方面因素的影响,但形成劳动态度的决定性因素应该是自己。所以,大学生要不断地进行自我教育,自己教育自己,自己管理自己,从而形成积极的劳动态度。

阅读材料 2-9　周树春:焊花飞溅写青春

"一点都不能差,差一点都不行",这是中国十九冶职教中心教师、中冶集团首席技师周树春在他焊接世界里践行的工作准则。

全国五一劳动奖章、全国冶金建设行业技术能手、全国冶金建设高级技能专家、全国青年岗位能手、全国技术能手……多年来,周树春不断获得各种荣誉。不仅如此,作为焊接项目中国代表队主教练,周树春带领参赛选手连续参加最近三届世界技能大赛,取得了该项赛事中国首枚金牌、首枚银牌。

从入行时的茫然无措到现在的焊接之星,20多年来,周树春用焊花书写着青春之歌。1974年出生的周树春,在18岁时作为一名轮换工走进了父亲曾经工作的企业。上班第一天,面对自己从未见过的机械构件,周树春感到茫然无措。但性格质朴的他却不肯服输,暗下决心:无论多苦、多难、多累都不能退缩,一定要成为一名优秀的焊工。从此,焊枪成了他形影不离的"伴侣",从来没有接受过专业学习的他,勤勉努力,虚心求教,白天忙干活,晚上学理论,他发誓要做一名技术过硬、理论扎实的现代工人。多年来,他自学了《管道焊接技术》《焊接热过程与熔池形态》等几十本专业书籍,读书笔记达数十万字。

功夫不负有心人,辛勤的耕耘终获丰厚的回报。周树春先后掌握了12种国际、国内前沿焊接技术,提炼总结出13种焊接操作方法。他不但成长为公司的技术精英,而且在专业学术领域斩获颇丰。

熟悉周树春的人对他评价最多的就是"这是一个踏实勤奋、善于钻研、肯动脑筋的年轻人!"在许多施工项目中,都有他凭借精湛技艺攻坚克难的故事。

昆钢高炉焊接,作业面狭窄,焊口隐蔽,管道内空气流动性大。周树春主动请缨,大胆采用在管道中充氯气置换、隐蔽部位用镜子反射焊口的巧妙办法,一举攻克难关。300多道焊口,检测合格率达98%,展示了他独树一帜的精湛技艺。

邯郸高炉炉体风口大套焊接,坡口及工艺措施不当,接头产生严重层状撕裂。他仔细分析接头产生层状撕裂的原因,运用"Z因子"控制原理,编制了炉皮与风口大套现场焊接工艺,严格按施工工艺操作,成功地解决了焊接裂纹问题,挽回经济损失上千万元。

巴布亚新几内亚瑞木镍钴矿浆管道铺设,地形复杂,高温多雨,且这是周树春第一次焊接全球最大口径长输矿浆管道X60管线钢。周树春结合现场地质、气候条件,通过数百次的实验,精确计算出焊接电流电压、焊接速度、送丝速度、焊丝伸出长度等参数,成功创造出纤维素型焊条和药芯焊丝自保护焊下向焊的X60管线钢焊接新工艺,将矿浆管道每道焊口的焊接时间由3小时缩至40分钟,为管道铺设的顺利施工提供了坚强有力的技术支撑。

由周树春研发的X60管线钢焊接工艺填补了国内该类工程焊接技术的空白。经此工艺焊接的6000多道焊口,经X射线探伤检测,合格率达98.7%;经12.3MPa水压检测,合格率达100%。在巴布亚新几内亚国土蜿蜒的66.9千米的"银色巨龙"——镍钴矿浆管道,既是周树春焊接青春的光辉写照,又是中国焊工创造奇迹的见证。

"中国焊工,焊接世界"的口号响彻神州!

作为一名普普通通的中国共产党党员,周树春在平凡的岗位上,用勤勉敬业的态度、敢为人先的冲劲、大公无私的奉献演绎出了新时代工人党员的本色。

资料来源:鲁彬之.周树春:焊花飞溅写青春[EB/OL].(2018-07-18).https://www.sohu.com/a/242013922_229991.

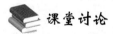课堂讨论

1. 如何正确认识马克思的劳动价值观?

2. 如何正确理解新时代教育必须与生产劳动相结合?

3. 通过文献阅读,结合医学专业的特点,谈谈你对医学理论学习与医学实践锻炼结合的理解。

(唐浩如)

第三章　弘扬新时代劳模精神

学习目标

（1）知识与技能目标：通过自主学习劳模的个人事迹、评选历程，学生能够掌握新时代劳模精神的基本内涵，熟悉劳模精神的三大功能。

（2）过程与方法目标：通过合作学习劳模精神在时代发展中的作用，学生能够理解劳模精神的现实意义，能够自觉践行劳模精神。

（3）情感、态度、价值观：通过探究学习劳模精神在医学生劳动中发挥的作用，学生能够理解劳模精神的深刻价值，能够将劳模精神内化于心，自觉大力弘扬劳模精神。

本章概要

（1）劳动模范简称劳模，是在社会主义建设事业中成绩卓著的劳动者，经职工民主评选，有关部门审核和政府审批后被授予的荣誉称号。可分为全国劳动模范与省、部委级劳动模范等。

（2）新时代劳模精神的基本内涵是"爱岗敬业、争创一流、艰苦奋斗、勇于创新、淡泊名利、甘于奉献"，劳模精神在行为上的具体体现是"崇尚劳动、热爱劳动、辛勤劳动、诚实劳动"。

（3）劳模精神的功能主要包括激励教育功能、示范引领功能、文化影响功能三个方面。

（4）弘扬劳模精神有助于树立大学生的正确劳动观；有助于坚定大学生的理想信念；有助于培养大学生的人文精神；有助于提升大学生的思想道德境界。

（5）弘扬劳模精神是实现中华民族伟大复兴的必然要求，是坚持全心全意依靠工人阶级的有力保证，是发展工人阶级先进性的客观需要。

引子

社会主义建设的各个时期所取得的成就,都是由以劳模为代表的广大工人阶级始终不忘初心、牢记使命,用平凡的双手创造出来的。劳模是工人阶级的优秀代表,是民族的精英、国家的栋梁、社会的中坚、人民的楷模,劳模是时代的永远领跑者。劳模是推动社会主义各方面事业前进的骨干,是人民政府的可靠支柱和人民政府联系广大群众的桥梁。劳动模范们在各自的岗位上创造出的业绩,体现出的精神,是全社会的宝贵财富,不变的是精神,传承的是永恒。劳模精神是时代的人文精神,反映出一个民族在某个时代的人生价值和思想道德取向,它简洁而深刻地展示了一个时代的人文精神的演进与发展,体现了一个民族的时代思想和情愫。劳模精神展示了中华民族顽强拼搏、自强不息的崇高品格,体现了我们伟大的民族能够与时俱进、开拓创新的精神面貌。虽然每个时期的劳模都具有不同的内容和特点,但是他们都共同拥有主人翁的责任感及忘我劳动的敬业精神和无私奉献精神。这些中国工人阶级不变的优秀品质,一直是劳模精神不变的本质,是引领时代的精神。时代需要更多的劳模,社会需要弘扬劳模精神。

第一节 劳模精神的主要内涵

一、劳模精神的基本概念

(一)劳模

劳动模范简称劳模,是在社会主义建设事业中成绩卓著的劳动者,经职工民主评选,有关部门审核和政府审批后被授予的荣誉称号。

劳动模范可分为全国劳动模范与省、部委级劳动模范等。中共中央、国务院授予的"全国劳动模范",是目前劳模界最高的荣誉称号,与此同级的还有"全国先进生产者""全国先进工作者"称号。

(二)劳模标准的时代变迁

随着时代的发展,劳模的标准与时俱进。新中国成立初期,各行各业百废待兴，基础设施建设大力推进，提倡"老黄牛"型或"苦干＋巧干"型劳模；改革开放初期，需要用新的劳动者形象积蓄力量应对改革需要，"知识型""技术精兵型"工人、科学家、企业家和专职技术人员劳模比例增加；进入21世纪，劳模所涵盖的范围更加广泛，互联网等新兴行业兴起带来了社会所需劳动力结构的变化，知识型、科技型、创新型人才愈来愈多，劳模类型多样性的趋势越来越明显，并与经济发展的特征越来越契合。

阅读材料3-1 劳动模范知多少

> 党和国家历来高度重视评选表彰劳动模范。1950~2020年，先后召开16次表彰大会，表彰全国劳动模范和先进工作者超30000人次。1950~1979年，先后召开大规模的表彰会9次；1979~1989年，零星表彰"全国劳动模范"21人，"全国先进工作者"2人；1989年以来，全国劳模和先进工作者评选表彰工作基本形成了每五年一次的固定届次，每次评选表彰先进个人3000名左右，由国务院授予"全国劳动模范"或"全国先进工作者"称号。
>
> 劳模的劳动者形象，也随着国家发展阶段的不同而变迁，从一个侧面记录着新中国的成长史。2020年，全国劳动模范和先进工作者表彰大会共表彰基本涵盖各个领域和行业的2493名人选，其中全国劳动模范1689名、全国先进工作者804名；受表彰人员中，中共党员2015名，民主党派和无党派人士158名；女性578人，占23.2%；少数民族226人，占9.1%。受表彰人选中，来自基层一线的工人和企业技术人员比例较高，其中一线工人和企业技术人员847人，占企业职工和其他劳动者的71.1%，比原定比例高出14.1个百分点；农民工216人，占农民人选的43.2%，比原定比例高出18.2个百分点；科教等专业技术人员、科级及以下干部661人。
>
> 资料来源：蔡彬,宁泽超.中国知多少|五一国际劳动节 弘扬劳模精神 做时代奋进者[EB/OL].(2021-04-30).http://guoqing.china.com.cn/2021-04/30/content_77454413.htm.

（三）劳模精神

1. 劳模精神

劳模精神是对中华民族艰苦奋斗、无私奉献、勇于探索等传统美德的继承，也是新时代中国特色社会主义不畏艰苦、爱岗敬业、刻苦钻研、勇于创新、团结协作的时代精神的体现，是每一位中国人宝贵的精神财富。

早在1945年，毛泽东同志就对劳模下了定义，诞生了"三个作用"说，即劳模具有带头作用、骨干作用和桥梁作用。在1950年首次全国性的劳模表彰大会上,毛主席给予劳模明确的定位:"你们是全中华民族的模范人物,是推动各方面人民事业胜利前进的骨干,是人民政府的可靠支柱和人民政府联系广大群众的桥梁。"

此后,以劳模为主体的"劳模精神"不断发展。2014年,习近平总书记在接见新疆劳模代表时的讲话进一步明确了劳模精神的时代含义。党中央对劳模及劳模精神的认识经历了一个由浅入深的过程,即从劳动模范在岗位内的生产劳动带头作用,到突破岗位、引领经济发展和社会进步的榜样作用。

2. 新时代劳模精神

在长期实践中,我们培育形成了爱岗敬业、争创一流、艰苦奋斗、勇于创新、淡泊名利、甘于奉献的劳模精神,崇尚劳动、热爱劳动、辛勤劳动、诚实劳动的劳动精神,执着专注、精益求精、一丝不苟、追求卓越的"工匠精神"。

劳动精神的第一层次是普通劳动者应该具备的"崇尚劳动、热爱劳动、辛勤劳动、诚实劳动",也就是具备想干、爱干、苦干、实干的基本劳动素养;第二层次是专业的劳动者,也就是工匠应该具备的"执着专注、精益求精、一丝不苟、追求卓越",也就是具备"懂技术、会创新"的专业劳动素养;第三层次是作为模范的劳动者,应该具备"爱岗敬业、争创一流、艰苦奋斗、勇于创新、淡泊名利、甘于奉献"的精神,具备"有理想守信念、懂技术会创新、敢担当讲奉献"的卓越劳动素养,具有信仰坚定、胸怀全局、担当奉献、引领示范等精神品质。

"爱岗敬业、争创一流、艰苦奋斗、勇于创新、淡泊名利、甘于奉献"是劳模精神的基本内涵,"崇尚劳动、热爱劳动、辛勤劳动、诚实劳动"是劳动精神在行为上的具体体现。

阅读材料3-2 不同时期的劳模代表人物

1. 新中国成立初期(20世纪50年代至60年代)

王进喜:全国著名劳动模范,因用自己的身体制伏井喷而家喻户晓。以"宁可少活二十年,拼命也要拿下大油田"的顽强意志和冲天干劲,被誉为油田"铁人"。他不仅身先士卒一直苦干实干,同时不断地从实际需要出发,进行技术革新,改革游动滑车,研究改进泥浆泵,研制成功控制井斜的"填满式钻井法"等,提升自己的劳动技能。

张秉贵:北京市百货大楼售货员,30多年的时间里接待顾客近400万人次,没有跟顾客红过一次脸、吵过一次嘴,没有急慢过任何一个人。同时,他苦练售货技术和心算法,练就了"一抓准、一口清"技艺,发明了"接一问二联系三"的工作方法,创造了整套服务经验和服务艺术的"一团火"精神。

2. 改革开放时期(20世纪70—90年代)

王永民:创立汉字键盘设计三原理及数学模型,发明"王码五笔字型"汉字输入法,首创"汉字字根周期表",发明"98规范王码",有效解决了进入信息时代的汉字输入难题,推动了计算机在我国的普及。

包起帆:坚持半工半学,从一名码头装卸工成长为带领团队技术创新的发明家,获国家发明奖3项、国家科学技术进步奖3项,获巴黎、日内瓦等国际发明展金奖36项。作为技术尖兵,研发新型抓斗及工艺系统,推进了港口装卸机械化,参与开辟上海港首条内贸标准集装箱航线,建设我国首座集装箱自动化无人堆场,积极推进我国首套散矿装卸设备系统的研发,领衔制定集装箱RFID货运标签系统国际标准。

二、劳模精神的基本内涵

(一)爱岗敬业、争创一流

爱岗敬业重在"爱"和"敬",对岗位和职业的热爱之情为"爱",对岗位和职业的尊重之心为"敬"。"热爱"与"尊敬"相互促进,是成就事业重要的推动力,是奋斗路上战胜困难的强大原动力,更是执着于事业追求的必要支撑力。争创一流重在"争"和"一流",强调的是肯学、肯干、肯钻研,练就一身真本领,掌握一手好技术,力争做出一流贡献。"爱岗敬业、争创一流"体现了劳模对国家、社会、职业的高度责任感、使命感和舍我其谁的主人翁精神,是劳模精神的基础。中华民族一直将"爱岗敬业、争创一流"作为劳动者的优秀品德,俗语"三百六十行,行行出状元"就是用最朴实的语言对"爱岗敬业、争创一流"的理解和总结。无论从事什么职业,只要热爱本职工作,勤奋努力做事,都能做出优异的成绩,各行各业都有杰出的人才。各行各业杰出的人才都是广大劳动群众仰慕的对象,是大家学习模仿的榜样。广大劳动者只有做到爱岗敬业、争创一流,才能成长、成才,才能在劳动中成就不一样的事业,锻造不一样的情怀,实现不一样的人生。

"爱岗敬业、争创一流"作为中华民族的优秀品德,一直传承至今。新中国成立后,广大的农民和工人当家做主,心中充满了对国家的感恩和报效国家的劳动热情。新中国百废待兴的客观现实,需要大量的劳动者去恢复、去创造。为恢复发展国民经济,进行社会主义建设,党和政府坚持沿用了革命战争时期的经验做法,依托社会主义劳动竞赛和生产运动开展了形式多样的劳模运动,广大工人阶级和劳动者以坚如磐石的信念、只争朝夕的劲头、坚韧不拔的毅力,不畏艰难困苦,创造了一个又一个人间奇迹,也产生了成千上万的劳模和先进生产者。1950年9月—1960年6月,是中国劳模队伍快速发展壮大的时期,党和政府先后召开了四次大规模的全国性劳模和先进生产者代表大会,评选出了一万多名劳模和先进工作者。

阅读材料3-3　劳模经典案例1

申纪兰

　　申纪兰(1929—2020),曾连续担任第一届至第十三届全国人大代表,是唯一连任13届的全国人大代表,是"共和国勋章"获得者,先后三次获得"全国劳动模范"称号,多次获得"全国优秀共产党员""全国脱贫攻坚'奋进奖'""改革先锋"等称号。

　　申纪兰担任山西省西沟村合作社副社长时,发现干同样的活,男人一天计10个工分,妇女只能计5个工分,相对于出门参加社会劳动,很多妇女更愿意干"家里活",因而阻碍了妇女地位的提高。申纪兰为了改变这一现状,一边向妇女宣传"劳动才能获得解放"的道理,一边做男同志的思想工作,积极争取男女同工同酬。她申请由社里专门给女社员划出一块地,开展男女社员劳动竞赛,妇女的积极性由此被调动起来了。最终,女社员赢得了竞赛,也让更多的男社员意识到了女性劳动的能力,越来越多的人支持同工同酬。申纪兰还通过提高妇女的劳动技能、设立农忙托儿所等方式让妇女能专注劳动。1952年,西沟村率先在全国实行了"男女干一样的活,应记一样的工分"政策。1954年,"男女同工同酬"被写入《中华人民共和国宪法》。改革开放以来,申纪兰勇于改革,大胆创新,不断探索山区发展道路,全面发展农、林、牧、副生产,带领村民治山治沟、兴企办厂,逐浪市场经济大潮,把一个落后的纯农业村变成农、林、牧、工、商、游全面发展的现代化新农村,使西沟村的发展始终走在山西前列,成为全国农业战线的一面红旗。申纪兰的一生是社会主义革命、建设和改革开放的缩影,纪兰精神也是劳模精神的体现。

　　资料来源:许雄.申纪兰:"勿忘人民、勿忘劳动"[EB/OL].(2019-09-18). https://www.163.com/news/article/EPCQ5BC1H00018AOQ.html.

(二)艰苦奋斗、勇于创新

　　劳动模范是辛勤劳动、诚实劳动、创造性劳动的积极实践者,他们踏踏实实、奋发图强、勇于挑战、敢为人先,在实现中华民族伟大复兴的历史征程中埋头苦干、求真务实、创新创造。

艰苦奋斗是中华民族的优良传统,是中国共产党的优良传统,也是劳模精神的重要内涵,即在艰难困苦的劳动条件下,奋发努力,拥有不畏艰难、锐意进取的钢铁意志;昂扬斗志,展现坚忍不拔、顽强拼搏的精神风貌;简单质朴,保持艰苦朴素、勤劳节俭的生产生活作风。

勇于创新是劳模精神的核心要义之一,就是不迷信权威,看待问题不因循守旧,敢于打破固有思维框架,积极探索劳动过程中的新规律和新方法,灵活地运用知识和经验,推动劳动技术和工艺的创新创造。伟大见于奋斗,奇迹源于创造,新中国70多年发展的里程碑上记录着一大批艰苦奋斗、勇于创新的劳动模范以及他们的伟大事迹。

2013年4月,全国劳动模范代表座谈会召开。一位位拥有"看家本领"的高素质劳动者或专业领域的高级知识分子走上劳模的领奖台,他们不仅具备艰苦奋斗、吃苦耐劳的优良传统,更善于开拓、勇于创新,用知识技术和创造性劳动推动生产发展和技术进步,创造了日益美好的生活。

阅读材料3-4　劳模经典案例2

袁隆平

一生致力于杂交水稻技术的研究、应用与推广的袁隆平,常年活跃在田间地头,不畏艰难,开展农业研究,掌握大量的一手资料,呕心沥血,苦苦追求,为解决中国人的吃饭问题做出了重大贡献。例如,发明"三系法"籼型杂交水稻,成功研究出"两系法"杂交水稻,创建了超级杂交稻技术体系,提出并实施"种三产四丰产工程"。在开展科研工作的同时,袁隆平还不忘培养人才,克服困难,组建研究团队,为中国乃至世界农业发展培养了一大批科研尖兵。袁隆平还为我国粮食安全、农业科学发展和世界粮食供给做出杰出贡献,被称为"杂交水稻之父"。

钟南山

长期致力于重大呼吸道传染病及慢性呼吸系统疾病的研究、预防与治疗的钟南山,在2003年抗击"非典"、2020年抗击新冠肺炎,以钟南山为代表的医护工作者不畏未知的病毒,直面困难和压力。疫情防控期间,在大家都对新型病毒不了解、在它们可怕的传染性和致病性让所有人心惊胆战的时候,钟南山不顾生命危险,救治危重病人,多次奔赴疫区指导医疗救治工作,倡导与国际卫生组织合作,主持制定我国"非典"、新型冠状病毒肺炎等急性传染病诊治指南。从"非典"到新冠肺炎,钟南山一直站在抗疫一线,成为公共卫生事件应急体系建设的推动者,促成了国家多项政策法规的制定,更成为突发公共卫生事件的代言人,成为稳定民心的科学家代表,为战胜"非典"、新冠肺炎疫情做出重要贡献,成果丰硕,实绩突出。

(三)淡泊名利、甘于奉献

"淡泊名利、甘于奉献"是劳模精神的价值追求,劳模们为了做好自己平凡的工作,完成社会主义国家建设的任务,心甘情愿、默默坚守、身心投入,不求声名和个人私利。无论是在革命战争年代,还是在和平建设时期,"淡泊名利、甘于奉献"始终是一代代劳模们的本色和追求。他们不辞辛苦、甘愿付出,不求索取、不为名利,彰显了报效祖国、服务人民的崇高追求和高尚品质。

阅读材料3-5 劳模经典案例3

邓稼先

邓稼先是中国核武器理论研究工作的奠基者之一,是中国核武器研制与发展的主要组织者、领导者。他始终在中国武器制造的第一线,培养了许多学者和技术人员,成功地设计了中国原子弹和氢弹,把中国国防自卫武器提升到了世界先进水平,被称为"两弹元勋"。

以邓稼先为代表的一大批科研工作者和工程技术人员,放下自己的荣誉,甚至放弃了自己的正常生活,隐姓埋名多年,在生存都困难的沙漠中,硬是把青海、新疆、神秘的古罗布泊、马革裹尸的古战场建设成中国第一个核武器基地;在缺乏资料研究、实验条件简陋的条件下,克服了资料少、设备差、时间短、环境恶劣等常人难以想象的困难,仅仅用2年8个月,靠中国人自己的力量成功研制"两弹一星"。在长达数十年的时间里,邓稼先甘当无名英雄,默默无闻奉献,常常在关键时刻,不顾个人安危,出现在最危险的岗位上,甚至在实验中不顾核辐射,亲自前往出事地点查看未爆炸核弹头的情况,导致身体受到强烈核辐射,肝脏破损,骨髓里也侵入了放射物,健康受到严重损害。1986年7月29日,邓稼先因全身大出血,医治无效,永远离开了这个世界,离开了他为之奋斗、奉献了一辈子的中国核事业。

"爱岗敬业、争创一流,艰苦奋斗、勇于创新,淡泊名利、甘于奉献"的劳模精神是一个有机整体,集中彰显了刻苦勤勉、兢兢业业、敦本务实、埋头苦干的实干精神,持之以恒、孜孜不倦、锲而不舍、牢记使命的坚守精神,淡泊名利、甘于奉献、不图回报、不计得失的无私精神,是中华优秀传统文化、革命文化和社会主义先进文化以及社会主义核心价值观的集中体现。在新的时代起点上,我们要继续大力弘扬劳模精神,用劳动模范和先进工作者的崇高精神和高尚品格鞭策自己,辛勤劳动、诚实劳动、创造性劳动,努力在全面建设社会主义现代化国家新征程上创造新的时代辉煌,铸就新的历史伟业。

第二节 新时代弘扬劳模精神的现实意义及教育意义

劳模精神创造时代精神,劳模价值创造社会价值。在不同的时代,劳模群体呈现不同的、多元的组合,以体现出对不同劳动价值的肯定。在社会价值观的发展趋势中,人们对劳模精神的价值评判正在逐步从"出大力、流大汗、老黄牛"向知识型、技术型、创新型方向转变。每一个时期所树立的劳模,都代表着这个时期的先进生产力和健康向上的力量,劳模精神必将影响着一代代劳动者为社会的进步贡献力量,弘扬劳模精神有较高的现实意义和教育意义。

一、弘扬劳模精神的现实意义

(一) 实现中华民族伟大复兴的必然要求

劳模精神与延安精神、井冈山精神、西柏坡精神、焦裕禄精神等一脉相承,是伟大民族精神的集中体现。劳模精神激励中华儿女在社会主义建设事业中创造出一个又一个奇迹,奏响了一曲又一曲改革开放和现代化建设的壮丽凯歌,其价值、影响和贡献早已超出了它所诞生的那个时代。它不仅属于历史,更属于现代和未来。劳模精神在中华大地历久弥新,永不过时。

劳模精神为实现中华民族伟大复兴提供了强大精神动力。当前,世界多极化、经济全球化深入发展,全球思想文化交流交融交锋复杂激烈,我国经济发展进入新常态,改革发展稳定任务之重前所未有。大力弘扬自力更生、艰苦奋斗的劳模精神,有助于夯实不怕困难、矢志不渝、发奋图强的共同思想基础,激励人民始终朝着既定的目标去努力,敢于迎接挑战,经受考验,排除风险,战胜困难,不断开创社会主义现代化建设的新局面。

弘扬劳模精神是激发中华民族伟大复兴的强大正能量。劳模精神不仅具有职业性,更具民族性;不仅具有历史性,更具时代性。当今世界,价值观念日趋多样化,各种思潮相互激荡,但一个走在时代前列的民族,不能在纷繁复杂的文化大潮中迷失方向,不能没有立足本国实际而又符合时代潮流的主流价值取向和指导思想。实现中华民族的伟大复兴就必须弘扬劳模精神,充分激发和调动广大人民群众干事创业的热情,始终保持一种奋发有为的精神状态,艰苦奋斗、自强不息、与时俱进、开拓创新,为实现中华民族伟大复兴的目标贡献智慧和力量。劳模精神深刻展示了民族精神和主流价值,是社会主义核心价值观的集中体现。

大力弘扬劳模精神,有助于形成见贤思齐、崇德向善的社会道德风尚。道德自律和责任自觉是劳模精神的又一光辉内核。弘扬劳模精神,广泛开展思想道德教育,通过道德模范、身边好人、最美人物、文明人物等系列人物的典型事迹,唤醒和释放每个人内心的道德情感和道德力量,引导人们讲道德、尊道德、守道德,做文明人、办文明事。弘扬劳模精神,要把培育文明道德风尚作为重要着力点,广泛开展形式多样的各类群众性精神文明创建活动,持续开展学雷锋志愿服务活动,大力推进社会公德、职业道德、家庭美德和个人品德建设,推动形成知荣辱、讲正气、做奉献、促和谐的社会风尚。弘扬劳模精神,就要从群众反映强烈的问题入手,深入开展道德领域突出问题专项教育和治理,弘扬真善美、贬斥假恶丑。

(二) 坚持全心全意依靠工人阶级的有力保证

在整个社会政治生活中,能否做到全心全意依靠工人阶级,这是一个关系到社会主义现代化建设成败的重要问题,它对于加强党的建设和建设有中国特色的社会主义有着现实和长远的意义。

弘扬劳模精神有利于强化党的指导思想。弘扬劳模精神是国家有针对性的组织党的阶级基础、阶级意识的教育,不断地同各种歪曲党的性质、淡化党的工人阶级先锋队意识、轻视和贬低工人阶级伟大地位和作用的错误思想、倾向和行为进行斗争,使保持党的工人阶级先锋队的观念贯穿于党的各项建设,同时更是党开展思想建设,使全党真正树立起全心全意依靠工人阶级的指导思想。

弘扬劳模精神有利于加强工人阶级的历史地位和主力军作用。弘扬劳模精神有利于从舆论上形成一个全心全意依靠工人阶级的良好风尚,报纸、广播、影视多渠道宣传工人阶级在革命和建设以及改革开放中的丰功伟绩,宣传工人阶级中的先进思想、先进个人和先进集体,展示工人阶级的优秀品质和伟大力量,树立工人阶级的形象,在全社会形成激励和支持工人阶级发挥主力军作用的强大舆论,从而激发工人阶级的自豪感。

弘扬劳模精神有利于从思想上增强工人阶级的使命感和责任感。宣传劳模精神是对职工群众进行权利与义务相统一的主人翁意识教育,是结合现实进行有关工人阶级不断加强自身改造的教育,使职工群众更加热爱祖国、热爱党、热爱社会主义,增强抵御"和平演变"的意识,不断提高自身的政治觉悟,以工人阶级的历史使命和阶级品质,自律自强,为国家的兴旺、事业的发展做出贡献。

阅读材料3-6　工人阶级的起源与发展

> 马克思主义认为,工人阶级(即无产阶级)是那些靠出卖劳动力(包括体力和脑力)、不拥有生产资料、劳动成果大部分被资产阶级剥削、并为社会创造主要财富的阶层,包括大部分的体力和脑力劳动者。
>
> 工人阶级,亦称无产阶级,历史可以追溯到14、15世纪欧洲的工场手工业的产生,至18世纪的后半期。以蒸汽机和棉花加工机的发明为标志的产业革命,及其引发的市民社会的全面变革,为工人阶级的发展壮大、步入政治舞台提供了契机。在现代的资本主义社会或社会主义社会,无论工人阶级是作为被统治阶级,还是统治阶级,都已成为社会的组织结构和分层结构的重要成分,对社会的政治、经济、文化各个方面具有极大的影响力和感召力。所以,了解工人阶级共通的精神机理、行动逻辑和文化实践,不只是纯粹研究工人阶级课题的对象、内容,也是分析、探究阶级阶层理论的基础性前提。工人阶级是中国的领导阶级,工农联盟是中国的政权基础。工人阶级之所以成为国家的领导阶级,是由工人阶级的阶级性质和它肩负的历史使命所决定的。工农联盟是工人阶级和农民阶级的联盟,是中国的政权基础。以工农两个阶级的联盟为中国政权的基础,是由中国的基本国情决定的。工农联盟代表中国人口的绝大多数,构成人民民主专政的基础,且表明人民民主专政政权充分的民主性和广泛的代表性。

(三)发展工人阶级先进性的客观需要

明确中国工人阶级的先进性所在,分析其构成因素,是不断发展工人阶级先进性各方面工作的前提。

1. 工人阶级先进性的表现

工人阶级是先进生产力和先进生产关系的代表。工人阶级与先进生产力的不断发展紧密联系,是社会财富的直接生产者、创造者。工人阶级有远见、觉悟高,最富有革命的彻底性,有强大的思想理论武装,在促进社会进步的斗争中表现出崇高的觉悟和最坚决彻底的革命性,这是被历史所反复证明的事实。工人阶级的组织性、纪律性最强,社会化大生产造就了工人阶级严密的组织性和纪律性品格,工人阶级在社会政治生活中也表现出与其他阶级组织不同的高度组织程度和严密纪律作风。工人阶级是中国特色社会主义的主要建设者、社会财富的主要创造者。工人阶级是国家和社会稳定的强大社会力量,是党的事业和社会主义国家的最坚实、最可靠的阶级基础。这是中国特色社会主义事业与工人阶级的历史使命的一致性所决定的,也是工人阶级高度觉悟和整体利益所要求并表现的。

阅读材料3-7　工人阶级先进性的形成原因

> **1. 客观因素**
>
> 　　工人在生产中的劳动地位决定了他们与任何先进生产力密切联系;社会化大生产的环境塑造了工人阶级的特殊品质;工人阶级在现代社会成为最大的劳动阶级,决定了他们在社会结构中的位置;社会随着生产的进步而不断进步,工人必然首先需要接受现代文明的熏陶等,这是其先进性形成的外部因素。
>
> **2. 主观因素**
>
> 　　工人阶级日益增长的自觉意识是其先进性的内在成因。工人阶级的主观能动性日益高度地发挥,主动挑战生产记录,改进劳动环境,参与社会生活,维护生产秩序,追求进步,将个人理想与社会理想结合并成为人生动力,这是其先进性形成不可或缺的内在因素。
>
> 资料来源:张仲华.试论工人阶级的先进性[J].中国人民大学学报,1991(2):107-108.

2. 宣传劳模精神有助于工人阶级先进性的发展

工人阶级在推进中国特色社会主义伟大事业中不断壮大、先进性不断增强。工人阶级的先进性,是高度的思想政治觉悟、先进的科学文化技术素质和严明组织纪律性的集中表现。大力倡导勤奋劳动、诚实劳动、创新劳动,弘扬工人阶级的伟大品格和劳模精神,可以保护好、调动好、发挥好广大职工的积极性、主动性和创造性,从根本上贯彻落实全心全意依靠工人阶级的方针,在全社会形成依靠主力军、建设主力军、发展主力军的浓厚氛围。国家通过各种传播形式有效地宣传劳模事迹,可以推动在全社会形成尊重劳动、保护劳动的浓厚社会氛围,从而使他们能实现体面劳动,共享改革发展成果。

大力宣传劳模事迹,弘扬劳模精神,可以提高工人队伍的思想道德素质。发展工人阶级先进性,关键在于提高职工队伍整体素质。职工素质的高低,不仅关系到各行业的兴衰、职工自身利益的实现,而且与经济的发展、社会的进步紧密相连,与国家的强盛、民族的振兴息息相关。通过弘扬劳模精神可以放大社会这个"大学校"的作用,不断提高职工队伍的思想道德素质,使之成为一支真正具有先进阶级理想、社会主义道德和严格组织纪律的强大阶级队伍,从而使工人阶级始终站在时代发展的前列,担当起历史赋予的光荣使命。

二、弘扬劳模精神的教育意义

（一）激励教育功能

1. 劳模精神的激励教育功能的内涵

劳模精神的激励教育功能主要是指普通劳动者在劳模精神的影响下，将劳模精神内化于心、外化于行，促进自身主动对照劳模精神，并逐步具备劳模精神。该功能主要通过劳模榜样体现的精神风貌和道德品质来激发和调动人的积极性与主动性。对劳动模范而言，全社会对劳模精神的关注和弘扬，尤其是对劳模精神蕴含的高尚品德和崇高价值观方面的赞美和宣传，对劳模先进技术、生产方法和工作经验的介绍与推广，一是有利于促使劳模激发自身的内动力，推动劳模更好地展示自我才智、释放创新创造的潜能，施展建功立业的抱负；二是有利于让劳模产生自我价值的实现感，更好地发挥劳模榜样示范引领作用；三是有利于有效地提高相关行业的生产效率，提高社会整体生产水平。

对新时代的大学生而言，劳模精神的激励教育功能主要体现在两个方面：一方面，因为劳模是现实中活生生的、具体的人物，不是抽象的理论知识。大学生向劳模学习就是在向榜样人物学习，这会使大学生对榜样人物产生亲切感和信任感，容易使大学生感受和理解榜样人物。另一方面，劳模作为社会中的先进分子，是大学生自我实现的动力诱因。除了人类自身的生存需要和心理需要等需求之外，人类之间的不平衡性和差异性也是激发其拼搏进取的动力。大学生与劳模在道德水平、个人能力等方面都存在一定的差距，会不由自主地将自身言行与劳模这样的榜样人物相比较，若榜样人物的某一优秀品质是大学生所缺乏的，就会激发大学生效仿榜样人物的动力，主动以榜样人物的精神品质为目标，不断优化自我、超越自我。

2. 劳模精神实现大学生激励教育的途径

（1）形象激励。主要是指劳模的德行形象、品格形象、气质形象等能够激发大学生奋发向上、不断提高自身的道德品质。

（2）行为激励。主要是指劳模自身以及其先进事迹都具有较强的感染力，可以启发和鼓舞大学生，让大学生自觉地以劳模为榜样，学习榜样人物，主动模仿榜样人物的行为，提高大学生自身的道德修养。

（3）精神激励。主要是指劳模这样的榜样人物无私的、伟大的精神品质能够唤起大学生内在的意识和斗志，催人奋进。

（二）示范引领功能

时代的进步需要榜样人物的引领。榜样人物的示范引领作用在于其不仅向社会贡献有形的物质财富，还贡献无形的精神财富，即崇高的理想境界和道德情操。劳模精神正是以劳模这样的榜样人物为载体，贡献无形的精神财富，滋养着一代又一代人。

1. 榜样人物

榜样人物主要是指对人们具有引导、感召、激励、矫正作用的优秀人物和优秀群体。榜样人物作为人的标准而存在，人们可以通过与榜样人物的对照来发现自身不足。榜样人物为人们提供学习和模仿的标准，从而矫正或者规范人们的思想观念和行为习惯，提升人们的能力与修养。

榜样人物可以凝聚人心，催人奋进。示范引领是其固有特征。在心理学中，正强化是指任何导致我们以后进行该行为的可能性增加的结果，也就是奖励那些符合组织目标的行为，以使这些行为得到进一步加强，从而有利于组织目标的实现。劳模作为社会崇尚的榜样人物，其榜样人物的正强化作用体现在能够感染并引领广大劳动者勤奋做事、勤勉为人、勤劳致富，培育社会主义核心价值观。

阅读材料 3-8　榜样人物的特征

1. 时代性

不同的历史时期的人有着不同的时代特征，人的思想、价值观也都不同。榜样人物是社会发展的产物，其产生、发展都受特定的历史时期社会的影响与制约，具有特定历史时期的时代特征，这就是榜样人物的时代性。因此，以劳模为载体的劳模精神在不同历史阶段也呈现出了不同的侧重点。

2. 影响性

榜样人物的影响性是指榜样人物表现出的特殊精神内涵，具有能改变人们思想或行为的属性。榜样人物在生活中表现的高尚道德品质和精神能够触动人们的内心，调动人们的情感共鸣，唤起人们内心深处的渴望和向往，激励人们对榜样人物进行学习与效仿，这就是榜样人物的影响性的体现。

3. 可效仿性

可效仿性是指某种事物具有值得学习和模仿的性质。榜样人物作为一定社会历史时期的楷模和典范，其本身对他人就具有引导、激励和示范作用，即引导学习者学习榜样人物身上所体现的精神，效仿榜样人物的行为并在以后自身行为中逐渐表现出与榜样人物相似的行为。榜样人物的可仿效性是具体、形象的，不是抽象、不可捉摸的,它是榜样人物不同于其他教育载体的根本属性。

4. 真实性

榜样人物的真实性是指榜样人物的形象和所反映的内容都是客观真实的,而非主观臆造的。榜样人物的真实性是取信于他人的基础,也是榜样人物生命力的所在。榜样人物必须是生活中的真实人物,不能是凭主观想象创造的,不是随个人的意志编排的。榜样人物原本是什么样的,就该对其进行真实地反映和呈现,不能为了拔高形象,虚构事实,人为地捏造榜样人物"高、大、全"的形象,充满生活气息的榜样人物才是真实可信的。

5. 代表性

榜样人物作为群体中的佼佼者、优异者,社会的楷模和典范,其本身就具有很强的代表性。榜样人物的代表性主要体现在以下几个方面:一是人类的优秀代表。榜样人物代表着人类在某个特定历史阶段道德精神发展的最高水平。二是人类道德理想和美好价值的代表。榜样人物的思想、道德、精神、品质所体现的先进价值,反映了人类对更高层次自我价值的追求,是人类精神愿望的现实展现。三是社会主流道德、核心价值的代表。在多元化社会,不同层次的道德、不同判断标准的价值观也呈现多元化。社会树立和推崇的榜样人物是在社会中占主体地位并符合大多数人需求的道德形象代表,凝聚着社会的核心价值观念。

资料来源:中共浙江省委宣传部.先进人物的特征、作用及宣传[EB/OL].(2011-09-09). https://news.ifeng.com/c/7faKUoypbpt.

2. 示范引领功能的内涵

示范和引领统称为示范引领。示范指的是做出典范或榜样,用以供他人学习或跟随;引领是指引导和带领其他事物跟随引领者向某一特定方向前进或者发展。榜样人物的示范引领作用,是通过挖掘现实存在的榜样人物精神内涵,宣传他们的模范事迹和具体行为,为他人提供社会道德准则、道德规范所要求的行为模式,使他人能参照榜样人物行为,调整和矫正自身行为,努力与榜样人物的行为保持一致,实现知行统一。劳模精神的示范引领功能主要通过社会、个人两个层面产生作用。

(1)社会层面。对社会而言,一个劳模典型,就是一面旗帜、一根标杆、一个楷模。在全社会大力弘扬劳模精神,可以示范引领广大职工群众牢记工人阶级的历史使命,树立高度的主人翁责任感,以国家和民族的伟大复兴为己任,以极大的热情投入到新时代社会主义各项建设事业之中,引导广大劳动者创先争优。在全社会广泛宣传劳模先进事迹,能够让劳模精神深入人心,让劳模精神代代相传,让劳模精神更具时代价值,用劳模精神中蕴含的价值理念激发广大劳动者的认同与参与,使他们增强信心,振奋精神,发挥聪明与才智,付出辛勤与努力,书写美好的明天,展现新时代风貌。

新时代,各条战线、各个领域、各个方面,都要树立旗帜,发挥好劳模精神的示范引领作用,可以使职工群众身边学有方向,赶有目标;发挥好劳模精神的典型带动作用,可以使一个劳模典型影响一群,带动一片;发挥好劳模精神的典型导向作用,可以通过树立典型,让中国特色社会主义提倡什么、反对什么,弘扬什么、摒弃什么一目了然。

因此,劳模在工作中表现出来的职业精神、创新精神、高尚品德以及其裂变效应,其价值远远超过了劳模在本职岗位上所做出的贡献和本身取得的成绩,这就是劳模精神的重要的社会价值。

(2) 个人层面。在高等教育过程中,充分发挥劳动模范的榜样作用,是落实大学生劳动教育的重要途径,更是深化大学生思想政治教育教学效果、帮助大学生在劳动中认同践行社会主义核心价值观的法宝。大力宣扬劳动模范的先进事迹和优秀品德,在传递社会正能量的同时,必将成为推动大学生积极参与劳动的重要精神力量,更使得劳动教育在实践过程中具有了较强的可操作性,帮助大学生更好地将劳动精神融入日常行为中。大学生通过具体的、现实的劳动者形象,感悟、体会劳模精神的内涵,并紧跟劳动模范的步伐参与劳动,为实现人生价值和社会主义建设而奋勇向前。劳模精神所形成的强大的感召力,引领着大学生在日常学习生活中潜移默化地模仿劳动模范的行为,从而将劳模精神在大学生思想政治教育工作中的作用最大化。

(三) 文化影响功能

劳模是先进文化的创造者和传播者,其身上凝结的劳模文化,同样具有巨大的精神价值,以耳濡目染的功能作用推动社会主义核心价值观的培育和传承。

1. 劳模、劳模精神与劳模文化

劳模的评选与表彰是劳模文化的制度载体。早在 20 世纪 30 年代初,中央苏区就有以劳动竞赛促生产、评比和表彰模范的活动。20 世纪 40 年代中期,毛泽东同志在陕甘宁边区劳动英雄和模范工作者大会上的讲话中指出,劳动英雄和模范应该在劳动中起到"积极带头""业务骨干"和"沟通桥梁"的作用,从而确立了劳动模范在民族、国家发展中的重要地位。总体来说,每一届劳动模范的评选,都体现了我国社会发展状况的整体特征以及每个时代对劳动者赋予的特殊要求(表 3-1)。

表 3-1 新中国成立后全国劳模和先进工作者表彰的演进历程

阶段	类别	内容
第一阶段 (1950—1960)	表彰大会	(1) 全国工农兵劳动模范代表会议(1950年9月25日—10月2日)：全国劳动模范464人。 (2) 全国先进生产者代表大会(1956年4月30日—5月10日)：全国先进集体称号853个、全国先进生产者称号4703人。 (3) 全国群英会(1959年10月25日—11月8日)：全国先进集体称号2565个、全国先进生产者称号3267人。 (4) 全国文教群英会(1960年6月1日—6月11日)：全国先进单位称号3092个、全国先进工作者称号2686人。
	劳模精神	这一阶段的劳模精神体现为"爱党爱国、自力更生、艰苦奋斗、敬业奉献"。新中国成立初期，因为百废待兴，工业基础薄弱，国民经济发展面临紧迫任务，所以要求劳动者以社会主义事业主人翁、建设者的身份，积极参与到各行各业中。此时就需要一种精神力量鼓励民众以昂扬的姿态投入到工农业生产当中，鼓励全国人民共同致力于解放全部国土，发展生产，繁荣经济，以尽快塑造新的制度框架下的新的劳动结构。
第二阶段 (1977—1979)	表彰大会	(1) 全国工业学大庆会议(1977年4月20日—5月14日)：全国先进企业称号2126个、全国先进生产者称号385人。 (2) 全国科学大会(1978年3月18日—3月31日)：全国先进集体称号826个、全国先进科技工作者称号1213人。 (3) 全国财贸学大庆学大寨会议(1978年6月20日—7月9日)：全国先进企业称号736个、全国劳动模范和先进生产者称号381人。 (4) 国务院表彰工业交通、基本建设战线全国先进企业和全国劳动模范大会(1979年9月28日)：全国先进企业称号118个、全国劳动模范222人。 (5) 国务院表彰农业、财贸、教育、卫生、科研战线全国先进单位和全国劳动模范大会(1979年12月28日)：全国先进单位351个、全国劳动模范340个。
	劳模精神	这一阶段的劳模精神侧重于"爱岗敬业、刻苦钻研、团结协作、勇于创新"。这一阶段的中国正处于历史转折的重要关口，我们党深刻总结了过去，科学规划了未来。经济建设的新形势要求民众以加倍的干劲投入到劳动生产当中，在评选劳模的十条标准中，排在首位的是"对超额完成全国先进定额和计划指标有重大贡献者"。而对于劳动模范的评定也引发了诸如"我们今天需要什么样的英雄"的思考。劳动模范和先进个人以生产建设一线的职工为重点，对其先进事迹的宣扬主要定位于把理想化为实干的献身精神。

续表

第三阶段 （1989年至今）	表彰 大会	（1）全国劳动模范和全国先进工作者表彰大会（1989年9月28日—10月2日）：全国劳动模范和全国先进工作者称号2790人。 （2）全国劳动模范和全国先进工作者表彰大会（1995年4月29日）：全国劳动模范和全国先进工作者称号2873人。 （3）全国劳动模范和全国先进工作者表彰大会（2000年4月29日）：全国劳动模范和全国先进工作者称号2946人。 （4）全国劳动模范和全国先进工作者表彰大会（2005年4月30日）：全国劳动模范和全国先进工作者称号2969人。 （5）全国劳动模范和全国先进工作者表彰大会（2010年4月27日）：全国劳动模范和全国先进工作者称号2985人。 （6）全国劳动模范和全国先进工作者表彰大会（2015年4月28日）：全国劳动模范和全国先进工作者称号2968人。 （7）全国劳动模范和全国先进工作者表彰大会（2020年11月24日）：全国劳动模范和全国先进工作者称号2493人。
	劳模 精神	这一阶段的劳模精神可以归纳为"奋力开拓、争创一流、建功立业、改革创新"。从社会主义核心价值观的基本内容来看，劳动模范不仅是用个人的行动诠释了公民层面的爱国、敬业、诚信、友善的优良品质和作风，同时也展现了以爱国主义为核心的民族精神和以改革创新为核心的时代精神，从而为国家层面和社会层面价值要求的实现形成助推力。因此，这就要求新时代的劳动者既要在学习能力、实践能力和创新能力上实现统一，又要达到"有智慧、有技术、能发明、会创新"的高度，从而激发创造性劳动的潜能，弘扬劳动创新的氛围。

劳动模范是社会主义建设事业中各行各业成绩卓越的劳动者，而劳模精神作为劳模文化的内核，是在社会生产领域对民族精神和时代精神的生动凝练和丰富，是对普通劳动者成长为劳动模范这一过程的规律总结和思想升华。劳模精神在不同历史阶段也体现出了不同的特征。

劳模精神的内涵与传统文化、民族精神、时代特征密不可分。只有不断深化对劳动内涵和劳动价值的认识与理解，提炼、升华人们在劳动活动和工作实践中形成的内在精神、优秀品质，人类改造主观世界和客观世界的活动才能更好地得以推进，历史主体自身蕴含的力量才能更好地得以释放。

以劳模精神为内核的劳模文化是中国革命、建设和改革开放伟大历史实践的结晶，是中华民族优秀传统文化和时代精神的融合，昭示着时代前进的方向，是中华民族和全社会的宝贵精神财富，应当成为中国特色社会主义先进文化和中华文明的重要组成部分，理应在社会发展进步中大力传承和发扬光大。劳模文化不仅指向历史和现实,而且面向未来。通过劳模精神整合社会力量,发挥榜样的引领示范作用,能够带动全社会践行社会主义核心价值观,并最终服务于中华民族伟大复兴的中国梦。

2. 文化影响功能的内涵

劳模精神是社会主义核心价值体系的重要组成部分,体现了核心价值观的要求。而社会主义核心价值观是社会主义先进文化的精髓,决定着中国特色社会主义的发展方向。所以,以劳模精神为核心的劳模文化既是对社会主义核心价值观的践行,也是社会主义先进文化的重要组成部分。具体来说,劳模文化在社会主义文化建设中的功能主要体现在以下三个方面:

(1) 道德引领功能。道德作为调节人与人、人与自然、人与社会关系的行为规范总和,是一个社会安定和谐的理性约束,是一个民族兴旺发达的精神基石。"人无德不立,国无德不兴。"劳模作为一种典型,其政治象征功能有助于具有超越性追求的社会主义政治价值和道德理想的社会化,为社会主义的政治合法性提供论证和辩护。劳模作为时代的领跑者和典范,不仅具有高超的技能,而且具有高贵的品德。劳模以其高尚的品质和人格魅力影响周围的人,进而达到道德教化的效果。近年来,学劳模已成为公民道德建设的亮点。宣传先进模范人物,其实就是在社会上竖起标杆和旗帜,就是在群众中提倡导向和追求。在社会道德建设中,我们要让更多的劳动模范、道德模范"站"出来、"亮"出来、"领"出来,以此推动社会主义道德建设。

(2) 行为示范功能。劳模作为先进生产力的代表,根植于群众,产生于社会。他们在实践中把传统和新创造的生产经验集中起来,形成了自己先进的经验与创造。劳动模范的荣誉称号,既是对劳模本人及其行为的肯定和激励,又是对更广泛劳动者的一种示范,体现为强烈的行为引导和实践带动,更为先进经验和创造的推广运用奠定了坚实的基础。同时,劳模作为生活、工作在我们身边和周围的典范,是可信、可亲、可敬、可学的,也易于人们向劳模和先进典型学习。

(3) 价值导向功能。人类文明的核心就在于价值观,我们必须直面,当今社会价值观的多元化使得少数人不屑于通过诚实劳动创造财富,而妄想不劳而获。这个世界上没有从天而降的幸福,劳动是幸福的源泉和历史进步的动力。弘扬劳模精神就是要在多样化的价值取向中确立以劳动为核心的价值观和高尚价值准则,"引导广大人民群众树立辛勤劳动、诚实劳动、创造性劳动的理念,让劳动光荣、创造伟大成为铿锵的时代强音。让劳动最光荣、劳动最崇高、劳动最伟大、劳动最美丽蔚然成风"。每个人不一定都能成为劳模,但人人都应该发扬劳模精神,不断自我进化、自我革新、自我提高,使劳模精神引领风尚、激发力量。

（四）弘扬劳模精神对新时代大学生的作用

新时代大学生是实现"两个一百年"奋斗目标的践行者，是社会主义现代化国家的建设者，是助力伟大复兴中国梦实现的追梦人。新时代大学生作为青年一代的代表，既是这个时代的参与者和创造者，也是见证者和受益者，是中国特色社会主义事业的可靠接班人。新时代大学生处在我国社会发展最好的时期，肩负着在未来的工作岗位上进一步传承和发扬劳模精神的责任，通过踏实劳动、积极创造，努力成为我国社会主义发展的中坚力量，为中国梦的实现做出应有贡献。

1. 弘扬劳模精神有助于大学生树立正确的劳动观

在高校思想政治教育中，大学生不仅是新时代劳动观教育的受教育者，更是一定程度上的"教育者"，大学生以劳模精神为"引路人"，做中国特色社会主义建设的"践行者"的同时，也是社会主义劳动观的"传播者"和"教育者"。因此，要以劳模精神为引领，教育大学生"以辛勤劳动为荣，以好逸恶劳为耻"，引导大学生树立正确的劳动观，将劳模精神带入往后的工作中，争取成为相应领域的劳动模范，实现新时代大学生劳动观教育的双赢。

2. 弘扬劳模精神有助于大学生坚定理想信念

大学生只有坚持了正确的价值判断，才能在实践中坚定共产主义的理想和信念，从而在意识和行为上做出正确的价值选择。各个行业的劳动模范基于"劳动最光荣"的理念，扎根于祖国各行各业的建设之中，他们以民族复兴为己任，以饱满的工作热情投入到祖国的建设之中。劳动模范都是爱国主义的坚定信仰者，因为信仰，所以坚守，他们始终把祖国的建设作为自己的精神追求，坚持社会主义核心价值观，把个人的发展与国家的繁荣、民族的复兴等相结合起来。新时代大学生唯有将劳动模范身上的精神追求与自身的理想信念联系起来，才能真正坚定为祖国社会主义现代化建设而努力奋斗的决心。

3. 弘扬劳模精神有助于培养大学生的人文精神

劳模身上所体现的默默付出、忘我奉献的建设者精神，以及艰苦创业、拼搏进取的开拓精神，都是劳模精神背后所体现出来的人文精神。这种人文精神的背后就是个人与集体之间的相互结合。弘扬劳模精神，有利于培育大学生正确处理好个人与集体之间的关系，树立正确的价值观念，激发起大学生无私奉献、开拓进取、刻苦钻研的斗志，从而培育优良的社会主义接班人，激励大学生为国家和社会的发展做出自己的贡献。

4. 弘扬劳模精神有助于提升大学生的思想道德境界

劳动模范身上都闪烁着劳模精神，他们在生活中以社会主义核心价值观来约束自己的行为,主动承担起建设国家和社会的责任。劳模身上所体现的乐于奉献、开拓进取、努力拼搏的精神,是以中华民族的传统文化为基础的。在对大学生社会主义核心价值观的教育中,积极发挥劳动模范的榜样作用,有利于培养多方面的人才,帮助大学生树立正确的价值观,从而为祖国建设源源不断地输送人才。

阅读材料3-9 习近平回信勉励北京大学援鄂医疗队全体"90后"党员

北京大学援鄂医疗队全体"90后"党员:

来信收悉。在新冠肺炎疫情防控斗争中,你们青年人同在一线英勇奋战的广大疫情防控人员一道,不畏艰险、冲锋在前、舍生忘死,彰显了青春的蓬勃力量,交出了合格答卷。广大青年用行动证明,新时代的中国青年是好样的,是堪当大任的!我向你们、向奋斗在疫情防控各条战线上的广大青年,致以诚挚的问候!

青年一代有理想、有本领、有担当,国家就有前途,民族就有希望。希望你们努力在为人民服务中茁壮成长、在艰苦奋斗中砥砺意志品质、在实践中增长工作本领,继续在救死扶伤的岗位上拼搏奋战,带动广大青年不惧风雨、勇挑重担,让青春在党和人民最需要的地方绽放绚丽之花。

习近平
2020年3月15日

资料来源:习近平给北京大学援鄂医疗队全体"90后"党员的回信[EB/OL].(2020-03-16).http://news.cnr.cn/native/gd/20200316/t20200316_525018070.shtml.

课堂讨论

(1) 请同学分享自己所了解的劳模事迹。

(2) 结合医学特点,分析劳模精神如何帮助我们更好地开展医学劳动。

(3) 结合本章学习内容,谈谈自己对劳模精神的理解。

(刘瑾)

第四章 发扬新时代"工匠精神"

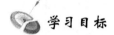 学习目标

(1) 知识与技能目标:通过自主学习"工匠精神"的内涵与历史演进,学生能够理解"工匠精神"的内涵和特点,了解"工匠精神"的时代演进,掌握"工匠精神""精益求精、精雕细琢"的现实意义。

(2) 过程与方法目标:通过自主学习"工匠精神"内涵的时代变迁过程,学生能够认识到"工匠精神"对个人发展和国家进步的重要作用,自觉传承和培育"工匠精神",把精益求精、严谨务实的工作作风带入今后的学习和工作之中。

(3) 情感、态度、价值观目标:通过探究学习"工匠精神"的价值认知,深入理解"工匠精神"的内涵及其作用,学生能够传承"工匠精神",体会"工匠精神"在当代的现实意义,提升学生爱岗敬业的职业素养。

本章概要

(1) "工匠精神"是指工匠对自己产品精雕细琢、精益求精的精神理念,是工匠在生产实践中凝聚形成的务实严谨、专注专一的可贵品质。"工匠精神"可以从六个维度加以界定,即专注、标准、精准、创新、完美、人本。

(2) 中国"工匠精神"源远流长,从诞生到发展,经历了一个漫长的演变过程,可分成四个阶段:孕育阶段、产生阶段、发展阶段、传承阶段。每个阶段都有各自的内涵和特点。中国工匠把对作品的虔诚、对技艺的沉浸以及自己全部的心血都倾注于制造过程中,创造出了辉煌灿烂的中国古代文明。

(3) 从国家、社会、个人等多方面营造尊重工匠,尊崇"工匠精神"的氛围,建立完善的职业教育体系,建设企业文化,担负起培育"工匠精神"的主要职责,树立"工匠精神"的意志,践行"工匠精神"。

(4) 大学生作为建设祖国未来的中流砥柱,是推动社会发展的主体力量,肩负着新的时代重担和历史使命,更需要具备"工匠精神"。新时代思想政治教育肩负

的时代教育重任,就是培养大批具有新时代"工匠精神"的高素质人才,所以培育、弘扬和传承"工匠精神",是学校思想政治教育的责任和使命,也是学校思想政治教育培育新时代人才的客观要求。

(5) 大学生"工匠精神"的培育是一个系统的工程,需要高校充分调动一切有利因素寻求培育大学生"工匠精神"的有效措施,培养出更多具有"工匠精神"的高素质大学生。

 引子

中国路、中国桥、中国车、中国港、中国网……中国制造正在进一步转型成为"中国智造",从大众产品到国防军工,从引进技术到输出技术,从自主创新到制定标准,鼓舞人心的"中国智造"频频刷屏,一张张"有底气"的大国名片背后,无一不是一个个奋斗的"大国工匠"。

2019年4月3日,杭州市十三届人大常委会第十八次会议表决,通过了关于设立"工匠日"的决定,将每年的9月26日设立为"工匠日"。这也是全国首个"工匠日"。杭州的"工匠日"为何设在9月26日?因为1937年9月26日钱塘江大桥建成通车,该桥是中国自行设计、建造的第一座双层铁路、公路两用桥。至今它依然是巍然屹立在钱塘江上的标志性建筑,被网民赞誉为"桥坚强"。它不仅是跨时代的杰作,更是"工匠精神"的结晶。

工匠是我国现代化建设的生力军,要想实现美好中国梦,离不开千千万万个工匠的杰出贡献。航天科技需要工匠,深海探索需要工匠,历史考古需要工匠,医学发展需要工匠,可以说,没有大国工匠们的支撑,就没有中国梦的实现。

第一节 "工匠精神"的主要内涵

一、"工匠精神"的内涵

西方的"工匠精神"起源于中世纪的行会制度,而中国的"工匠精神"来源于农耕文明时期的四大发明和庖丁、鲁班等优秀工匠文化的传承。从传统意义上讲,一谈到"工匠精神",人们自然会想到德国、日本等高端制造业国家对产品的精雕细琢、对制造的精益求精,"工匠精神"主要体现在产品制造过程中。而从现代意义上讲,随着"平等、开放、协同、共享"的互联网精神的深入,实现了企业内的去中心化、企业间的无边界化、产业内的网络生态及行业间的互联互通。"工匠精神"在产业内从制造环节向前、向后延伸至研发、制造、营销、物流、服务的每一环节;在产业间从制造业延展至商业、金融业、服务业乃至社会的各行各业。例如在日本,从拉面师傅、寿司店老板到顶级设计师、大文豪、大艺术家,都被称为"巨匠"。也就是说,"工匠精神"不仅体现在物质生产领域,而且也体现在非物质生产领域。

如果说现代意义上"工匠精神"的应用范围已经扩展至社会的各行各业,那么,具有"工匠精神"的受众不仅仅只是技术工人,而应是每一个劳动者乃至企业、产业和整个社会。

"工匠精神"是指工匠对自己的产品精雕细琢、精益求精的精神理念,是工匠在生产实践中凝聚形成的务实严谨、专注专一的可贵品质。

"工匠精神"是中华优秀传统文化的精华之一,也是我国实现从制造大国向制造强国转变不可替代的推动力量。纵观中国五千年的文明历史,能工巧匠灿若繁星,"工匠精神"熠熠生辉。早在西周时期,"百工制"就已确立,形成了工匠阶层,从中培育和发展了"工匠精神"。如我们所知的司母戊鼎、四羊方尊、万里长城、西安大雁塔、赵州石拱桥、北京故宫,均是古代工匠追求完美和卓越的杰作。工匠们为丰富和发展人类文明做出了不可磨灭的贡献,其中的"工匠精神"功不可没。

现在,我们正处在一个崭新的历史发展机遇期,时代呼唤"工匠精神"。这不仅是优良传统的回归,更是将"工匠精神"深深融入中华儿女的血液中,使"工匠精神"成为推动中国梦的重要动力,人类社会科学技术的进步和经济的发展离不开工匠和"工匠精神"。"工匠精神"对一个企业乃至一个国家、一个民族的振兴起着巨大的作用。优秀的工匠和杰出的工程师、科学家一样,是社会的宝贵财富。

关于"工匠精神",《工业发展报 2016》观点集萃中指出:"工匠精神"可以从六个维度加以界定,即专注、标准、精准、创新、完美、人本。其中,专注是"工匠精神"的关键,标准是"工匠精神"的基石,精准是"工匠精神"的宗旨,创新是"工匠精神"的灵魂,完美是"工匠精神"的境界,人本是"工匠精神"的核心。

(一)专注

围绕某一产业、某一行业、某一产品、某一部件,做专做精、做深做透、做遍做广、做强做大、做久做远。创业之初,针对自身核心优势,不断深耕细作、精雕细琢、精益求精,即聚焦、聚焦、再聚焦,坚持、坚持、再坚持。兴业之中,针对产品痛点、难点,日之所思、梦之所萦,耐住寂寞、慢工细活,踏踏实实,一以贯之。概括而言,专注包括长期专注、终身专注、多代专注。

（二）标准

众所周知，三流企业做产品，二流企业做技术，一流企业做品牌，超一流企业做标准。做标准是做企业的最高境界。标准包括员工标准、现场标准、流程标准、设备标准、技术标准、安全标准、环境标准、产品标准等。以流程标准为例，把复杂问题简单化，把简单问题数量化，把数量问题程序化，把程序问题体系化。流程标准形成体系以后，自驱动性、自增长性、自优化性、自循环性，即自运行性，轮回上升。用海尔集团创始人张瑞敏的话说，把简单问题无限次地重复下去就是不简单。用华为集团创始人任正非的话说，有了标准，首先僵化、固化，然后再去优化。如果说专注体现的是一以贯之的话，那么，标准体现的则是一丝不苟。

（三）精准

精准包括精准研发、精准制造、精准营销、精准物流、精准服务。不仅每一区段都要做到精准，而且整个过程都要做到精准。就每一区段而言，研发——零距离，制造——零缺陷，营销——零库存，物流——零时间，服务——零抱怨。就整个过程而言，就是第一次就做对，每一次都做对，层层做对，事事做对，时时做对，人人做对。

进入互联网时代后，"精准"在技术上又有了新的挑战。一是精准数据。例如，德国采用自动化和信息化技术收集数据，这保证了数据的完整性和精准性。而国内由于自动化和信息化水平低，很多企业还在以人工收集数据为主，从而导致数据上的不完整性和不精确性。二是精准链接。例如，国内供应商因自动化和信息化水平参差不齐，这造成了即使一个自动化和信息化水平较成熟的制造企业，也很难推动包括供应商整合管理在内的精准性。

（四）创新

创新是"工匠精神"的灵魂。这里，创新既包括迭代式创新，也包括颠覆式创新；既包括微创新，也包括巨创新；还包括跨界创新等。不仅如此，"工匠精神"内涵本身也在不断发展。与"工业4.0"相对应，也应该有"工匠精神4.0"。手工化时代，体现的是"工匠精神1.0"的内涵；机械化时代，体现的是"工匠精神2.0"的内涵；自动化时代，体现的是"工匠精神3.0"的内涵；智能化时代，体现的是"工匠精神4.0"的内涵。在"工业4.0"时代，未来工厂能够自行优化，一并控制整个生产过程。不仅如此，还将实现包括人人互联、物物互联、人机互联在内的智能互联。

（五）完美

完美是专注、标准、精准、创新的自然产物和综合体现。完美，即把产品做得像艺术品一样精美、精致，以此实现从质量制造向"艺术制造"的转型。这里以日本高端电饭煲为例，其产品价格为3000～6000元，是普通电饭煲的10倍，乃至更多。尽管价格高昂，但是煮出来的米饭确实好吃。根据考证，其主要原因是对技术、结构和材料的完美追求。以技术为例，运用IH加热技术，整锅米饭均匀加热；运用IH压力技术，当锅体内的压力达到1.2个大气压、水的沸点达105 ℃左右的"煮饭最佳温度点"时，煮出来的米饭晶莹剔透，粒粒分明，软硬适中。这里每一个创新点都浸润着研发者无数次试验的心血，都需要数十万种方案反复搭配锤炼，体现了研发者希望用户享受美好生活的愿望。

（六）人本

"工匠精神"的核心在人。这里产品是人品的物化。正如某饭馆的说法，做菜如同做人，人做好了，菜也就香了。过去产品和人品是分离的；现在产品和人品是合一的。正如张瑞敏所言，所谓企业就是"以心换心"，即用员工的"良心"换取顾客的"忠心"。卖企业的产品实质上就是卖员工的"人品"，即用产品去证明"人品"。打磨产品的过程，就是打磨自己的内心。个人内心升华的过程，就是产品质量提升的过程。人的身心合一、心灵合一、知行和一、天人合一过程就是产品趋向完美的过程。

工业文明形成以后，整个社会文明才有基础。也就是说，社会文明是工业文明的自然天成。可见，"工匠精神"是社会文明的基础，"工匠精神"不仅在过去，而且在现在乃至将来，都会在社会文明发展的历史长河中发挥重要作用。

阅读材料4-1　周平红：内镜里的"大国工匠"

周平红，国际知名消化内镜专家，复旦大学附属中山医院内镜中心主任。

2020年1月10日上午，2019年度国家科学技术奖励大会在北京人民大会堂隆重举行。周平红领衔团队完成的项目"内镜微创治疗食管疾病技术体系的创建与推广"荣获国家科学技术进步奖二等奖。

周平红出生于江苏泰兴长生乡。穷，是他的童年底色。"我初中毕业，考上县城高中，但是父亲在我十岁那年离世，家里的经济更是雪上加霜，去县城读书不敢奢望啊……"得知周平红的情况后，乡中学校长带着录取通知书和免学费说明书来到周平红家。不用交学费，对当时的周平红太有吸引力了，三年的高中时光一晃而过，"学校的老师自发给我带饭，我也经常去老师们的家中'蹭吃蹭喝'"，那三年是他人生腾飞的起点。

"那时高考还是先报志愿后考试,我有个表哥大学毕业,本家哥哥找到他,询问怎么报志愿。表哥说,当医生好,但就怕他考不上。"一个月后,周平红拿到了录取通知书,后来他才知道,他的分数超过了当年清华大学的录取分数线。"当时全村沸腾了,方圆几十里都知道我的事儿,就好像古时候的中举。为了庆祝,母亲杀了一头猪宴请了全村的父老乡亲和中学老师们。"就这样他如愿考上了自己的第一志愿——上海医科大学。

蓦然回首,往事宛如烟云,似水年华流走不留影踪。来到陌生的城市,一踏入校园后,周平红才发现医疗系本科要读6年。"当时整个人是懵的,急得差点哭出来,后悔学医。后来知道上海医科大学临床医疗系的学术地位后,就多了一个读下去的理由。"周平红说,那6年的坚持,是我人生中最重要的决定。

1992年,周平红大学毕业后被分配到中山医院工作。虽然中山医院是上海比较好的医院之一,但那时病人不多,他有时上午开刀,下午就去图书馆看看书。"这样度过两年后,我感觉不能再虚度光阴了。"恰巧中山医院内镜中心仅成立两年,急需"新鲜血液",他就主动找到高卫东医生和姚礼庆主任申请去学习内镜操作,他的想法很简单,趁年轻精力充沛,多掌握一门技术。周平红说:"我经历过很多内镜失败的手术,最后转到外科继续手术的事儿,当时就想,这些想做的事儿,未来必须要做成。"少年贫寒、学业优异、坚守初心、青年奋进等绘就了周平红人生前30年生活学习的主基调。

2012年,周平红第一次到德国参加国际内镜大会,各国专家握手拥抱,但到了中国专家,专家们把左右两次拥抱减少到了一次,有的也仅仅寒暄一下。"我知道,是别人不愿意搭理我们。这促使我更加坚定地意识到,想要得到真正的尊重就要靠自己过硬的专业技术。"

现在的中山医院内镜中心年均诊疗量超过了13万人次,中心的设施完备性、诊疗种类全面性和微创治疗技术均位居国内前列。2007年,周平红独创了"内镜黏膜下挖除术"和"内镜全层切除术"。2010年,周平红在国内首先开展POEM手术(经口内镜下肌切开术),无切口、微创伤根治贲门失弛缓症,独特的手术方法被命名为"POEM ZHOU",这是全世界治疗此病症的最佳方法,全世界一半以上POEM手术在中山医院完成。

2016年,周平红在国际上首次实现在消化道黏膜下隧道内用内镜切除腔内和腔外肿瘤,打破内镜只能切除表层肿瘤的局限,树立了世界内镜学的中国标准。在周平红的带领下,如今中山医院内镜微创治疗水平已是全球领先。中央电视台 2016 年《大国工匠》和 2019 年《为了人民健康》专题片对他进行了专门报道。作为唯一的中国代表,当选美国消化内镜学会会员(FASGE)和 2016 DDW "内镜世界杯"裁判,并成功组织、主持 2 届 DDW 中国专场,为中国消化内镜走向国际做出积极贡献。

纷纷飞花已坠落,流水悠悠匆匆过。以前内镜只是一种诊断检查的工具,为临床诊断提供有力的证据,是医生手中的"照妖镜"。后来,医学界发现很多疾病的治疗可以在内镜下完成,内镜治疗逐渐成为一种不同于常规手术的治疗方式。比如早期胃癌、早期食管癌、结肠息肉等,可以通过内镜直接切除。"内镜是外科手术刀之外的另一把特殊的'手术刀'。"

以往内镜治疗主要针对胃肠道和胆胰系统等疾病,"最初,内镜几乎只能切除生长在黏膜表浅部位的恶性肿瘤,随着医学技术的创新发展,有些肿瘤生长在黏膜层下胃壁的中间层,比如平滑肌瘤,也可以通过内镜切除。"周平红接着说道:"我们已经取得了最新的突破,对于一些腔外的肿瘤,比如食管腔外的纵隔肿瘤、胃腔外的腹腔肿瘤,也可以通过胃镜穿透胃壁切除肿瘤。内镜下的治疗范围从管壁至腔外,由表及里、由内而外,无论是范围还是年龄,都有无限扩大的趋势。"周平红用他那布满老茧的手边比画边生动形象地述说着。

胆囊结石是种常见病,以前多通过开腹手术切除胆囊,现在更多采用的是腹腔镜手术切除胆囊。"最近我们成功开展了将近 150 例内镜下保胆取石微创治疗胆囊结石手术。对于年轻人,胆囊收缩功能良好,不愿意切除胆囊而想保胆者,我们创新性地开展胃镜下保胆取石治疗。"周平红进一步解释道,手术不会在体表、腹壁上留下伤口,初衷是为特殊需求群体提供个性化的诊疗服务。相同原理,肠镜下的阑尾切除手术治疗阑尾肿瘤和慢性阑尾炎也已成功开展。

为了让内镜新技术在更多地区落地生根,周平红"大国工匠"内镜工作室已经在全国 9 个地区以实际行动服务社会。周平红在新疆伊犁察布查尔县国家医疗队参加医疗支边时,不忘撰写社情民意,致力于在当地推广无痛胃镜的检查和治疗,将基层的实际情况记录下来,撰写深度调研报告,为消化内镜的普及和未来发展提供素材。近 10 年来,周平红的足迹遍布世界各地,在世界各地大会进行演讲和手术演示 300 余次,培训了包括美国梅奥诊所、斯坦福大学附属医院在内的国外学员 150 余名。青山不改水长流,明月依旧星渐稀。他还是那个在手术室中手握内镜、专注于技术革新的周平红。

资料来源:顾冰.周平红:内镜里的"大国工匠"[EB/OL].(2020-12-18).https://www.thepaper.cn/news Detail_forward_10325337.

二、"工匠精神"的历史演进

中国古代有"士、农、工、商"四个阶层。其中,"工"即工匠,泛指具有一技之长的人。结合当今我国经济社会发展的现实情况,追溯中国"工匠精神"的形成发展和历史演变,有助于我们更好地把握"工匠精神"的本质属性,如奉献精神、德艺双馨、创新精神等,有助于充分挖掘"工匠精神"的当代价值。

(一)传统手工业是承载"工匠精神"的物质基础

作为古代经济结构的重要组成部分——传统手工业,与人们的基本生产生活需要密不可分。优秀的手工业产品是中国工匠和艺术家在长期劳动过程中创造的文明成果。比如生产工具、生活用具的制造应满足日常生产生活的需要,陶瓷、纺织品、木雕、石雕的创作应满足审美的需要,这些手工制作的产品凝聚了工匠的耐心、细心和汗水。

中国传统的手工业有悠久的历史。在中华五千年的文明史上,传统手工业造就了一大批巧夺天工、技艺高超的工匠,留下了许多独一无二、无与伦比的传世经典,推动了中国历史发展的进程。巧匠鲁班、黄道婆、铸剑创始人欧冶子、微雕大师王叔远是中国的传统工匠。他们远离喧嚣,心无旁骛,揣摩自己的作品;他们不断创新工艺,不断更新技术;他们能忍受孤独,保持道德操守,经得起诱惑,敢于探索,不怕失败。他们完美地呈现出最美的产品,并赋予它们万古流芳的价值。可以这样认为,清明上河图的生动描绘、故宫博物院雄伟的建筑、中华老字号的经典品牌,不仅是中华文化的缩影,也是中国传统手工业繁荣发展的真实记录。

精美的雕刻作品因为独具匠心的设计和持续不断的打磨,才能做到尽善尽美、独树一帜;玉液琼浆因为岁月的积淀和工艺的高超,才能酿得醇厚甘甜、余韵无穷。传统手工业,不仅体现了民族文化的博大精深,弘扬了人文精神,而且代表了每个时代的创新成果。从事手工业制造的工匠,继承、发展着传统工艺,诠释着"工匠精神"的内涵。在现代,大到高速铁路的修建,小到智能手机的装配,每一个环节都离不开工匠的参与,离不开"工匠精神"的发挥。在机械化、智能化日益普及的今天,手工业特别是传统手工业依然表现出勃勃生机,成为发挥"工匠精神"的物质基础。

(二)中国"工匠精神"的历史演进

中国"工匠精神"源远流长,从远古到当代,从诞生到发展,经历了一个漫长的演变过程。这一过程大致可以分成以下四个阶段,不同的阶段表现出各自的内涵和特点。

1. 孕育阶段：注重简约，切磋琢磨

简约而不简单，朴素而不平淡。中国传统文化的深刻内涵，孕育了中国古代的"工匠精神"。原始社会末期，第二次社会分工把手工业从农业中分离开来，于是就有了专门从事手工劳动的生产者。由于当时物质生产相对落后，人们往往以自然物品为原料制作生产工具或生活用具。从粗糙不规则的"打"制石器到光滑精致的"磨"制石器；从"未有麻丝，衣其羽皮"（《礼记礼运》）到"嫘祖始教民育蚕，治丝茧以供衣服"（《通鉴纲目外记》）；从简单的石、骨、木等工艺品到复杂的陶器、纺织品、房屋建筑、舟楫制作等原始手工艺，无不体现出早期工匠对简约朴素"工匠精神"的追求。

在物质生活水平低下的古代社会，谋生是工匠的首要任务，从而促使工匠只有掌握好技术，训练好手艺，才能获得较好的收益。日复一日，年复一年，他们的技艺在精益求精中娴熟，他们的精神在一丝不苟中升华。河姆渡文化时期，石、骨、象牙制成的饰品打磨光滑，寓意深刻。比如，工匠们在兽骨上雕刻花纹，制作戒指、饰物、管子、珠子等抛光石饰品以满足固定头发的需要。值得一提的是，当时以鸟为主题的工艺品，表现出严谨巧妙的构思、精湛巧妙的工艺。此外，氏族部落用以象征地位的鸟形象牙圆雕，刀法巧妙灵动，线条简洁流畅，表情逼真，很像飞鸟的轮廓。如果没有文物呈现，很难想象在原始文化遗产中会有如此美妙的东西。它是我国工艺历史悠久的实物见证，也体现了中华民族工匠的聪明才智。此外，《诗经·魏风·淇奥》早就用"如切如磋，如琢如磨"这样的佳句，称赞工匠们对兽骨、象牙、玉器等切、锉、雕、磨时所表现的兢兢业业、一丝不苟的精神。

2. 产生阶段：崇尚道德，德艺双馨

"工匠精神"在民族文化的土壤中发芽生长，因此它从产生起就流淌着这个民族的血液。春秋战国时期，孔子的仁礼思想开始传播，汉武帝"独尊儒术"后，以儒家思想为核心的政治伦理文化成为社会的主流思想，因此，中国文化是以儒家思想为代表的一种道德理念，人们积极追求理想的人格。先做人，后做事，以德为先，是中国古代工匠们必须遵循的职业道德规范。随着生产力的不断提高，社会分工越来越细，职业也越来越多。一些特定的职业不仅要求人们有特定的知识和技能，而且要求人们有特定的道德观念、情感和品质。工匠在其职业实践中，按照社会公德的基本要求，逐步形成了自己的职业道德，以维护自己的职业声望和社会需要。"正德、利用、厚生"成为古代工匠的职业道德。其中，"正德"是第一位的，这就要求工匠们首先要具备高尚的道德品质。

所谓"德艺双馨"，是指工匠不仅要其有一种道德操守作为内在特质，还要有一种精益求精的技术追求。对技术的追求伴随中国传统工匠终身。以庖丁解牛为例,身体姿势优美,犹如《桑林》之舞蹈;声音动听,仿佛是《经首》之旋律。总之,中国古代工匠不仅具有最基本的职业素质,而且具有"德艺双馨"的"工匠精神"。

3. 发展阶段:师徒传承,言传身教

古代工匠基于特有的工作方式和学习方式,技术成果大多是通过"父传子、师传徒"等传统方式传承下来的。一开始是父子相传,随着手工技术的发展,以家庭为基础的技能教学首先扩展到邻里。父传子的传统逐渐演变成学徒制。师徒们一起生活、学习、讨论,师者通过说教解惑,不仅培养了一大批能工巧匠,而且涵养了"尊师重道"的美德。俗语"师徒如父子""一日为师,终身为父"就源自学徒制。据《新唐·书百官志》记载:"钿镂之工,教以四年;车路乐器之工,三年;平漫刀稍之工,二年;矢镞竹漆屈柳之工,半焉;冠冕弁帻之工,九月。"它不仅反映了当时各行各业的专业技术水平,也充分说明了师徒相处时间长久形成的深厚感情。此外,一代又一代师徒的传承,不仅需要师傅传授技术的能力,更需要师傅宽广的胸怀和徒弟的智慧与勤奋。师傅要心胸开阔,把一切都教给弟子;当学徒,不仅要继承师傅的技艺,还要不断地自强不息、自力更生,在从师傅学得的技艺的基础上进一步创造新的技艺。

技能的传授不仅是简单的一个教一个学,更包含了思想的交流,所谓"心有灵犀一点通"。师徒制,徒弟与师傅同吃同住,徒弟在学习技术的同时,还要在生活上照顾师傅,于是"心传身教"模式逐渐成为培养工匠的主要途径。它一方面得益于手工艺的不断成熟,另一方面也得益于师徒之间的默契和理解,以及消除干扰、不受复杂外部环境影响的"工匠精神"。这不仅促进了技艺经验的不断积累,也有助于形成个性化的手工艺品风格。在中国古代,许多行业都继承了这种"工匠精神":纸作坊以蔡伦为创始人、陶瓷产业的奠基人是宁封子、孙膑是鞋匠的创始人、酒厂的创始人是杜康、豆腐店以乐毅为创始者。这些优秀的工匠师傅凭借自己高尚的品德和精湛的技术在传授手艺的同时,也传递了耐心、专注和坚持的"工匠精神"。而这种"工匠精神"的传递是依靠工匠艺人之间"以心传心、心领神会"的情感交流,以及"体验与理解"的行为感染。

总之,工匠对职业的尊重、对职业精神的信仰、对技艺传承的执着、对师徒情谊的崇敬,都体现了中国古代"工匠精神"的价值。

4. 传承阶段:开放包容,勇于创新

实现中华民族伟大复兴的中国梦,需要现代科技成果的有力支撑,更需要成千上万技艺精湛的工匠们亲手打造。今天,随着机械化生产和互联网产业的发展,人们越来越追求产品的规模化和大批量生产,流水车间日复一日、年复一年,工人们重复同样的动作。新时代,我国传统的"工匠精神"不仅要一如既往地继承和发扬,

还衍生了新的因素——开放包容、勇于创新。现在的"工匠精神"就是要给产品注入创新和活力。

创新是一个民族进步的灵魂,是一个国家兴旺发达的不竭动力,是现代工匠应该具备的精神特质。"工匠精神"的核心是一种精神、一种信仰、一种情感。"工匠精神"是一种永不满足、不断超越的创新精神;现代的"工匠精神"不排斥抛弃传统的"工匠精神",是在传统工艺的基础上创造新工艺、新技术的过程。继承与创新并存,蕴含着中国传统文化的沉淀与融合。几十年如一日,无数的工匠都在追求专业技能的完美,他们秉持新时代的"工匠精神",在一丝不苟、锲而不舍中创造了一个又一个"中国创造"。

阅读材料 4-2　大国工匠

许振超是山东青岛港的一名普通吊车司机,他曾经在一年内两次打破世界集装箱装卸记录。

1974 年,许振超初中只读了两年就到青岛港当了一名码头工人。那时的港口工作方式落后,工作条件苦、强度大。1984 年,港口组建集装箱公司,许振超因为脑子活、肯钻研被挑选为首批桥吊司机,操作起重机械——门机。许振超进步很快,是这批学员中第一个独立上机操作的人。

师傅操作门机,钩头上下自如,钢丝绳就像在轨道上移动一样,不偏不倚。到了许振超手里,钩头好像故意跟他对着干似的,就是不听使唤,钢丝绳也东摇西晃。遇到装矿石的时候,一斗矿石放下,洒在车外的多,放进车内的少。再说,一节车厢矿石装少了,客户亏了,人家有意见;装多了,工人要费不少力气扒去多余的,这样一来,港口的工作效率也低了。力争将一斗矿石全部放进车厢,减少泼洒,许振超每次工作完成后,独自留在车上,停钩、稳钩,反复练习。功夫不负有心人,四五个月后,他操作的门机,一斗矿石迅速吊起,直线移动,稳稳落下,不偏不倚,全部落进车厢,不多不少,正好装满一车厢。就这样,许振超练成了"一钩准"这门绝活。

又一次,许振超从事散粮装运火车作业,发现粮食颗粒小,很容易洒落。许振超看在眼里急在心里,于是又在工作之余加大难度开始练习。他把桶盛满水,挂在吊钩上,练习走钩头,直到钩头上的水桶在运行中一滴水不洒才作罢。再去装散装粮食,一斗抓下去,从舱内到车内,居然一粒粮食也没撒,许振超又创造了一个绝活——"一钩清"。

1993年，许振超当上了桥吊队队长，觉得身上的担子更重了。他在工作中发现，由于起重机钩头吊起和落下时速度太快，与集装箱发生碰撞时，不但噪音巨大，而且极易造成桥吊故障，人和货物也存在安全隐患，便提出了无声响操作的要求。

司机们一听都觉得许振超异想天开，想想看，集装箱是铁的，拖车是铁的，钩头也是铁的，这集装箱装卸就是硬碰硬，岂有不响之理？也只有许振超敢想，但是他不是想想而已，而是马上付诸行动。他发现，只要准确控制好小车水平运行的速度和吊具垂直升降的速度，让这两个从垂直方向而来的小车和集装箱"不期而遇"就能实现操作无声响。许振超眼睛上盯集装箱下面边沿，下瞄船上集装箱要落下的位置，手握操纵杆迅速跟进找垂线，精确定位，又轻又稳，集装箱终于悄无声息地降落在甲板上。"无声响操作"又成了许振超的杰作。

"咱当不了科学家，但可以做个能工巧匠。"许振超这样说。

许振超的事迹告诉人们这样一个道理：做任何事只要精益求精，就能达到出神入化的境界。

资料来源：李丽辉，宋学春，刘海民.新时代的中国工人许振超[N].人民日报，2004-04-12(01).

三、"工匠精神"的价值认知

著名心理学家马斯洛将人的需要分为五个层次，即生理需要、安全需要、爱与归属需要、尊重需要和自我实现需要，其中，生理和安全需要满足基本的生存需要，爱与归属、尊重和自我实现需要指向人的社会属性。以此理论来分类工匠的制造活动，底层工匠大多以劳动换取"生存"；更高层次的工匠往往已经实现了自己的生存需求，出于自发、主动的"求知、审美"需要，超越了对"技术"的追求，上升到对"艺术"的追求，则可以看作马斯洛需求理论中较高层次的需要。工匠们开始寻求技术的创新和突破，形成了自己的风格特色。这是"工匠精神"价值认知的第二层次。最高层次的工匠往往专注于创作技术的极致，创作的过程变得更加纯粹。他们获得的成就感成为自我实现和自我超越的需求境界，即"工匠精神"的最高境界。

中国古代把"工匠精神"分为三个层次，就是我们常说的"技""艺""道"。"技"就是工匠掌握的用来谋生的基本能力；"艺"是技术的升华，凝结了工匠的技巧和智慧；"道"是对自然万物的透彻认知和对自然规律的深刻把握。在"庖丁解牛"的故事中,对庖丁"技可进乎道,艺可通乎神"的评价说明其达到了"道"的境界。也就是说,古代普通的工匠经过多年对"技"的反复训练和刻苦积累,自然能形成一定的艺术修养和审美眼光,可达到"巧匠""艺匠"的水平;如果最终能上升到对事物本质规律的哲学思考的高度,就意味着达到了"道"的境界。这三个不同层次的境界在日本传统手工业中,又被称为"守""破""离"三重境界——"守"是拜师学艺达到熟练的阶段;"破"是对学到的技术的更新和提高;"离"是实现了从量到质的飞跃,形成了自己独特的风格。

再比较西方古代工艺美术的等级划分,"技""艺""道"的三个层次也可以看作工匠、艺术家和大师之间的对应关系。

一直以来,工匠追求完美的动力来自于对自我价值的追求,这与马斯洛需求层次理论中的自我实现需要相一致。我们用"卓越"来形容在某一领域对某一技能或学术的追求没有尽头。在朱熹的文章中,"精益求精"一词被描述为:"言治骨角者,既切之而复磋之;治玉石者,既琢之而复磨之,治之已精,而益求其精也。"对于工匠来说,相对独特的身份铸造了一种与众不同的精神特质,这种特质使完美无瑕成为一种信念,一种不达目的不罢休的劲头,一种将细节雕刻到极致的意志。无论是在传统工匠的制作中,还是在当下的产品生产中,技艺精湛的工匠注重细节,循序渐进,一丝不苟,无不体现出创作过程中对极致和完美的苛求。

《诗经·卫风·淇奥》中"有匪君子,如切如磋,如琢如磨",也体现了传统工匠在打磨、切割、雕刻玉石时的耐心和毅力,以及反复打磨、追求极致的态度和精神。由于玉石材料硬度极高,古代没有现代的切割工具,只能用砂洗出来的金刚砂打磨切割雕刻玉石,这种耗时而繁琐的处理过程一直持续到清末。儒学借鉴和发展了这种坚持的精神,并将其推广到修身治学的方法上。在《大学》里,它被进一步描述为"如切如磋者,道学也;如琢如磨者,自修也",使这种"工匠精神"升华为修身养性的意志。苏州园林以其精致的结构和深远的意境而闻名,它被描述为"尺之内而造之乾坤"。清代画家石涛曾说"搜尽奇峰打草稿"。他认为,在进行艺术创作之前,要多实践,在反复实践中多积累,才能迸发出创作的灵感,从而创作出高水平的作品。传统创作的背后,是体现在"工匠精神"中的一丝不苟、勤奋刻苦、严谨细致的工作态度,对学习、修养和工作起着重要的积极作用。

第二节 "工匠精神"的传承与培育

"中国制造"越来越受到国际社会的关注。我国是制造业大国,被称为"世界工厂",但我们也必须直面,目前我国还不能称为制造业强国。如2015年被国人疯抢的日本马桶盖实为中国制造,马桶盖80%的零部件也都来自中国。近几年,部分国人对海外购物的热衷,不仅在一定程度上导致了国内市场供需失衡,更反映了我国产品在质量以及服务上存在很大的提升空间。造成这种局面的原因是多方面的,其中一个重要原因是在产品制造中起支撑作用的"工匠精神"缺失。当前,我国经济正处于由高速增长向高质量发展转型的过程中,伴随着产业升级,我国制造业也在由"中国制造"向"中国智造"转型。"工匠精神"的传承和培育对抢占智能制造业"战略制高点",推动我国制造业供给侧改革,培育经济增长新动能,打造我国制造业的竞争新优势,实现制造业强国的目标具有重大意义。

2016年的政府工作报告中提到"提升消费品品质",要"培育精益求精的'工匠精神'",说明传承和"培育'工匠精神'"已受到国家高层的极大重视,更是在社会中引发了强烈反响。

一、"工匠精神"的传承

中国是"工匠精神"的发源地之一。中华民族悠久漫长的历史进程中,一代又一代工匠专心致志、持之以恒地追求卓越和完美,把对作品的虔诚、对技艺的沉浸和自己全部的心血都倾注于制造过程中,才创造出了辉煌灿烂的中国古代文明。

(一)"工匠精神"的代代相传

按照马克思的观点,劳动创造了人本身,那么劳动是先于人类出现的,"工匠精神"是伴随着劳动诞生的,因此"工匠精神"源远流长。今天我们从一些史料中仍可窥见远古工匠们弯腰屈膝、孜孜不倦、切磋琢磨的身影。早在4300年前,我国便出现了有史可载的"工匠精神"的萌芽。《韩非子·难一》有云:"东之陶者器苦窳,舜往陶焉,朞年而器牢。"意思是东夷人制作的陶器粗糙低劣不耐用,舜便去那里亲临指导,一年以后,东夷人就把陶器制作得很好了。可见舜制作陶器,精工细作,要求严格,杜绝粗制滥造。从舜之后,再到夏朝的奚仲,商朝的傅说,春秋战国的庆,活跃在农业、文化商业、科技各个领域里的工匠均被史书记载,孕育了中华民族独特悠久的"工匠精神"。我国自西魏开始设立工部,一直延续到清朝。这都反映了中国古代对工匠的专业性、重要性的认识和重视。后来,随着学校教育的发展和职业教育的演进,工匠的生成方式出现了变化——由拜师学艺到课堂教学,工匠这个群体也走向分化——传统匠人和工程师、科技专家、现代技术工人。"工匠精神",在我们前人的身上可谓体现得淋漓尽致。我们通过出土文物精妙绝伦的制作工艺,可以看出我国古代工匠们的一丝不苟、持续专注、精益求精、追求极致的精神和毅力。

阅读材料 4-3 鲁班的发明

相传,鲁班接受了一项重大任务——建筑一座巨大的宫殿。在那个年代,宫殿的建造需要大量的木材。鲁班就让大伙儿到山上去采伐。那时候锯子还没有发明出来,伐木只能用斧头砍,这样做效率是很低的,这一点鲁班自己也清楚,可是也没有办法。工匠们每天天不亮就上山,天很晚了才返回,累得疲惫不堪,砍倒的树木也没有多少,迫使工程的进度一再延期。这可急坏了鲁班,这样下去可不行。为此,他决定亲自上山督促。上山攀援的过程中,他无意中抓了旁边的一株野草,手却一下子被划破流血了。鲁班很诧异,一根柔弱的小草为什么这么厉害?他索性坐下来,把刚才割他手指出血的那片叶子摘下了,细心察看,发现叶片两侧长着许多小细齿,用手摸上去,这些小细齿锋利得很。他明白了,这些小细齿连成一串是有很大杀伤力的。又有一次,鲁班坐在山上休息,无意中看到一只蝗虫在啃吃草叶。他注意到,草叶很硬实的,蝗虫居然很快能吃下一大片。这又引起了鲁班的好奇心,他抓住那只蝗虫,仔细观察蝗虫牙齿长什么样,原来蝗虫的两排大门牙呈小细齿状排列,蝗虫就是凭着这种特殊的牙齿来咬断草叶的。这让鲁班又想起上次那片齿状草叶割伤手指的事情,他不禁陷入深深的思考。他想,既然齿状东西连成一串很锋利,那我把竹片切割成连续的小细齿不也很锋利吗?那用它来伐木不就快得多了吗?鲁班兴奋起来,马上动手,他把一根大竹片两侧削出许多小细齿,一个挨一个,然后到小树上去做实验,效果很不错,几个来回就把树干划出一道深沟。可是好景不长,毕竟木头坚硬,竹片较软,不能长时间使用。拉了一会儿,竹片上的小细齿就有的断了,有的钝了,这样一来,砍伐树木的速度又受到了严重影响。鲁班想,看来作为制作锯齿的材料,竹片不是最好的选择,那强度、硬度都比竹子要高的材料是什么呢?铁,只有铁了。于是他们立即下山,请铁匠们按照自己的设计打造带有小锯齿的铁片,用木头继续实验。

他们来到一棵小树旁边,鲁班和徒弟各拉铁片一端,一来一往,不一会儿就把树锯断了。看,既快又省力,锯子就这样被发明出来了。

鲁班天天与木头打交道,发现制作出来的器物表面不是那么平整,也不是那么光滑,看上去不够美观、不够精致。怎样才能使木板既平整又光滑呢?鲁班孜孜以求,反复实验,不断改进,发明了刨子。

还有如钻、凿子、墨斗和曲尺等,传说都是鲁班发明的。这些工具直到今天仍为木工使用。鲁班的这些发明创造意义重大,在此不再赘述。试想一下,在那个时代,谁的手指没有被茅草划出血过,谁没见过蝗虫或者蚕啮噬树叶,这太司空见惯了吧。唯独鲁班抓住不放,凝神思考,切磋琢磨,坚持不懈,终于豁然开朗,发明如约而至。这不就是"工匠精神"在鲁班身上最集中的体现吗?

资料来源:改编自新人教版语文教材《鲁班造锯》。

(二)"工匠精神"的衰落

我们知道,"工匠"一词最早指的就是手工业者,"工匠精神"主要蕴涵在手工业制造的过程之中。随着科技的进步、工业化的发展,机器工作逐渐代替了手工匠人的劳动,手工匠人逐渐受到冷落,这在我国尤为明显。所以有人说:这个时代手工匠人早已没有了当年的辉煌,早晚会被机器彻底代替。缝纫师傅放下了剪刀,木工师傅扔掉了锯子,打铁师傅丢掉了锤子,"工匠精神"也渐渐远离我们而去。

如果把"工匠精神"的衰落归罪于科技的进步和社会的发展,那么比我们更早走上现代化之路的欧美日国家的企业,"工匠精神"恐怕早已销声匿迹、荡然无存了吧,然而事实却与此相反。我国"工匠精神"的衰落在一定程度上源于特有的主观因素:

首先,由于我国人口多,底子薄,市场规模大,竞争威胁不足,经济发展在一定阶段着眼于数量满足,对产品质量、创新能力重视不够。改革开放以来,社会经济更强调速度和效益的短期粗放型发展,以低成本投入获取高额回报。急于求成、急功近利的思想导致了潜心钻研、苦心经营的劳动者比例明显下降。

其次,人们的思想观念以及就业观念滞后于经济社会的发展。德国十分重视职业教育,职业技术学校为企业培养了大量富含"工匠精神"的技术人才,充分发挥了"工匠精神"对德国制造的支柱作用。受历史文化等因素的影响,在人才培养上,我国职业教育的发展较为缓慢,社会对职业教育的重视程度也不足,做管理就是人才、当工人就是没出息的错误思想被不少人推崇。

二、"工匠精神"培育路径

(一)国外"工匠精神"培育的借鉴

每个国家的历史、文化、制度不同,其"工匠精神"的培育途径亦各有特点,表现为鲜明的民族特色和地域特点。在当今改革开放的社会环境下,对不同国家的"工匠精神"培育的方式、方法进行比较、分析和总结,有利于我们学习各个国家"工匠精神"培育的特点、长处和不足,以为我国培育"工匠精神"提供借鉴。

1. 德国"工匠精神"的培育

德国"工匠精神"的培育经历了较为曲折的过程。100多年前,"德国制造"被视为残次、低廉商品的代名词。可是今天,德国宝马、西门子等高品质品牌在中国家喻户晓。那么德国是如何实现华丽转身的呢?从1887年起,德国开始觉醒改革,德国政府首先确立了以质量竞争为首要目标的经济发展战略。为了达成这个目标,必须全面提高产品竞争力,而提高产品质量必须加强对"工匠精神"的培育。德国"工匠精神"培育的最大特点是"双元制"职业教育,即通过实训企业和职业学校两个场所培养技能型人才。德国人认为,职业教育如果离开企业真实的环境,势必理论脱离实践而成为空中楼阁;如若离开了学校教学,就是盲人骑瞎马,东撞西闯,浪费时间。在"双元制"中,学校和企业这两个元素相互融合、相辅相成,共同撑起了德国高质量职业教育的大厦。从职业学校毕业的学生,既有系统的理论知识,又有过硬的实践操作能力,一进工厂就能上岗,而不需要进行二次培训。

德国"双元制"职业教育最核心的理念,就是要让学生热爱自己所从事的职业。"知之者不如好之者,好之者不如乐之者",其实德国人也懂这一点。进职业学校的第一年,学生要选择自己喜欢的专业去学,在中途如果他们对已选的专业不感兴趣了,可以另选专业,直到选择到他们最喜欢的专业为止。一个人只有去做自己喜欢做的事情,才能保证在这个岗位上持之以恒、锲而不舍。另外,德国的职业教育始终守住这样一条底线——最低标准不能动摇。学生从职业学校毕业,除了要获得学校颁发的毕业证书外,还需要获得德国职业技术协会颁发的职业资格证书,有了这个证书才能证明该毕业生符合从事这项工作的最低标准,这也是我们讲的职业资格和职业规范。产品有产品的质量标准,人才有人才的质量标准。培育"工匠精神",就是要求所有工匠都得达到他们的行业技术标准,还有最起码的职业道德,在此基础上才有可能追求精益求精,获得更好的发展。

2. 日本"工匠精神"的培育

日本工匠有着共同且突出的特点,那就是持续专一、心无旁骛地去做好一件事

情,质量至上。从现有的日本"工匠精神"培育模式来看,呈现以下特色:

第一,企业内培养"工匠精神"的主要举措是职业教育。日本企业内职业教育的显著特点是全员培训和全程培训。全员培训就是不仅职工要接受培训,企业的管理人员无一例外也要参加。全程培训就是培训过程中的每个环节环环相扣、不可疏漏。企业内职业教育的模式具有专业性、针对性和连续性,形成了严格的制度,对日本"工匠精神"的培育起到了重要作用。第二,重视职业文化。日本自古以来就有尊重和推崇技术的优良传统。有一技之长的人备受人们的爱戴和敬仰,日本政府通过各种各样的方式提高技能型人才的社会地位,使其拥有强烈的职业自豪感。日本蓝领技术工人的工资很高,长年位居世界第一。在这样的社会氛围中,日本政府培育"工匠精神"就水到渠成了。羽田机场有一位清洁工,清洁工作做得令人叹服,多次上电视、上报纸,他就像电影明星,成为青少年心中的偶像。

(二)国外"工匠精神"培育的思考

1. 健全的法规体系提供制度保障

不管是德国,还是日本,"工匠精神"的培育都离不开国家的高度重视和一系列政策制度的支持。德国政府为"工匠精神"的培育制定了一套较为完善的制度体系。为了提高企业的产品质量,德国出台了《企业基本法》,为了加强职业教育,德国颁布了《联邦职业教育法》,更为重要的是实行"双元制"、学徒制等模式的职业教育模式,以此推进德国"工匠精神"的培育并制定和严格执行企业准入和产品质量标准,出台配套的提高技能型人才福利待遇和社会地位的政策规定。

2. 营造良好的社会环境

良好的社会环境是"工匠精神"培育的土壤。德国和日本培育"工匠精神"有个共同特点:营造了良好的社会文化环境。德国极为重视企业文化,并将企业文化中的竞争意识、质量意识渗透在技能型人才的培养过程中。日本文化中有一种"职人文化",一位徒弟跟着师父接受严格训练,每天做着相同的工作,不断地磨炼。虽然看不出日有所进,但久久为功,从量变到质变,最终使自己的技术上了一层楼。试想:一个人身处这样的环境中,耳濡目染,他们身上怎么不会散发着"工匠精神"的气息?

(三)我国"工匠精神"培育路径探析

新时代,国家需要各行各业成千上万的工匠,以精益求精的工作态度、精雕细琢的"工匠精神",助推中国梦的实现。国家经济高速发展呼唤"工匠精神",主体的自我实现更是离不开"工匠精神"的唤醒和激发。

1. 制度层面

根据我国经济社会发展的需要,让每个国家建设者都认同、崇尚并具备"工匠精神"越来越重要,所以,在培育和弘扬"工匠精神"上,需要从制度层面形成有效支撑和倡导。如武汉市 2017 年颁布了《"武汉工匠"培育计划》,明确提出既有以加快培育平台建设、强化职业技能提升培训、建立技能竞赛选拔机制为主要内容的"武汉工匠"培育机制,又有推行用人主体自主评价、推进后备人才梯队选拔和开展"武汉工匠"评选活动的评价机制,还有加大"武汉工匠"奖励力度、拓宽"武汉工匠"发展通道、完善"武汉工匠"薪酬政策、提高"武汉工匠"政治待遇和直接推荐参评各级表彰活动的激励机制。武汉市在培育和弘扬"工匠精神"方面进行了积极的尝试,也为新时代中国"工匠精神"的培育提供了范式。

2. 社会层面

(1) 优化社会环境。社会是座大熔炉,每个人都在其中接受锤炼和洗礼。我们要在全社会营造尊重工匠、尊崇"工匠精神"的氛围。近年来,中央电视台推出的《大国工匠》《我在故宫修文物》《了不起的匠人》等一系列纪录片,在大众传播领域让人耳目一新、豁然开朗。这一系列纪录片让我们看到了平时被我们忽视了的新时代的中国工匠,看到了他们的敬业态度、精湛技能。此外,我们还要充分利用线上线下各种传播平台,大力宣扬传播"工匠精神"。例如,在公园、商场、公共交通工具上都应大密度出现"工匠精神"的字样,让"工匠精神"得到广泛传播;还应该让"工匠精神"进课本、进课堂,传播匠人精神,培育匠人文化。

(2) 企业主动担当。一个国家经济的发展离不开各行各业的发展。企业是构成国家经济发展的小单元,企业的发展将大大促进国家经济的发展。在新时代的中国,我们更要注重产品质量竞争力的提升,所以企业的发展也越来越依靠"工匠精神"的支撑。企业是培养"工匠精神"的主战场。工人娴熟技术的练就、"工匠精神"的养成最终还是要在企业的平台上完成,所以企业应围绕工人的培训,建立完善的职业教育体系,建设企业文化,担负起培育"工匠精神"的主要职责。

3. 个人层面

(1) 知——树立对"工匠精神"的正确认知。认知是人们认识事物的先导,没有认知,人的所有后续思维、行动都无从谈起。要培育劳动者"工匠精神"的第一步就是要正确认识"工匠精神"。工匠是什么人?人们大多都能答对。当问到"工匠精神"的内涵时,有不少人都回答模糊,或者略知一二,有人甚至说,以后不做工人,就不需要有"工匠精神"。青年学生缺乏对"工匠精神"的正确认知,"工匠精神"的培育也就无从谈起。若要认知"工匠精神",首先要了解和熟悉我国历史上以及世界历史上一个个活生生的工匠,知晓他们的发明和创造、对于工作的态度和热情、工作的环境和条件,进而感受他们为潜心工作表现出的追求卓越的信念、执着专注的坚持、精益求精的追求。

(2)情——培养对"工匠精神"的情感认同。情感认同是一个人理性思维和价值选择的结果。"情感是一种非智力因素,是品德认知转化为实践行动的催化剂。"一个人对"工匠精神"的情感认同一旦形成,便会对"工匠精神"的培育起到引导和深化的作用。当代所有人必须要意识到,随着我国经济社会的发展,人民对于美好生活的向往必然要求我们能够生产出更高质量的产品,能够提供更优质的服务等。然而要实现这个目标,就离不开全民对"工匠精神"的发扬。我们必须清醒地认识到,当今我国产业结构正值转型升级的关键时期,许多现代科技的核心技术还掌握在欧美国家手里。因此,我们必须主动拥抱"工匠精神",积极参与"工匠精神"的培育。

(3)意——树立"工匠精神"的意志。意志是人们在实践过程中克服困难的毅力,是来源于自身的重要精神力量。每一位优秀工匠都有着坚韧不拔的意志。新入职者要成为优秀工匠,需要练就过硬的本领,而这身本领,从时间上看,不是一两个月甚至一两年就能炼成的,它需要十年或者二十年,甚至更长时间;从程度上看,他要花费太多的精力,遭遇无数的失败和痛苦。如果新时代的青年身上缺乏这种坚定的工匠意志,那么无论是学习,还是工作和生活,都会受到影响。我们要有"板凳要坐十年冷"的思想准备,不做"这里没水"那个漫画中的人,而要凭借咬钉嚼铁的意志,坚持奋斗下去,以新时代的"工匠精神"去实现人生价值。

(4)行——践行"工匠精神"。工作熟练无误,仅以为"工";事业精益求精方可为"匠"。每一个社会主义的建设者都不可能一出手就技惊四座,一亮相就万众瞩目,唯有脚踏实地,一步一个脚印,方能先成为一名优秀杰出的"工",然后成为一名具有自我升华能力的"匠"。所谓"三百六十行,行行出状元",与状元之路相伴的"工匠精神",不是一朝一夕的慷慨激昂,而是长年累月的坚守。在平凡的岗位上,不放弃、不退缩、不人云亦云、不随波逐流,努力坚守,始终保持初心,且心无旁骛,锲而不舍,这才真正践行了"工匠精神"。

阅读材料4-4 医生更需要"工匠精神"

在重庆市妇幼保健院七星岗院区,上午的门诊一直延续到下午3点,60岁的主任医师黄国宁一丝不苟。晚上他还要出差,现正在一边耐心接待"超时"就诊的患者,一边见缝插针地向同事交代工作。

黄国宁是国内知名的人类辅助生殖技术专家,也是重庆市遗传与生殖研究所的技术领军人,2017年被授予"白求恩奖章"。1996年,重庆市妇幼保健院成立遗传与生殖研究所,黄国宁开始带领团队探索试管婴儿技术。"没有经验,我们就去国外学习,回来之后反复实验。"那段时间,黄国宁和同事们白天工作,晚上就在实验室里反复练习操作,"目的就是尽可能地提高治疗成功率"。

功夫不负有心人。1997年4月10日,西南地区首例试管婴儿顺利在重庆市妇幼保健院呱呱坠地。"医学是呵护生命的科学,医生更需要'工匠精神',否则,患者怎能把宝贵的生命托付给你?"黄国宁带领的团队正是靠着'工匠精神',才取得了成功,研究所成为首批全国开展人类辅助生殖技术项目较全的生殖中心之一。

慕名到重庆市妇幼保健院咨询就诊的患者越来越多,其中超过五成患者来自外地。"他们都是冲着医院这块牌子来的,所以我们必须严守技术规范,一丝不苟。"黄国宁说。

黄国宁团队自行研发的人类辅助生殖技术实验室智能化信息系统已于去年投入使用。借助该系统,可以从大数据中分析得出各种人类辅助生殖技术实验室参数,如实验室的温度、湿度、尘埃粒子、挥发性有机化合物等,从而为人类辅助生殖技术实验室设计的标准化提供数据支持。

虽已是花甲之年,但黄国宁仍辛勤奋战在人类辅助生殖技术的研究与应用领域。"希望能不断提高技术水平,帮助更多不孕患者家庭圆'有孩子'的梦想。"黄国宁说,"作为妇幼保健医生,给更多家庭带来希望是我们的责任,也是我们的光荣。"

资料来源:崔佳,陈琦.医疗更需要"工匠精神":记重庆市妇幼保健院主任医师黄国宁[N].人民日报,2019-05-31(11).

第三节 新时代大学生"工匠精神"的培育

大国工匠,国之重器。新时代大学生"工匠精神"的培育对于促进我国制造业转型升级、营造全社会积极向上的氛围、实现个人全面发展具有重要的意义。

一、新时代培育大学生"工匠精神"的必要性

"中国制造2025"战略提出,大力培养"大国工匠"是创新型国家建设的重要支撑。大学生作为建设祖国未来的中流砥柱,是推动社会发展的主体力量,肩负着新

的时代重担和历史使命,更需要具备"工匠精神"。

(一)新时代思想政治教育培育人才的客观要求

中国特色社会主义事业进入新时代,对建设者、接班人所具备的素质要求也更高。新时代思想政治教育所肩负的时代教育重任,就是培养大批量具有新时代"工匠精神"的高品质人才,所以培育、弘扬和传承"工匠精神",是学校思想政治教育的责任和使命,也是学校思想政治教育培育新时代人才的客观要求。

目前在我国的大学校园中,"享乐主义"和"金钱至上"的观念客观存在,不管是对学业的追求,还是对生活的态度,部分学生缺乏吃苦耐劳的精神。当前的大学生大多为"00后",大部分都是独生子女,受家庭教育的影响,唯我独尊的个人中心意识相对突出,再加上一部分学生社会责任感和社会道德观念缺失,甚至对"工匠精神"有抵触情绪,这些现状是以"立德树人"为根本任务的高校所必须直面的。

"工匠精神"所蕴含的乐业敬业、自强不息、开拓创新、精益求精的精神与社会主义核心价值观是相融相通的,也是对中华民族传统精神品质的最好诠释,因此,高校在思想政治教育中融入"工匠精神",可以有效地引导学生建立起正确的世界观、人生观和价值观。

(二)国家"智能"转型发展的必然诉求

国际制造业竞争日益激烈,我国是制造业大国,但不是制造业强国。我国要实现"智能"转型发展,必须抢占先机,以创新推动发展,就需要以千千万万具有"工匠精神"和高技术的劳动者为依托。弘扬"工匠精神"可以弥补制造业水平差距,促使我国向制造业强国迈进,实现工业4.0。如果没有"工匠精神"作为支撑,我国成为制造业强国,为人类命运共同体贡献力量的历史担当就会迟滞。大学生作为国家发展的人才资源,社会主义现代化建设的后备人才力量,培育其"工匠精神",能促使人才队伍规模的不断壮大,释放人才活力,让大学生成为未来制造业发展的主力军,把中国"世界工厂"的地位打牢,创造出具有世界影响力的品牌。

(三)大学生实现自身价值的内在需求

招聘会上用人单位在招聘毕业生时经常强调"能吃苦、工作严谨负责"。由此可见,是否具备艰苦奋斗、严谨负责的职业精神是用人单位迫切关注的。大学生长期以来以学习为主,虽然积累了较为丰富的理论知识,但存在的不足也很明显。如局限于校园,与社会接触较少,缺乏社会实践经验,对创业就业预期过高等。而"工匠精神"则能够起到思想引领作用,使广大学子在学习、生活中磨炼意志、锻炼品格，养成吃苦耐劳、专注钻研的精神，培养他们脚踏实地、耐心沉着的良好作风。"工匠精神"所倡导的精益求精、追求极致的品质能够潜移默化地影响他们，使大学生意识到，作为一种职业精神，"工匠精神"对从业者的职业生涯至关重要。具有"工匠精神"和具有专业知识、专业技能一样，都是大学生走向社会、立足社会的重要条件。一个具备良好职业精神的人能增强自身的创业就业竞争力，能在未来的职业生涯中脱颖而出，取得成功。

二、新时代大学生"工匠精神"培育路径

上一节从制度、社会、个人三个层面对我国普通劳动者进行"工匠精神"培育进行了探讨，而大学生作为比较特殊的群体，他们学习、生活、活动的场所都集中在高校，所以高校是大学生"工匠精神"培育的主阵地。大学生"工匠精神"的培育是一个系统的工程，需要多方合力，充分调动一切有利因素寻求培育大学生"工匠精神"的有效措施。

（一）高校教师在教学中践行"工匠精神"

发挥教师的引领示范作用。"教书匠"虽然是社会对教师的戏称，但从某种意义上说，教师就是一名名副其实的工匠，更需要具备"工匠精神"。教育教学工作的特点决定了教师严谨认真、一丝不苟的工作态度，这正是我们推崇的新时代"工匠精神"。教育是一门慢艺术，需要"文火慢炖"，着急不得，教师有时还要手把手地教学生，就像厂里师傅带徒弟。教育不可能一蹴而就，经常出现"反反复复"的现象，都是再正常不过的。而这个漫长的过程更需要教师有耐心，耐得住寂寞，守得住本心。更为重要的是，教师在教育教学中践行"工匠精神"，还能一举两得。教师除了把教书育人的事业干好外，还能把"工匠精神"用言传身教、以身作则的方式传递给学生。

（二）教学资源在整合中突出"工匠精神"

培育"工匠精神"是一个综合工程，绝不仅仅是思想政治教育课程的单独任务。高校要整合教学资源，统筹兼顾，同心协力，才能取得好的效果。"工匠精神"的培育要落实到人才培养的方方面面，具有"工匠精神"的教育不仅是让个人具备技术能力，也应当让个体成为有爱国、敬业、诚信、奉献、创新等品质的劳动者。高校要发挥课堂主渠道的作用，要把"工匠精神"的教育渗透到学校教育的各个方面和过程中，还要重视课外活动的隐性教育，让大学生在不知不觉中感受

到"工匠精神"的无处不在。

（三）实验实训基地在实践教学中涵养"工匠精神"

企业和学校是新时代培育"工匠精神"的两个重要场所。高校和企业联合，在培育"工匠精神"时要发挥各自的优势。第一，企业要发挥现代学徒制的优势。现代学徒制是以校企合作为基础、以学生的培养为核心、以师傅的指导为支撑的人才培养模式。让企业里的巧匠名师和学校里面的学生结成对子，形成师徒关系，师傅手把手、一对一地对其进行指导，使学生在交流中感悟"工匠精神"。第二，高校要加强实验实训基地的建设。基地中的各种物质因素如机器设备、环境布置、活动形态等构成基地的物质文化。物质文化的构建有利于营造真实特定的育人环境，带给学生潜移默化的影响。

（四）校园文化在文化育人中突出"工匠精神"

校园文化是一个宏大的概念，绝不仅仅是校园环境加几条标语所能涵盖的。大学生们在这里学习生活数年时间，校园文化对学生人生观、价值观的正确引导发挥着不可替代的作用。高校要努力发掘自身的优势与潜力，结合自身实际，构建独具特色、突出本校特征的校园文化，将"工匠精神"融入其中，充分发挥文化环境的育人功能，用能够展现"工匠精神"的校园文化去培育大学生的"工匠精神"，定会取得春风化雨、润物无声的效果。

新时代大学生"工匠精神"的培育应有时代的紧迫感，高校作为大学生成长的基地，对培育大学生的"工匠精神"具有独特优势。高校培养大学生需要顺应时代发展的趋势，创新各种方式方法，让"工匠精神"在大学生心中生根发芽，为国家培养出更多高素质的人才，培养出更多具有"工匠精神"的高素质大学生。

阅读材料 4-5　屠呦呦：46 年坚守赢得了世界喝彩

瑞典当地时间 12 月 10 日下午 4:30，全世界的目光从这一刻开始"聚焦"在斯德哥尔摩音乐厅。当身着一袭紫色礼裙的中国科学家屠呦呦从瑞典国王卡尔十六世·古斯塔夫手中接过诺贝尔奖奖章和证书的时候，庄严的会场里掌声经久不息。

46 年的坚守，让这位 85 岁的老人为中国赢得了世界的尊重。3 天前，屠呦呦在出席卡罗琳医学院举办的诺贝尔生理学或医学奖得主演讲会时，新华社记者拍下了令人感动的一幕：诺贝尔主题演讲会的主持人，卡罗琳医学院传染病学教授 Jan Andersson 先生在屠呦呦演讲过程中一直跪在地上，一只手从后面扶着这位85岁的老人,另一只手为她拿着话筒,30分钟里始终保持着这个姿势,一动不动。

在诺贝尔奖得主演讲会上,提及46年前的那场"战役",85岁的屠呦呦仍然记忆犹新:1969年,中医科学院中药研究所参加全国"523"项目,她被指定为课题组组长,承担抗疟中药的研发。接受任务后,屠呦呦开始收集整理历代中医药典籍,走访名老中医,同时调阅大量民间方药,编写出以640种中草药为主的《疟疾单验方集》。屠呦呦说:"正是这些信息的收集和解析铸就了青蒿素发现的基础,这也是中药新药研究有别于一般植物药研发的地方。"

虽然有了这样一本"验方集",但要从640种药物中筛选出对疟疾真正有效的药物,其难度可想而知。屠呦呦和她的队友们曾一度陷入到研究的"泥潭"中,找不到理想的出路。面对挫折,屠呦呦也曾苦闷。她后来回忆说:"我也怀疑自己的路子是不是走对了,但我不想放弃。"当她再次认真翻阅起曾出现抗疟苗头的几个药物的历代文献时,东晋葛洪所著的《肘后备急方》中记载的"青蒿一握,以水一升渍,绞取汁,尽服之"的描述给了她新的启迪,也为青蒿素的成功提取迈出了关键性的一步。

然而,20世纪70年代初期的中国,正在经历着前所未有的变革,大部分单位的科研工作都处于停滞状态,根本就没有一个好的实验条件。屠呦呦当年的同事、中国中医科学院中药研究所研究员姜廷良告诉《科技日报》记者:"当时实验室连基本的通风设施都没有,但任务时间又很紧迫,屠呦呦为了加速提纯速度,急需寻找能够容纳大量溶剂和实验品的合适器皿。然而,紧张的经费却让她们一筹莫展。急中生智的屠呦呦,想到了家中腌咸菜用的瓦缸,就把这样的瓦缸充当了提纯药物的器皿。最终,靠着这些瓦缸成功提纯了100克青蒿素结晶。而屠呦呦却因为长期身处这样的环境患上了中毒性肝炎,其他成员也出现了不同的中毒症状。"

但这些没有动摇屠呦呦的决心,病情一好转,她就急忙跑回实验室继续科研。为了能尽快让青蒿素用到临床上,在动物安全性评价的基础上,她和科研团队成员自己服用有效部位提取物;当青蒿素片剂临床试用效果不理想时,她们尝试改用单体胶囊……

回忆起屠呦呦研究团队当年的实验情景,姜廷良不无感慨地说:"她的身上有着超越常人的执着精神。这是科学家最重要的品质。"姜廷良透露,在青蒿之前,屠呦呦还筛选过很多种物质,"比如胡椒,实验室的抗疟成绩相当漂亮,对疟原虫抑制率达到90%,但是临床却没效果。青蒿提取物在开始的实验中对疟原虫的抑制率最高也只不过68%,最低才百分之十几,远远不及胡椒,如果不是因为她的坚持和执着,青蒿素的研究很难取得成功。"

"执着"是记者在采访屠呦呦的同事时,听到他们用来评价她最多的一个词汇。靠着这份执着,屠呦呦从古代医书中找到青蒿,用这株看似普通的小草,拯救了世界上无数的生命。据世界卫生组织(WHO)报告,全球有97个国家和地区的33亿人口仍在遭遇疟疾的威胁,其中12亿人口生活在高危区域,这些区域的患病率有可能高于1/1000。统计数据表明,2013年全球疟疾患者约为1.98亿人,死亡人数约为58万人。正如诺贝尔奖委员会所指出的那样,"青蒿素这一医学发展史上的重大发现,每年在全世界尤其在发展中国家,挽救了数以百万计疟疾患者的生命"。

获奖后的屠呦呦虽然一直保持着低调,面对公众和媒体言辞甚少,但在瑞典的媒体见面会上,针对大湄公河地区和非洲少数地区出现的恶性疟原虫对青蒿素的抗药性,她却大声疾呼:遏制青蒿素抗药性的任务迫在眉睫!

屠呦呦说,自己和疟原虫"斗"了一辈子,发现了青蒿素。她说:"青蒿素是个全新的化学结构,关于它的研究还远远没有完成。在科学上,青蒿素作用的机理,尚未完全阐明,仍是有待深入研究的科学问题。"如今面对新一轮的耐药性挑战,她依旧信心满满。在她看来,新出现的耐药性问题,让青蒿素的研究还有很大的提高空间。

行多远,方为执着?思多久,方为远见?46年的坚守让屠呦呦认准一个道理:在困境面前需要坚持不懈。只要目标明确,坚守信念是成功的前提。念念不忘,必有回响。

资料来源:罗朝淑,张盖伦.屠呦呦:46年坚守赢得了世界精彩[EB/OL].(2015-12-11). http://scitech.people.com.cn/2015/1211/1007-27914266.html.

课堂讨论

(1)"工匠精神"的内涵是什么?
(2)"工匠精神"的历史演进路程包含几个阶段?
(3)"工匠精神"体现在马斯洛需求理论的哪一层次?
(4)举例说明中国工匠的代代传承。
(5)如何培育"工匠精神"?从国家层面、社会层面、企业层面、个人层面详细阐述。

(胡蝶)

第五章 劳动心理

 学习目标

（1）知识与技能目标：通过自主学习，学生能够了解劳动心理学的概念、研究内容，熟悉劳动心理学的发展历程和心理学基本理论；知道劳动者的常见心理和行为规律；明白劳动者的压力源，了解压力的基本理论，正确评价压力并能阐述压力应对的建议。

（2）过程与方法目标：通过合作学习，学生能够评估并剖析劳动者心理状况；能运用心理学理论阐述劳动过程的心理与行为现象，并根据劳动者心理发展规律，结合工作实际压力源，提出压力应对的多种建议；遵循劳动者心理、行为规律，健康工作，事半功倍。

（3）情感、态度、价值观：通过探究学习，学生能够激发尊重劳动、热爱劳动、尊重一切劳动者的深刻感情；引发学生主动参与劳动、踏实求学，培养医学生成为医务工作者的责任意识和奋斗精神。

本章概要

（1）劳动心理学是研究劳动过程中人的心理活动和行为规律，并致力于将心理学成果和理论应用于劳动实践的学科。劳动心理学的研究对象主要包括实现劳动生产高效率、保障劳动者身心健康、实行劳动要素科学管理以及评估任何可影响劳动目标实现的心理因素。

（2）劳动心理主要包括时间心理、空间心理、疲劳心理和安全心理。

（3）压力是人在社会适应过程中，由实际上的或潜在的至关重要的内外环境要求所引起的一种倾向于通过生理和心理反应而表现出来的身心紧张状态。简单来说，压力就是个体和压力源之间的整体交互过程，导致个体身心产生压力反应。

（4）职业压力主要来源于社会、生活和工作，其中工作压力主要由工作负荷与时间要求、工作条件、组织中的角色、人际关系、组织变革等构成。

第五章 劳动心理

 引子

　　劳动过程是指劳动者有目的地使用劳动资料、改变劳动对象、创造新效用的过程。它是人类通过自己的活动来引起、调整和控制人和自然之间的物质变换的过程,是人类生活永恒的条件。伴随着劳动者与自然环境、劳动者与劳动工具、劳动者与劳动者交往的过程,劳动者产生了大量的、复杂的心理现象。在劳动过程中,劳动者的心理或精神状态也在发生变动,若劳动者的心理或精神状态良好,则能稳定而有信心地进行工作,效率与效果会更好;若劳动者的心理或精神状态不好,如感到因生理状态而产生的困倦和机能失调现象的生理疲劳或者因脑力劳动繁重、神经系统紧张程度过高而引起的精神疲怠现象的心理疲劳,则会影响劳动效率,造成不良后果。工作过程中的各个环节都与人的心理活动有密切联系,认识、探讨、分析和把握劳动者在劳动过程中的心理反应、心理活动及心理规律,就能创造一个良好的劳动心理环境,改善劳动组织管理,保护劳动者的心理健康。劳动者只有在健康积极的劳动心理或心态下参与劳动过程,才能充分发挥自身的主观能动性,提升劳动者的工作能力,提高劳动效率。

第一节　劳动心理概论

一、什么是劳动心理学

　　劳动心理学是研究劳动过程中人的心理活动和行为规律,并致力于将心理学成果和理论应用于劳动实践的学科。劳动心理学关注在工作情境下的劳动者,研究劳动者在与其他劳动者、劳动环境、劳动工具等发生联系的劳动过程中的心理活动规律。其目的在于调动劳动者个体和组织的生产积极性,发挥劳动者的才能,促进劳动者之间的关系协调融洽,提高劳动者和组织的生产效益,并保持劳动者身心健康,实现劳动者和组织的可持续发展。

二、劳动心理学的研究内容

　　劳动心理学的研究对象主要包括实现劳动生产高效率、保障劳动者身心健康、实行劳动要素科学管理以及任何影响到劳动目标实现的心理因素。基于劳动实践视角,劳动心理学的研究对象主要包括人-机系统、人-境系统和人-人系统三个方面。

(一)人-机系统

人-机系统即在劳动者与机器的关系中研究人与机器功能匹配、仪表显示、技术培训、疲劳问题等,以帮助劳动者加快掌握新技术的速度,促进生产技术的革新,提高劳动生产率。

(二)人-境系统

人-境系统即在劳动者劳动过程中研究有关照明、色彩、音响、温度、湿度等对劳动者生理特点及心理特点产生影响的因素,使劳动者消除工作的厌烦感和疲劳感,发挥出最大的劳动效率。

(三)人-人系统

人-人系统即在劳动活动中研究劳动者之间、劳动者和劳动群体之间、劳动群体与劳动群体之间表现出来的心理特征,诸如工作动机、劳动兴趣、职业选择、激励、挫折、冲突、工作评价、领导方式及劳动法规制定、劳动政策推行等问题。

三、劳动心理学的发展史

劳动心理学形成于20世纪初,由德国心理学家斯滕(L.M)提出,其前身是心理技术学。

使用劳动心理学这一名称的多为俄罗斯、东欧国家和中国,研究者主要关注人的劳动活动自身的规律,主要着眼于提高生产效率。而西方的工业与组织心理学家在开展类似劳动心理学方面的研究时,往往从工效学或人机工程学的角度进行,更注意它们与管理心理学的联系,一般较少采用劳动心理学的名称。

(一)萌芽期

1. 心理学家致力于劳动心理学理论领域的研究

1887年,美国心理学家布赖恩发表了一篇研究报告,讨论专业报务员的收发技能,很多人将此看作劳动心理学领域的第一篇科学论文,而且布赖恩认为应该将心理学推广到工业生产领域,并将其发展成为一门专门化的心理学研究分支。他在当选美国心理学会主席时的演讲中,倡导心理学家研究他们日常生活中的具体活动和功能。1910年,工业心理学已经被公认为心理学的一个专门领域。

斯科特作为工业心理学、劳动心理学的先驱,首先将心理学应用于广泛的研究领域,1903年出版的《广告理论》讨论有关暗示与伦理如何影响个体,1908年出版的《广告的心理学》讨论如何利用仿效、竞争、忠诚及专心等增强效能的策略,以及1911年出版的《在经营中影响人》《提高人们在企业中的效能》等,为劳动心理学体系的推广和建立做出了重大贡献。

德国心理学家闵斯特博格也是劳动心理学发展初期的重要代表人物,他在理论心理学领域进行了知觉、注意的实验研究,首先把实验心理学方法用于工厂选拔、训练工人方面,研究如何改善劳动环境。他不仅重视研究如何提高工作效率,而且强调通过工作让工人获得愉快和喜悦,并运用传统心理学方法解决工作生产中的实际问题。1913年他出版了《心理学与工作效率》一书,首次提出工业心理学体系。因此,闵斯特博格被称为工业心理学之父。

2. 工业管理人员致力于劳动心理学实践领域的推广

与此同时,作为劳动心理学的实践者,工业管理人员也开始了以提高工作效率为目的的实践研究,这些对劳动心理学领域中基本内容的研究都促进了劳动心理学的产生和发展。

早期的劳动心理学研究在工效学领域进行,最具代表性的是泰勒。泰勒是美国古典管理学家、科学管理的主要倡导人。作为一名职业工程师,泰勒开始进行劳动时间和操作方法的研究,通过搬运生铁的实验,摸索工人的日合理工作量,实行定额管理;通过铲具实验,探索铁锹铲多大的物体效率最高,实行工具标准化;通过前后26年的时间,泰勒取得了有关车床、刨床、钻床、铤床在车速、材料等方面的丰富资料,为制定各种机床进行高速切削和精密加工的操作规程提供了科学依据。这些实验将他的科学管理思想理论深深扎根在科学实验的基础上,使之成为一门真正的科学。

总之,在心理学理论和应用的融合中,劳动心理学应运而生。

(二)初步发展期

从第一次世界大战开始到第二次世界大战结束,受到战争影响,劳动心理学的研究内容及成果逐步发展并得到社会及权威机构承认,直接服务于社会。

在第一次世界大战期间,英国、美国等国为了提高军事人员的选拔效率,在新兵入伍中大量采用了心理测验方法。英国根据军工生产的需要,组织有关专家就工作时间、倒班生产和防止疲劳等问题进行了专门研究。

第一次世界大战结束后,各国建立了更多的有关劳动心理学的研究机构,开展了有效地利用人力、改进劳动条件、训练新工人的研究工作。其中最著名的是1921年美国心理学家卡特尔建立了一所心理学公司,该公司目前仍是美国研究心理测量及其应用的较大机构之一。

1924年,美国开展了一项长达12年之久的系列研究——霍桑实验,它最终成为心理学史上著名的事件之一。霍桑实验开辟了劳动心理学研究的许多新领域,涉及人际关系、士气和激励等更复杂的问题,使劳动心理学的研究领域得以扩展和丰富。

第二次世界大战期间,人事选拔、安置方面的研究得到进一步的促进和强化。为了选拔高级军事指挥人员,心理学家还建立了情境应激测验,通过一个旁观者和一个干扰者的出现,判断候选人对压力与挫折的情绪与认知反应。此外,战争促使各种非军事组织对劳动心理学关于人事选拔及缺勤率的研究热情高涨。

总体而言,两次世界大战都对劳动心理学产生重大影响,但两者影响性质有所不同:第一次世界大战促使劳动心理学研究获得社会的认可,第二次世界大战则促进了劳动心理学研究向更新、更广的领域发展。

(三)专业化发展期

第二次世界大战后,随着科学技术的飞速发展,人的因素在现代化生产中的作用日益增长,其主要特点是劳动者的体力负荷明显下降,心理负荷显著增加。新技术革命使得工业企业出现了许多新的劳动类型和技术手段,因此,有关操作员活动的心理分析、职业选择和职工培训等领域出现不少新的研究课题。

在苏联,20世纪50年代一些教育心理学家参与了员工培训的研究,分别就现代工程师的技术思维、快速生产操作技能、自动化操作员的培训等问题进行了探讨。50年代末期至60年代初期,苏联又开展了有关人机交互作用的系统分析、活动的生理、心理和算法分析、操作员分层加工信息的结构分析、启发式概念形成以及职业选择和培训、生产群体的研究。到了70年代,苏联的劳动心理学研究已经渐趋系统化,他们认为劳动心理学除了研究方法论和历史之外,主要涉及两大子系统:一是人对劳动的适应,包括职业分类、选员、定向、培训、继续教育、废品和事故分析等研究内容;二是劳动条件对人的适应,包括生产联系、人际关系、紧张、单调、工作制度等研究内容。

(四)劳动心理学在我国的发展

我国劳动心理学研究始于1916年,时任清华大学校长周诒春在学校开展职业指导,指导学生选择职业;1921年,中华职业教育社采用自制的职业心理测验器对入学人员进行测试。这一时期,由于旧中国的工业十分落后,加之各种社会条件的限制,心理学家只是在职业选择、工业安全、职业训练、工作疲劳、工作效率与方法上介绍国外的劳动心理学成果,除了在机械业和纺织业进行过有关改善工作环境的实地调查外,并没有开展其他劳动心理学的研究。

到了20世纪50年代,根据国家工业化的要求,国内劳动心理学的研究有了长足的发展。杭州大学细纱工培训、工作科学院研究所劳动心理组总结生产经验、操作合理化和技术发明中的创造性思维活动规律,是这一时期的突出代表。60年代,我国学者对工程心理学、飞行员选拔和飞行错觉的研究卓有成效;80年代,为适应科教现代化的需要,不少学者先后进行了降低心理负荷、操作能力测验、飞行员选拔的研究,对自动化、半自动化系统生产线的操作员进行了技术培训的心理模拟教学研究,以探讨培养现代技工技术能力的新途径,如徐联仓、凌文辁提高毛纺产品质量的研究、张厚璨的车工操作能力结构的研究、王重鸣的计算机心理研究、石勘的员工培训心理模拟教学研究等,我国与劳动有关的心理学研究如雨后春笋般涌现,表现出勃勃生机。

四、劳动心理的心理学基本理论

劳动心理学作为心理学一个分支,与社会心理学、普通心理学、管理心理学等存在多方面的交叉融合,这些学科均以精神分析理论、行为主义理论、人本主义理论和认知理论等为理论基础。

(一)精神分析理论

精神分析理论是现代心理学、人格心理学和心理咨询与治疗的主要理论之一。该理论在治疗精神障碍的实践中产生,后来成为一种强调无意识过程的心理学理论。创立者是奥地利心理学家弗洛伊德。精神分析理论的产生有其深刻的历史人文背景,产生后经过众多心理学家的努力得到不断发展,形成众多派别。弗洛伊德的精神分析理论认为个体行为受潜意识的影响和控制,即人的一切行为,都是由人的本能决定的,都是在本能的驱使下,"心理能量"的转移与分配的结果。在无意识理论的基础上,弗洛伊德将个体精神划分为本我(id)、自我(ego)和超我(superego)三部分,其中超我作为"道德化了的自我",为劳动道德的培养和践行提供了有力的理论支撑。精神分析理论强调潜意识的心理冲突,只有在人们消除防御时,潜意识才会清晰地表现出来。劳动心理研究者高度关注个体潜意识,因为潜意识的冲突会影响个体工作效率,有时可以很好地解释个体工作行为的非理性、敌意以及弄巧成拙等现象。

(二) 行为主义理论

美国心理学家约翰·华生在 20 世纪初创立行为主义学习理论,该理论在美国心理学界占据主导地位长达半个世纪之久。

华生认为,学习是刺激-反应的联结,人的反应完全由客观刺激决定。行为主义理论早期的代表人物桑代克认为,试误是动物的基本学习方式,人类的学习方式可能要复杂一些,但本质一致。根据实验的结果,桑代克提出学习主要有三个规律:准备律、效果律和练习律。

斯金纳作为新行为主义的代表人物,提出了操作性条件作用原理,突出了"强化"的地位;新行为主义另一杰出代表班杜拉强调个体学习过程中个体(O)自身的能动作用,强调人和社会环境的相互作用,并提出了"社会学习理论",认为人所具有的、独特的认知过程,也积极参与到行为模式的形成,用 S-O-R 替代了早期的 S-R。这一理论提出了以下基本概念:观察学习、自行奖赏或惩罚、行为自控。

依据行为主义的观点,个体既然可以通过学习形成不良或不适应行为,也就可以通过学习获得良性或适应行为。因此,以上种种观点被广泛用于解释个体的学习行为,包括不良行为的形成和矫正。行为主义的学习理论在劳动心理学中的应用相当广泛,在培训中,奖赏能够在受训者表现出期望行为时通过强化提高期望行为的频率,受训者也可以通过观察榜样行为学会恰当行为。

(三) 认知理论

认知是指一个人对某一事件的认识和看法,包括对过去事件的评价、对当前事件的解释以及对未来发生事件的预期。作为理性的心理活动,认知对个体情绪、情感、动机和行为有较强的调控作用。在环境与个体的关系上,认知学习理论认为,是个体作用于环境而不是环境引起人的行为。环境中的各种刺激是否受到注意或加工,取决于人的内部心理结构,是人根据自己的内部心理结构做出的选择。个体通过与环境的相互作用而赋予经验以意义,并对经验进行组织和再组织,从而修正或建构自己的认知结构。皮亚杰认为,个体的智慧和道德结构都不是环境直接内化的结果,而是环境与个体图式之间建立联系,通过内部协调、创造而得到建构的,这是个体利用自己已有图式(即认知结构)与环境进行相互作用,通过同化和顺应达到与环境动态平衡的过程。布鲁纳认为,学生不是被动的知识接受者,而是积极的信息加工者,认为教师应当通过指导发现法,引导学生通过主动探索解决问题,从而形成自己的智慧或认知生长。认知观点中非常强调的基本概念有"信息的加工""自我概念""图式",了解这些关键概念有助于这些理论内容在劳动心理学中的实际应用。

(四)人本主义心理学

人本主义心理学的研究主题是人的本性及其与社会生活的关系。无论是马斯洛的自然人性说和自我实现的需要层次理论,还是罗杰斯基于尊重、真诚、悦纳的"完人"教育观,都从人性的角度启示人们重新审视个体的本性与潜能、需要与自我实现以及早期教育活动的开展等问题。人本主义心理学代表人物罗杰斯认为,人类具有天生的学习愿望和潜能,这是一种值得信赖的心理倾向,它们可以在合适的条件下释放出来;当学生了解到学习内容与自身需要相关时,学习的积极性最容易激发;在一种具有心理安全感的环境下可以更好地学习。

所有人本主义心理学家都认为生活的目标就是一个人实现他自己信仰的某种事物。由此出发,人们期待着实现那些指导自己趋向的目标。

总之,精神分析理论强调无意识的冲突对行为的主导作用和重要影响,认为非理性的意欲与外界现实在内心引起的冲突是精神异常的原因。行为主义理论强调环境和情况决定人的行为,行为的产生受当时行为条件的制约,即行为会因情境而改变。认知理论强调认知的决定性作用,认为心理障碍源于不正确的认知,主张改变认知以纠正心理障碍。从认知发展领域脱颖而出的建构主义强调个体的主体性,认为个体的认知建构至关重要,进一步深化了人们对认知过程实质的认识。人本主义理论强调对个人和社会有意义的问题,关心个人的创造性和自我实现。

第二节 劳动者常见心理

一、时间心理

(一)名义劳动时间与实际劳动时间

劳动时间即作业时间、工作时间,指在工作场所支出的全部时间总和,它不仅是劳动者的实际劳动时间的支出,还是获得报酬的依据,更是一种劳动投入的感觉。对劳动者来讲,同一个工作时间,不同劳动者会有不同的心理表现。然而,同一个劳动者对不同劳动时间也有不同的心理反应,甚至同一个劳动者在同一个劳动时间的不同阶段也会产生不同的心理反应。这里就有一个劳动时间心理问题。劳动时间心理不仅关系到劳动效率,而且影响到劳动者的学习、社交,影响到劳动者的休息,影响到组织管理效能以及职工的身心健康。

名义劳动时间,是指国家或企业规定的劳动者必须投入的工作时间,也就是指劳动者的整个上班时间。名义作业时间从劳动制度来讲是客观的,从自我感觉来讲是刚性的,从劳动操作来讲是实在的。

实际劳动时间又称净劳动时间,是劳动者创造社会财富或为服务对象提供服务的时间,也就是扣除与操作无关的时间。

凡明白劳动意义、责任感强,或从事劳动活动动机水平高、生产工作情绪稳定的劳动者,其实际劳动时间在名义劳动时间中所占的比例较高,缺勤少,劳动质量亦较高。

阅读材料 5-1　"帕金森定律"

西里尔·诺斯古德·帕金森所著的《帕金森定律》一书中讲述了有个老太太寄明信片的故事。帕金森发现,人做一件事所耗费的时间差别很大:一位老太太要给侄女寄明信片,她用了1个小时找明信片,1个小时选择明信片,找侄女的地址又用了30分钟,1个多小时用来写祝词,决定去寄明信片时是否带雨伞,又用去20分钟。做完这一切,老太太劳累不堪。同样的事一个工作特别忙的人可能花费5分钟在上班的途中就顺手做了。帕金森认为,工作会自动占满一个人所有可用的时间。如果一个人给自己安排了充裕的时间去完成一项工作,他就会放慢节奏或者增加其他项目以便用掉所有的时间。工作膨胀出来的复杂性会使工作显得很重要,在这种时间弹性很大的环境中工作并不会感到轻松,相反,会因为工作的拖沓、膨胀而苦闷、劳累,从而精疲力竭。由此,对工作时间安排得出一个警告:"一件工作会占满所有可用的工作时间。"

事实也正是如此。对设定时间的同一件工作增加工作时间,往往不能增加投入的工作量,而散耗在名义作业时间之中。因此,不会提高工作效率。

同样,对设定时间的同一件工作减少一定的工作时间,也不会因此而减少实际的工作量,有时反而会促进劳动效率的提高。

这就是说,对劳动制度中的劳动投入研究分析,劳动者对作业时间的心理反应是:"这件工作可用多少工作时间",而不是"这件工作需要多少工作时间"。

值得注意的是,这一定律对具有高度工作动机的劳动者也同样适合。

于是,从劳动心理学来讲,一个企业经常加班加点延长工作时间,将会使劳动效率降低、经济效益减少,并使劳动者的劳动心理发生"偏差",个性不健全的劳动者普遍增多。

资料来源:根据互联网资源整理而成。

(二) 工作时间安排

1. 劳动者对工作时间的安排

劳动者对作业时间的安排,即劳动者对作业时间的主观控制,其涵盖的内容很多,如劳动者的自我意识,劳动者在一定阶段内的需求、动机与目标,劳动者对某工作的兴趣、能力与爱好,劳动者的理想、信念与追求等。总的来看,劳动者对工作时间的安排主要有:

(1) 劳动期限的安排。例如,安排一天的劳动、一周的劳动、一年的劳动或对终身劳动的安排。

(2) 劳动对象的安排。根据劳动对象大小或难易进行安排。例如,安排一次医学治疗、安排一个工程项目等。

(3) 劳动组织的安排。例如,对工作关联、劳动协调、成员配合等进行安排。

(4) 劳动关系的安排。例如,同事间、领导间的亲疏安排。

(5) 其他。如对劳动兴趣、劳动环境等的安排。

2. 日劳动时间周期心理与周劳动时间周期心理

按照时间运动周期和社会传统习惯,劳动时间可划分成多种周期。关于劳动时间周期心理规律性的研究,目前国内外心理学家主要集中在日劳动时间周期和周劳动时间周期这两种类型上。

日劳动时间即日工作时间,是指一昼夜内劳动者个体按规定应从事工作的时间。每一个日劳动时间可称为一个"工作日"。劳动者的劳动心理在日工作时间内也会有不同反应,从而影响到生产效率。

研究表明,劳动者第一个小时的产量会处于迅速提高状态,但由于生理适应、心理适应和作业准备等因素的影响,此阶段的劳动效率实际处于日劳动的低潮时期。第二、第三个小时,劳动效率逐步上升到最佳,主要是心理调适、技术发挥正常的结果。第四个小时劳动效率下降则明显反映出劳动者的疲倦。下午上班开始,一方面不需要上午的过多准备与适应,另一方面显示疲劳与饥饿等有所恢复,故产量略高于上午的开始工作时。但下午的下降趋势比上午更迅速,这主要还是一日工作时间内各种疲劳的极点反应。当然也存在下班前劳动效率突然"回升"的现象,这种现象则可以用劳动者在下班前追求达到目标的高动机来进行解释。

周工作时间即除去既定的休息日的一个劳动循环周。周工作时间安排主要涉及两个方面的问题：一是周工作时间问题的规定，二是作业时间问题在周工作日内的分配。周工作时间问题的规定是国家依据各方面的因素，如生产力水平、生产方式、生活习惯以及文化、生理、心理等因素综合做出的法律规定。目前，我国实行的是每周五天工作制。工作时间问题在周工作日内的分配，则是一个企业根据组织目标、群体特征等将需要的工作总时间在一个劳动循环内的合理分配。由于客观环境及劳动者心理等因素的变化，劳动者的劳动效率会出现一定的周期性波动：周一劳动者的工作效率往往处于上升状态，周三达到最高点，而周六劳动效率最低。其中生理和心理均为影响因素，如周一因周末休息状态到劳动状态需要有调适过程；周六因五天的连续劳动产生疲劳累积，或因一周劳动目标达成而产生心理松弛等。研究者对不同劳动时间的劳动效率进行分段研究，将周一、周二两天称为"调适时期"，周三、周四两天称为"最佳时期"，周五、周六两天称为"低潮时期"。

3. 轮班劳动时间

轮班工作时间即对不宜中断的工作采取劳动者分班制作业的形式进行的时间，从而使生产连续进行，如医院、药房、交通运输、电讯、采矿等。随着科技文化的进步、社会化大生产的发展，轮班工作时间已越来越被广泛采用。

人在整个生命活动过程中，都有一种周期性的起伏变化。研究认为，一个人生理节律有高峰与低谷，如人的睡眠昼夜节律高峰点在下午2点到4点，低谷点则在凌晨2点到5点。同时研究证明，昼夜节律可适应、调节、变化，但过程较缓慢。

昼夜节律对人的心理功能与行为会产生一定的影响。例如，坐飞机跨越五个时区以上时，就会产生一种不适应反应，即"时差效应"。

轮班工作时间若与社会活动时间不一致，则会对劳动者产生生理与心理上的影响，主要有生产各系统的活动受到干扰、劳动者的情绪和注意不稳定、社会需求减少、劳动效率下降等。夜班作业是轮班劳动中对劳动者身心影响最大的作业，若安排不当，对劳动者的安全和健康影响较大。夜班作业是指在一天中通常用于睡眠的这段时间里进行的职业活动。各国、各地区因所处的地理位置、气象条件、文化水平不同，"夜班"的长短和起止时间各异。一般对安排劳动而言，夜班起于晚上8点或9点，止于次日凌晨5点或6点。夜班对人的生理、心理和社会方面均产生重要影响。如急诊医护人员长期值夜班，工作中需要时刻准备着应对突发紧急情况，长期处于应激状态。正因为轮班工作有上述不良反应，因此我们应在采用该工作时间制的同时，适当采取应对措施，如适当固定作业班次、夜班作业时间不宜过长、保证工间休息和尽量满足工间需求等。此外，要加倍对轮班工作时间的劳动者尊重、关心、爱护，并注意在物质利益（如福利、报酬）上对劳动者的心理功能调适。

阅读材料 5-2　轮班工作制度对医务人员的影响：一项多中心研究

大多数医疗机构必须"全天候"运营，要求临床医生和其他工作人员在所有时段内履行职责。

在美国，从事医疗保健的工作人员，至少有35%的人除了白天需要上班外，还需要轮班工作。为了给患者提供高质量、高性价比的全天候服务，医院实施各种人员配备和轮班计划模型。有证据表明，长时间轮班和其他轮班会引起患者和医疗工作人员的负面情绪。

然而，改变轮班制度可能是具有挑战性的。许多行业都全天候运作，并采用12小时轮班制度和其他人员配备模型。有证据表明，上夜班和长班的护士的警觉性会降，会出现护理错误，且护理质量降低。在一项来自欧洲12个国家的31627名护士的研究中，轮班工作12小时或更长的护士比轮班工作8小时的护士的有关护理质量和患者安全评价结果更差。据统计，每班工作12小时或更长时间的护士，其泌尿系统感染和血流感染发生率显著提高，而且离职意愿更高。

研究人员发现10个小时和12个小时的夜班会明显引起医疗工作中倦怠和较低的工作能力指数。上夜班12小时的护士报告说，他们经常担心犯错误。虽然轮班制度对护士疲劳和工作满意度的研究结果参差不齐，但其睡眠质量、压力、肌肉骨骼问题和焦虑的不良影响却与12小时轮班有关。

资料来源：轮班工作制度对医务人员的影响：一项多中心研究［EB/OL］.(2020-10-30). https://www.sohu.com/a/428470387_306430.

二、空间心理

（一）作业空间

人的劳动行为总是在一定的空间范围内进行的。这个特定的生产操作或从事服务的空间范围叫作作业空间。它是指存在于劳动者周围可能影响劳动行为的任何物体或人的空间位置。此空间对劳动者来讲存在有一种心理上占有的状态。因此劳动心理反映一定的空间心理。目前，劳动心理学对作业空间的研究也是集中在劳动场所的人和物这两个方面。

1. 劳动者与周围物的空间位置

劳动者与周围物的空间位置包括按劳动者操作要求合理布置的机器、设备及显示系统的位置；工作台面上的各种工具、量具及其他生产用具的位置；待加工件及制成品暂时存放的位置；劳动者作业过程中的活动范围等。这种作业空间对劳动者产生一种习惯性的自然心理影响。

2. 劳动者与周围其他人的空间位置

劳动者与周围其他人的空间位置包括劳动者在劳动过程中同组劳动者站位是否合适，是否有领导在旁；操作活动范围内是否有他人出现及其距离远近等。这种作业空间对劳动者产生一种多变性的社会心理影响。

（二）作业空间对劳动者的心理影响

空间心理主要集中在研究个人作业的空间心理。个人作业空间即环绕劳动者个体周围、他人不得进入的无形领域。劳动者保持这一领域是为了劳动时心理安全的需要。

心理学研究证明，一旦他人未经同意闯入这一空间，个体就会产生"被侵犯"的感觉，引起个体的否定情绪，出现退避或攻击的行为反应。这种心理在复杂劳动或脑力劳动中最为显著。

作为劳动者来讲，必须有作业的空间安全感才能心情愉快、正常施展技能、顺利完成作业。如果有人随意进入，并无法阻止（回击、反击）其侵入个人作业空间，就会产生一种"拥挤感"、情绪不适感，从而导致注意力涣散、反应迟缓。这种"拥挤感"等感觉除了与所占空间的人的密度有关外，还与对"入侵者"的厌恶程度成正比。

当然，空间心理并非完全固定，它会随各种自然的、社会的环境和劳动者的心境变化而变化。例如，集体协作的劳动者几乎没有个人作业空间的要求，只有在集体情境下、以个人独立工作时才对个人作业空间有所要求，空间心理的反应才能逐渐加强，"空间安全感"的要求逐步提升。

（三）影响空间心理的因素

（1）情境因素。自我场所感觉空间大，公共场所感觉空间小。

（2）情绪状态。顺利时对既定空间满意，受挫时对"拥挤感"格外敏感，对空间要求也大。

（3）集中程度。注意力集中时不嫌空间小，对工作厌烦时对空间要求高。

（4）活动性质。集体活动空间变小，独立活动空间变大。若是私人的秘密或含隐私成分的活动，空间就变得更大。

（5）作业时间。劳动时间短，相对感到空间大。作业时间长，甚至厌恶时，就感到空间小或产生"拥挤感"。

(6) 人际关系。熟悉、尊重或亲昵时,空间就变大,生疏、厌恶时空间就变小。

(7) 其他因素。如颜色、噪音、温度,视觉、听觉,情绪、兴趣等也会影响空间心理。

(四) 改善劳动者空间心理的措施

1. 合理布置作业空间

根据生产工艺的需要、设备的特点及作业空间环境的状况,按照人机工程原理的要求,对作业场所进行合理布置,使之既符合生产的实际需要,又能为劳动者创造满意舒适的作业空间。

2. 从精神上扩大劳动者的心理空间

通过做好思想教育工作,引导劳动者正确对待自己的工作,树立正确的人生观、职业观,培养劳动者的敬业精神,增强其意志力,从而战胜不良作业空间环境所造成的消极心理。

3. 减少不良作业空间环境对劳动者的影响

采取积极态度,努力按照有关劳动卫生条例的规定,切实改善作业空间环境,切断产生不良作业空间心理的源泉,这才是保护劳动者身心健康的根本措施。

4. 协调人际关系

没有融洽的人际关系,生产协作难以取得高效。人际关系紧张,彼此都会产生不愉快的体验。组织应注意协调人际关系,促进班组间的合作与交流,建成一个具有现代文明的集体。这样劳动者的心理空间就不再局限于狭小的作业空间,而是包容了企业的全部空间。

三、疲劳心理

(一) 疲劳

1. 疲劳的概念

疲劳是劳动过程中影响工作效率和劳动者健康的重要因素。它主要包括两个方面的内容:一方面它反映了人的主观感觉,另一方面它涉及的疲劳的原因和指标有多种解释。因此,不仅很难对疲劳做出一定的判断,而且对疲劳心理的研究一直成为学科中的难题。劳动心理学研究的是劳动者在劳动过程中出现的疲劳,亦称工作疲劳,它是指劳动者在操作过程中,由于连续工作而不断消耗能量,产生生理与心理机体变化而引起的工作能力下降的一种现象,即活动效率随活动时间的推移而下降的一种机体状态。

人都会疲劳,因为疲劳既是一种生理现象,又是一种疾病的报警信号。生理现象是身体受刺激后的反应。报警信号则是一种保护性的生理反应,它告诫人们要注意休息,以恢复精力和体力。疲劳在医疗卫生领域尤为突出。2017年《中国医生生存现状调研报告》指出,我国医生存在工作强度大、睡眠质量低、过劳疾病多、心理压力大等问题。由于24小时医疗工作需求,医务人员长期处于高度紧张的大脑复杂工作、睡眠不足、昼夜睡眠节律扰乱状态,导致脑疲劳程度较高。

作为劳动所致的疲劳,普遍表现为疲劳随活动时间推移而产生、疲劳逐渐累积导致活动效率(劳动能力)呈显著下降趋势、疲劳同时反映出劳动者的生理和心理变化。

2. 疲劳的产生原因与表现

疲劳作为生理现象,意味着劳动者的机体、机能负担加重或消耗程度加深。疲劳作为心理现象,反映劳动者对劳动对象、劳动资料及劳动动机、劳动目的、劳动关系等的心理倾向。

究其原因,首先对某劳动对象缺乏兴趣、过分紧张是很关键的心理因素。其次劳动条件恶劣或劳动强度过大是疲劳的客观因素。最后健康状况不佳、睡眠不足及患上相应职业病就是病理因素了。

疲劳的产生原因主要有以下几种:

(1) 劳动时间过久或劳动强度过大而产生的疲劳感。

(2) 劳动条件欠佳或劳动环境不良而产生的疲劳感。

(3) 劳动过分紧张或劳动压力太大而产生的疲劳感。

(4) 劳动制度不当或劳动关系失衡而产生的疲劳感。

(5) 其他,如劳动者自身生理基础、心理素质及劳动技能等所致。

劳动者疲劳时的表现主要有以下三个方面:

(1) 生理机能恶化。如肌肉酸痛肿胀、中枢神经兴奋减少、心率加快、血压上升、动作力度与速度下降等。劳动者有一种力不从心的感觉,往往无法按照规定的要求继续工作下去,工作中开始贪图省工省事,甚至停止工作。

(2) 心理功能减弱。如瞌睡、注意涣散、兴趣减弱、动机贫乏、反应迟钝等。

(3) 活动效率下降。如产量减少、错误率上升、速度减慢、单耗增加等。

3. 疲劳的类型

按疲劳发生变化的系统可分为生理疲劳和心理疲劳。生理疲劳主要指人体生理系统发生变化产生疲劳的状态。产生生理疲劳的机理一般多用能量耗尽说和代谢物积累说来解释。心理疲劳指疲劳使个体的心理系统发生一定的变化,从而引起工作能力下降的一种现象。真正的心理疲劳是神经和大脑中枢机能的降低,尽管心理疲劳与生理疲劳有关,但却存在差异。如某人从事某项单调作业,工作量并不大,但时间久了就会产生厌倦之感,这就是一种心理疲劳。有些情况是劳动活动并未造成生理疲劳,但由于心理负荷过重,或对工作情境有很强的不确定感而产生高度的心理疲劳。心理疲劳在心理活动上的表现为:感知敏锐度减弱,如注意范围变窄,反应时的潜伏期显著增加,注意涣散等。此外,其独特表现还反映在对某些刺激特别敏感,如饥饿、姿势不舒服等。

按产生疲劳的机体范围可分为全身性疲劳和局部性疲劳。全身性疲劳是指机体因过量劳动,氧和营养物质供给不足或体质较弱,不适应劳动活动而引起的疲劳。通常有全身乏力、肌肉关节酸痛、不愿动弹、懒于思考、主观疲倦感觉明显、客观上作业能力降低、操作迟钝、差错增多、极易打瞌睡等表现。局部性疲劳是指个别器官或肢体因局部肌肉、肌腱过量劳动而引起的疲劳。它通常与操作单一、作业紧张有关,如手工抄写、雕刻等。此类疲劳发生在局部,一般不影响肢体其他部位的功能,如手指疲劳时,对视力、听力等并无明显影响。局部性疲劳可随着人体其他部位的活动而很快消除。

按从事的劳动性质可以把疲劳分为体力疲劳和脑力疲劳。体力疲劳是指身体肌肉由于持久或过度收缩,造成能量减少,代谢物累积,导致劳动能力下降甚至消失的现象。体力疲劳与生理疲劳有许多极为相似之处。脑力疲劳是生理疲劳的另一种表现形式,又称智力疲劳。通常指长时间地从事紧张思维活动,用脑过度,使大脑神经活动处于抑制状态,引起第二信号系统活动能力减弱,表现出肌肉松弛、全身无力、易激动、头昏脑涨、失眠等。

按疲劳持续时间可分为急性疲劳和慢性疲劳。急性疲劳是由于在短时间内从事高强度、突击性繁重体力劳动所造成的暂时性疲劳。这种疲劳的产生原因、主观感受都比较明显,易被觉察,也易受注意,经过适当休息、睡眠和饮食补充后疲劳极易消失。慢性疲劳主要是指长期劳累逐渐累积而成的疲劳,若个体心情不好,体质较弱则后果更为严重。这类疲劳开始并不明显,也不被重视,劳动者常是靠顽强的意志去战胜疲劳,当个体心力交瘁时,往往会出现较严重的后果。

4. 疲劳的防治

尽管生理疲劳与心理疲劳的表现各有差异,然而有研究说明两种疲劳对劳动活动的意义,对达到提高生产效率、保障劳动者身心健康的目的是相同的。可以说:只有将劳动者疲劳的生理研究与心理研究相结合,才能显示其真正的、更大的应用价值。因此,对劳动者疲劳防治的方法是一致的。

(1) 合理的工作条件设计。这是防治疲劳的关键。合理的工作环境、合理的工作程序和方法、合理的劳动保护和福利等,均能延缓疲劳产生、控制疲劳过度、及时消除产生的疲劳。

(2) 科学的活动节律安排。即通过调查研究,科学地安排劳动强度、控制作业速度、扩大工作种类、制定工时定额、消除多余动作及很好地安排工作休息次数和时间,一方面能使劳动者以最合理的节律分配活动的能量,另一方面能使整个作业时间都保持较高的工作效率。

(3) 有效的激励手段运用。作为管理者必须运用有效的激励手段来防治劳动者的疲劳,包括合理的管理制度、奖励制度及思想工作等。有效地运用激励手段,能提高劳动者进行生产激励的动机水平、兴趣强度,从而增加分配给生产活动的总能量值,达到减少疲劳的目的。

(4) 扎实的自身素质锻炼。劳动者是劳动活动的主人,只有提高自身的各项素质,才能有效地防治疲劳。自身素质的锻炼既指身体素质的锻炼,又指心理素质的培养。合格的劳动者必须是身心健康的,而劳动者的身心健康则是战胜疲劳的有力"法宝"。

阅读材料 5-3   关于疲劳防治的做法

在对疲劳开展综合防治的同时,当代科学对疲劳的研究也进入了一个新阶段。

美国疲劳研究机构对疲劳研究后发现,一种被称为"CEBV"的带有传染性的"疲劳病"正在美国蔓延。令人不可思议的是,"疲劳病"患者大多为三四十岁的青壮年人士,而且都是一些任劳任怨、献身岗位的优秀人员。其中女性多于男性。还有一个特点是患者中受过高等教育、事业正趋成功者为数甚多。因此,提醒"白领"注意休息和心情调适。

法国在 20 世纪 90 年代成立了"疲劳研究中心"。他们的研究认为:疲劳劳动与劳动者的社会地位紧密相关,必须适应它。这是一个适应环境的问题。因此,向医生抱怨"疲劳"的人中,有 90%的人都不使用药物。

俄罗斯研究人员对疲劳进行了综合性的探索,借助体层 X 线研究,证明疲劳是一个或两个脑濒叶性能减退所致。为此,他们还找到了记忆力减退的原因。研究人员告诫疲劳患者,休息是医治疲劳最好的方法。"身心疲劳"被称为日本国民的现代病。因而日本出现了一个新产业——消除"身心疲劳"。例如,利用健美中心、浴所、高技术体育馆等做治疗所;食品公司生产添加中药的口香糖;音乐人制作了消除疲劳唱片,甚至一些商人推出了解除疲劳的办公室及住宅。

资料来源:根据互联网资料整理而成。

（二）厌倦

1. 厌倦的概念

厌倦是劳动者在劳动活动中表现出的一种消极的情绪状态。它反映劳动者在劳动过程中，客体与机体需要不一致或没有获得满足的心理体验。

单调、高度紧张的劳动活动是不大会引起厌倦的，而仅可能产生心理疲劳。由于厌倦与心理疲劳的活动表现极为相似，它们又都有随时间推移而产生的特点，因此，一般将厌倦归类于疲劳。从活动表现上看，厌倦与心理疲劳没有什么区别，都表现为活动的质量下降。但是，厌倦有时可表现为产量显著下降。从两者的行为表现和主观感受上看，厌倦与心理疲劳也难以区别。但是，厌倦的主观感受还反映出对劳动活动的反感、无兴趣等。从生理心理指标测量来看，心理疲劳的心理功能显著下降，而厌倦的心理功能并未下降。由此我们可以这样认为：厌倦是劳动者劳动活动中对困难的一种以消极形式出现的主动转移和回避。

2. 厌倦的消除

（1）培养兴趣。劳动者应找到所从事劳动的激发兴趣点，并利用引起的兴趣培养活动动机，从而以良好的心理状态投入活动。

（2）激发成就。激发成就的欲望可以引起和加强活动动机。当然，这种激发应该是客观的、有针对性的、恰如其分的。

（3）更换活动。这是迫不得已的办法。但是，更换活动仅仅是重新组织活动单元而已，并不离开本活动的范围。目的是以一种单纯活动的新鲜感来取代重复一种活动而产生的单调感，从而消除厌倦。

（4）改善环境。对有中等程度以上的注意要求的劳动活动，要设法改善环境以消除劳动者周围可能造成分心的刺激反应。

（5）适当休息。劳动者活动注意保持于某一点的时间不能超过30分钟，否则将产生消极情绪，这是现代心理学研究所证明的。因此，及时地、适当地进行作业间休息，不仅能保持良好的心理功能状态，对活动质量也大为有益。

（三）休息

1. 休息的一般概念

休息是指劳动者在劳动活动后，不受劳动制度约束，自由地做生理或心理调整和调适、舒展情绪的一种心理活动。

《中华人民共和国宪法》第四十三条规定："中华人民共和国劳动者有休息的权利。""国家发展劳动者休息和休养的设施，规定职工的工作时间和休假制度。"《中华人民共和国劳动法》对其作了具体的规定,例如,"用人单位应当保证劳动者每周至少休息一日";"用人单位在节日期间应当依法安排劳动者休假"等。因此,休息首先是劳动者的一个法定权利。

从劳动过程的周期性和劳动者从事劳动活动的延续性来看,劳动和休息成为劳动过程的不可分割的两个部分,即不经过劳动就无所谓休息,没有休息也难以将劳动活动维持下去。因此,休息是劳动过程的一个必要组成部分。

劳动休息必须满足三个条件:一是劳动者离开工作岗位的空间;二是脱离管理人员的指挥和命令;三是自由地选择空间或利用时间。如果附加某种限制或强制,就不能称为休息。

2. 休息的形式

（1）制度性休息。缩短劳动时间的休息涉及革新劳动者的意识问题,即正确认识休息的意义和作用,端正劳动者的时间意识、劳动意识及休息意识。要让劳动者明白努力劳动并非意味着长时间的劳动,而是创造价值的增加;休息不是劳动兴趣的衰退或劳动者的懒散,而是劳动活动中的一个必然。研究表明,科学安排医护人员的作息时间可改善医护人员的疲劳状况,预防慢性疲劳综合征的发生。

工间休息即劳动者在作业过程中的适当休息。这种休息或离开作业场,或在作业场所原地休息。在现代劳动过程中,工间休息被认为是一个普遍可行的方法。工间休息的安排主要有两个方面:休息时间的长短和休息时间的频率。工间休息要依据客观与主观结合进行"及时"休息。

（2）技巧性休息。主要包括以下几个方面:

① 变化性休息。"工作的变化就是休息。"以不同的工作内容或形式来变化作业,就能驱走疲劳。

② 对抗性休息。与原劳动的形式"对着干",亦能有很好的休息效果,如以静制动、以动养静、远近交视等。

③ 娱乐性休息。如唱歌、跳舞、赏花、下棋、打牌等休息方式。

④ 医疗性休息。如沐浴、按摩、理疗以及药物防治等,都有消除疲劳、强壮体魄的作用。

3. 闲暇休息

闲暇休息即暂时退出劳动活动后的休息,这是一种完全由劳动者自己掌握的休息。随着劳动时间的缩短,闲暇休息将明显增加。闲暇休息从广义上讲,也是一种工间休息。为使闲暇休息与劳动生产有机地结合,一方面要充实闲暇休息的积极内容,更好地调动劳动者的生产积极性;另一方面要对劳动者进行闲暇休息与劳动生产之间的关系的教育,使其合理安排作业任务,做到闲而不"暇"、劳而不累。

(四)安全心理与事故

广义的安全是指事物处于无威胁、无危险的状态。人们把生产活动中的安全理解为在一定的知识和经验的基础上,科学地运用技术和组织手段,确保生产诸要素不受任何不良因素的威胁,使其秩序得以正常进行的状态。心理学上的安全是指劳动者在劳动期间,对人及劳动资料处于无威胁、无危险状态下的心理体验,是劳动者为生命、财产免受伤害而产生的需要,即安全上的保障。人为了生存,于是就产生了保护自身和他人的安全需要,并将其置于极其重要的地位。

1. 事故的一般概念

事故是指劳动者在劳动活动中产生的违背人们愿望的意外事件。事故发生的原因有很多,如机器设备的不正常工作状态、劳动者的错误行为、恶劣的劳动环境,或者目前科学技术无法探测的自然原因等。一般来说,劳动安全事故均与安全意识不强有关。事故除了造成人受难、物受损失的"可见灾难"外,给人们造成无形的心理伤害是极为严重的。

2. 事故产生的原因

(1) 环境心理因素。主要有以下几种:

① 作业时间。受疲劳的影响,上、下午工作的后半段,星期一与星期五往往是事故高峰。但应注意,疲劳会引发事故,其本身并不必然产生事故。医疗卫生领域的岗位特点和特殊的倒班制度,导致医务人员脑疲劳现象非常普遍,是造成工作效能下降、差错事故增多、甚至引发医疗事故的重要原因。

② 作业空间。作业场所的"拥挤"及设计、安排不合理,会导致事故上升。

③ 照明、噪声。良好的照明、噪声的控制,能减少劳动者劳动活动中的干扰与分心,减弱疲劳,从而使事故减少或制止。

④ 温度、湿度等。劳动者在舒适温度、湿度及气压等环境中工作,事故率就低,反之则高。

⑤ 机器设备。不少事故产生于机器失灵或设备陈旧及设计上的错误,因此必须按照劳动者生理和心理的特点,即人体工程原理来进行机器设备的设计、建造及更替。

(2) 社会心理因素。主要有以下几种:

① 劳动组织。组织功能健全、组织人员匹配合理及组织规范科学,能使劳动者操作安全、事故减弱。

② 人际关系。融洽的人际关系,能使劳动者士气高涨、注意力集中、生产率高,事故率降低。

③ 劳动管理。领导者实行科学管理,就能协调得法、激励得当,劳动者情绪稳

定、认知清晰、行为正确,必然不易发生事故。

(3) 个体心理因素。个体心理因素即劳动的主观条件。与事故倾向有关的个体心理因素主要有个性特征,如情绪不稳定、意志不坚强、反应不灵敏及冒险心理等均易诱发事故。其他如劳动者的兴趣爱好、思维想象、动机需要、能力素质及作业错觉等状态,都会导致事故的发生。

3. 事故预防

要减少事故,必须针对事故的原因采取综合措施,才能达到目的。首先,应注意改善劳动环境条件,这样可防止疲劳的过早发生和缓解疲劳的严重程度。其次,应针对不同年龄、性别和体质状况,安排适宜的劳动负荷量。并对工作台、桌、椅的高低、大小进行研究。再次,还应避免在个人日生物节律的低潮期或遭遇重大生活事件时安排有危险性的作业。最后,还应提倡重视个人卫生,针对不同劳动的需要供给合理营养,以及加强防病治病的措施。心理性疲劳者还应进行心理咨询,提高对工作的认识,热爱本职工作以增强动力。同时应加强安全生产的宣传教育、职业培训及有关事故发生规律和趋势的研究,从而将事故预防工作不断向合理化、科学化、制度化推进。

第三节　压力应对与劳动心理健康调适

一、压力的概述

压力也称为应激,最早于 1936 年由加拿大著名心理学家汉斯塞利提出。其研究的重点是人们的身体如何适应环境中的威胁,但是忽视了这种威胁是来自心理上的还是生理上的损伤。后来的研究者试图找出威胁生活的事件是什么。在当代的科学文献中,压力的概念至少有三种不同的含义:第一,压力是指那些使人感到紧张的事件或环境刺激,即将可能带来紧张的事物本身当作压力,如有一份"压力很大的工作"。第二,压力指的是一种身心反应。例如有人说:"我要参加招聘考试,我觉得压力好大呀!"这里的"压力"指代他的紧张状态,压力是他对招聘考试的反应,这种反应包括两个层面,一层是心理成分,包括个人行为、思维以及情绪等主观体验,也就是所谓的"感到紧张";另一层是生理成分,包括心跳加速、口干舌燥等身体反应。这些身心反应结合起来称之为压力表现。第三,压力是一种过程,这个过程包括引起压力的刺激、压力的状态以及情境。

因此,我们将压力定义为人在社会适应过程中,由实际上的或潜在的至关重要的内外环境要求所引起的一种倾向于通过生理和心理反应而表现出来的身心紧张状态。简单来说,压力就是个体和压力源之间的整体交互过程,导致个体身心产生压力反应。压力的产生与否及程度大小受到个体处于特定环境下应对压力源的能力以及压力源本身特征的影响。压力不仅仅是一个刺激或者是一个反应,它是我们用来评价和应对环境威胁及挑战的过程。我们生活中的事件要流经一个心理过滤器。而不同的人对同样的事件有着不同的理解能力和接受程度,因此,在组织管理的过程中,管理者应当明确知晓压力的来源是复杂的,对压力的反应又是因人而异的。

二、压力的特点

(一) 压力具有情绪性

个体感受压力时总是带有明显的情绪体验。如果个体认为压力事件能满足自己某方面的需要,便可能产生积极的情绪,如探险者乐于冒险;适度压力下,个体情绪虽有些紧张,但在良好的教育和积极的引导下,往往能振奋精神,产生热情,有利于意志力的锻炼和能力的提高。

当压力事件不符合人们的需要时,人们就会产生消极的情绪。消极情绪的程度受到两方面因素的制约:一是受压力的大小制约;二是受个体心理承受力制约。当心理承受力一定,压力越大,形成的负面情绪越强烈,心理越紧张,易出现忧郁、痛苦、惊慌、愤怒等情绪;反之,当压力小时,只会出现短暂的、微弱的负面情绪,如不悦、冷淡等,心理紧张度低。当压力一定时,心理承受力越小,心理就越紧张,负面情绪就越大;反之,心理承受力大时,心里不紧张,负面情绪也小。当压力和心理承受力相当,或略大于心理承受力时,这种压力也称为适度压力或轻度压力。总之,压力的情绪性是显而易见的。

(二) 压力具有动力性

动力性是压力的另一个重要特性。压力对个体行为的调节作用就是压力的动力性。在日常生活中,人们常说要变压力为动力。之所以能变压力为动力,是由于个体存在压力时,不会无动于衷,而会采取一定的行为来适应所处的具有威胁性的刺激情境。

压力的动力性表现为对适应行为的积极增力作用以及对不适应行为的消极减

力作用两个方面。当个体心理压力过大时,人的理智一般难以控制,个体常表现出两种极端的行为反应,要么呆若木鸡,完全停止行动,要么存在攻击行为。中度心理压力一般会使人的行为能力降低,产生重复和刻板动作。心理压力较小时,情况就较复杂,一般适应行为增多。在适度压力或轻度压力状况下,个体可能在理智的控制下,充分发挥主观能动作用,对压力事件能够较妥善处理,从而也使自己的心理承受力得到增强,使个体的生物性行为和正向适应性行为增多,动力性随之增长。

在劳动中,不少劳动管理者由于缺乏对压力动力性的全面正确认识,经常陷入两个误区:一是以为有压力才有动力,压力越大动力越大,因而过分给劳动者施加压力,造成劳动者心理压力大,心理障碍和疾病增多,组织绩效下降;二是认为心理压力只会产生消极情绪,危害人的身心健康,因而避免给劳动者施加压力,致使劳动者正向适应性行为能力低。这些都不利于劳动者个体的成长和组织的目标达成。

阅读材料5-4　工作绩效与心理压力的关系

总体而言,心理压力和作业成绩之间呈"倒U"形曲线的关系。具体而言,作业成绩先随个体感受到的压力水平的提高而逐步提高,进而在一个较高水平保持稳定(此阶段作业成绩达到个体最高水平,因此将其对应的压力水平称为最佳压力区间),而后作业成绩随着压力水平的进一步提高而迅速下降。进一步分析表明,最佳压力区间和作业绩效之间存在负向关系,即最佳压力区间随着作业难度的提高而存在降低倾向,较难作业对应的最佳压力区间偏低,而较易作业对应的最佳压力区间偏高。

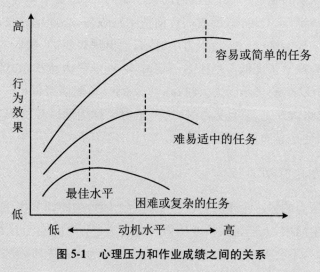

图5-1　心理压力和作业成绩之间的关系

耶克斯和多德森发现动机最佳水平与任务难易程度有关。在比较容易的任务中，工作效率随动机的提高而提升，随着任务难度的增加，动机的最佳水平有逐渐下降的趋势，也就是说，在难度较大的任务中，较低的动机水平有利于任务的完成。这就是著名的耶克斯-多德森定律。

资料来源：刘新民，余亮.管理心理学[M].2版.合肥：中国科学技术大学出版社，2020.

三、职业压力

职业压力概念是从压力定义衍生而来的。职业压力是指当职业要求迫使劳动者作出偏离常态机能的改变时所引起的压力。在现代社会，职业压力大是一个普遍的现象，它会不可避免地伴随我们的一生。职业压力会直接影响着劳动者的身心健康与组织的工作绩效。

（一）职业压力的来源

假设你正面临公司临时裁员，这份工作对你越重要，那么你感受到的压力肯定也会越大，而对于一个即将退休的老员工而言，可能就谈不上压力。通常有三个重要因素决定了劳动者是否有可能产生职业压力。这些因素是所面临问题或挑战的重要性、不确定性和持久性所致。

1. 社会压力源

每个员工都是社会的一员，自然会感受到社会的压力。社会压力源主要包括社会地位、经济实力、生活条件、财务问题、住房问题等。

2. 生活压力源

几乎所有的劳动者在工作中都会受到与婚姻、养育子女和照顾父母有关的家庭需求的影响。例如，由于没法照顾年幼的孩子，许多双职工家庭产生压力感。"天有不测风云，人有旦夕祸福"，不仅亲人死亡是灾难性、创伤性事件，像失业、失恋、考试失败都是创伤性事件，如果得不到解决，都有可能导致员工的忧虑和忧伤，他们将这些情绪带到工作当中，进而影响工作绩效。

3. 工作压力源

（1）工作负荷与时间要求。需要完成的工作太多，往往被称作工作超载，这是导致压力产生的重要因素之一。如果再加上时间压力，即没有足够的时间去完成大多数工作，员工的工作压力将会更大。当工作负荷不断加大，对某个岗位角色的要求期望太多或者太高，当超过个人承受能力时，其能力就无法胜任岗位工作要求,这种情况被称为角色超载。

随着市场竞争加剧和工作节奏变快,工作者越来越感觉事情太多、时间太紧。据一项全球范围的压力调查,55%的员工指出时间压力、52%的员工指出工作负担过重是最大的压力源。研究指出,逐渐增加的工作负荷一方面是由于全球化带来的竞争压力,另一方面是由于个体想提高自己的生活质量而带来的工作压力。

(2) 工作条件。恶劣的工作条件,如太冷太热、噪音过高、照明不足、放射辐射、事故、空气污染、频繁出差、工作时间长、上下班不便、经常倒班等都可以使人处于压力状态。嘈杂、拥挤的办公场所,如股票交易所,会给工作于其中的人造成压力;在计算机前工作也会有压力,眼睛疲劳、脖子僵硬、手臂和手腕酸痛;办公室设计使用分区(小隔间)而不是整面墙的隔离也会制造压力感,这些设施给员工提供的个人隐私空间太小,而且也没有什么防范保护措施。

(3) 组织中的角色。包括角色模糊和角色冲突、对人或对事负有责任等。角色模糊是指员工不清楚自己的工作职责、权限。这种不确定性会使人产生不安与困惑。同样,工作绩效标准不确定、工作成败的奖惩标准不明确,也会导致员工角色模糊并产生压力反应。因此,管理者必须让员工了解工作的主体、工作的范围和责任等。

常见角色冲突有两种。第一种情况是来自不同方面对同一角色期望之间的分歧。例如,管理者可能要求对迟到的员工进行严厉的处罚,而一般员工可能希望对迟到的员工宽容一些,希望能考虑一下某些个人的特殊情况。第二种情况是个体同时承担的几种角色之间的冲突。例如,一名职员在周一早上要做一个重要的销售报告,而在星期天晚上突遇孩子生病,他很可能会因此体验到角色之间的冲突。角色冲突会使人感到无所适从或虽使出浑身解数仍无法令人满意。

(4) 人际关系。包括与上级、同事相处是否融洽,工作是否经常获得支持等。员工总是希望得到上级认同、同事理解,缺乏这些社会关系的支持,人际关系就会紧张,员工就会有压力。升职、加薪、奖励等竞争制度也会使人际关系发生微妙变化。

(5) 组织变革。当前,科技发展迅速,组织变革如并购、重组、裁员等是一种国际潮流。在这种潮流之下,许多员工不得不重新考虑自己的事业发展、学习新的技能、适应新的环境、扮演新的角色。这些都可能引起很强的压力反应。

(6) 其他。包括日常烦扰、组织气氛、工作自主、职业发展等。

四、劳动者的压力应对

(一) 个体心理调适机制与压力应对

人的心理系统是一个十分复杂的自组织系统。心理系统的活动受到外界环境与个体本身特征的交互影响。人不仅是一个生物有机体,而且是一个社会成员,个体不能简单孤立地作为有机体而存在,必须在某种特定的社会环境中,在某种特定的人与人的相互关系中,在特定的群体中生活。人的周围环境是不断发生着各种变化的。因此,个体也必须主动地调整自身的心理的和生理的功能,对变化着的环境进行适应。个体在其生活过程中不断地对各种环境刺激(包括自然的和社会的刺激)有选择地、相应地做出各种心理的和生理的反应,是为了更好地维护机体功能,心理系统在其演进发展过程中形成了个体特定的自我组织、自我调整与自我防卫机制。也就是说,心理系统在与外界环境系统之间发生能量和信息交换的过程中,能够自动自主地调整控制自己的边界结构状态与主体内应状态。外界环境系统决定了心理系统对外界的开放与闭合,或者是形成对特定外界刺激的开放与闭合选择机制;心理系统决定了如何应对、处置外界刺激。在这两个过程中,良好的心理调适机制能够使心理状态保持一定的稳定与能量,消除由于认知失调、兴趣丧失、情绪失控、行为失态等无序化参量引起的心理组织失衡,甚至心理崩溃。

压力是人类所面对的一个古老的问题,对于人们平常遇到的各类一般压力问题,人的心理系统均能自动自如地给予一定的合适应付,这是人的健康心理系统的一项基本功能。因此,可以把个体有意识的特定压力应对活动看作一种心理调适机制影响下的活动,并从心理调适的角度正确把握压力应对的举措。依据心理调适的理论,良好的心理调适活动依赖于以下几个基本条件:

1. 适度开放心理系统

任何一个孤立的、与外界脱离的系统都是难以长久维持的,心理系统也一样,一旦完全封闭或完全地不设防放开,必然产生心理失调。面对压力,同样需要正确、适度地开放心理系统,使自己能够维持良好的心理状态。所以,应对压力首先需要个体具备能够良好调整心理系统边界结构状态的资源与能力。在外界压力刺激下,适当有度地开放心理系统,保持适度刺激下的良好心理状态。

2. 适宜的外界环境

环境系统对于心理调适具有很大的影响。在一个良好的环境条件下,心理系统能够有效吸取有益的能量以应对压力。所谓择善而居,就是强调了环境对于心理影响的重要性。学会从环境条件中寻求调适平衡心理的支持因素,是许多人面对压力时所采取的十分重要的应对之策。

3. 积极健康的人格系统

个体人格系统是影响心理系统机能特征的决定性因素。积极健康的人格系统能够使个体具有正确的人生观与价值观、客观全面的自我意识、积极向上的生活态度与正确的人生信念。由此,个体就能客观全面地认识自身的处境与心理状态,积极主动地调控自己的心理活动,准确辨识压力刺激的影响,趋利避害。在适当的压力条件下,促进积极健康的人格发展,在一定的高压力条件下,磨炼自己的人格意志,使自己形成较高的压力免疫力与承受力,这也是个体压力应对十分有效的一个途径。

以上几个方面虽各有不同,但又是难以截然分开的。作为良好心理调适的基础,三者相互统一,相互联系。当个体面对压力时,任何应对措施的奏效都是和以上三个方面的功能条件分不开的。

(二)压力应对:积极找出并解决造成工作压力的问题和原因

工作素质差,水平低,难以很好胜任工作要求,是造成工作压力的一个非常重要的原因。积极解决工作活动中造成工作压力的各类问题,养成良好的工作态度与习惯,有效提高工作效率,克服有碍顺利工作的障碍,有助于直接减轻工作负担,消除工作压力,是应对工作压力的重要策略。

1. 养成良好的工作习惯

好的工作习惯可以有效提高工作效率,减少工作压力,而不良的工作习惯将会使人手脚忙乱,难以应付,无形之中造成了工作中的各种压力。为了有效提高工作效率,化解由于不良工作习惯造成的工作压力,应该努力形成良好的工作习惯模式,具体方式包括:

① 合理有序地安排好每日工作。按照每件事的重要性、紧迫性做好工作计划,尽量按部就班、循序渐进地依据计划开展工作。

② 不轻易做出承诺。对他人提出的要求,应在认真考虑后再做出承诺性答复,但答应的事就要认真完成,信守承诺。

③ 光有一个好的计划是不够的,还要有好的计划执行能力。今日事,今日毕,尽量不要拖延。优柔寡断是造成工作积压的主要原因,如果经常这样,工作计划就会被搞得乱七八糟,变成一纸空文。遇到问题尽快解决,然后就将其放到一边,不要让它无休止地给你带来焦虑与紧张。

2. 有效管理时间

时间是工作活动过程中最为宝贵的资源,每个工作者只有充分珍惜自己的工作时间,科学合理地利用时间,才能充分地发挥每一分钟的作用。不会有效利用时间,致使工作时间过于紧迫,不断遭受时间期限的催逼,是造成工作压力的一个重要原因。

阅读材料 5-5　时间管理的具体方法

1. 6点优先工作制

6点优先工作制是效率大师艾维·李（Ivy Lee，1877—1934）向美国一家钢铁公司提供咨询时提出的。这一方法要求把每天要做的事情按重要性排序，分别按照1~6标出6件最重要的事情。每天一开始，先全力以赴做好标号为"1"的事情，直到完成或完全准备好，然后再全力以赴地做标号为"2"的事，依此类推。该方法突出反映了"要事优先"的时间管理理念。

2. 麦肯锡30秒电梯理论

据说麦肯锡曾经丢掉过一个客户，原因是这个客户在电梯里碰到麦肯锡的项目经理，要求他利用电梯运行的短短30秒把项目结果说清楚，可怜的项目经理没有做到，客户就因此放弃了该项目。后来麦肯锡要求员工表达清楚，直奔主题，凡事要归纳在3条以内。这就是30秒电梯理论或者电梯演讲。该方法突出反映了"简约性"的特点，它是时间管理"最后受限原则"的极致表现。

3. 办公室美学

秩序是一种美，均匀、对称、平衡和整齐的事物给人一种美感。简洁就是速度，条理就是效率。简洁和条理也是一种美，是一种办公室的美学、工作的美学。办公室美学需要体现在以下方面：① 物以类聚，东西用毕物归原处；② 不乱放东西；③ 把整理好的东西编上号，贴上标签，做好登记；④ 好记性不如烂笔头，要勤于记录；⑤ 处理文件满足以下要求：迅速回复。迅速归档，以免文件弄乱或弄丢。及时销毁，没用的文件要及时处理，以免继续浪费空间和时间。该方法可以帮助个体集中注意力，减少分心，从而提高工作效率。

4. 莫法特休息法

《圣经》新约的翻译者詹姆斯·莫法特的书房里有三张桌子：第一张摆着他正在翻译的《圣经》译稿，第二张摆的是他的一篇论文的原稿，第三张摆的是他正在写的一篇侦探小说。莫法特的休息方法就是从一张书桌搬到另一张书桌，继续工作。类似于"间作套种"种田方法，莫法特休息法通过改变工作内容，产生新的优势兴奋灶，抑制原来的兴奋灶，从而达到脑力和体力的调节和放松。

资料来源：张彬彬.劳动心理学[M].北京：中国劳动社会保障出版社，2011.

3. 正确解决工作中遇到的麻烦与危机

在一个正常有序的工作活动中，人们所受到的工作压力往往是在可承受范围之内的。但如果一旦工作中出现了未曾遇到过的麻烦与危机，压力就会陡然升高。

正如压力问题专家所建议的,任何一种需要人们做出自我调节或重新适应的情况都会引发压力,各类麻烦与危机问题的出现势必会给人带来或大或小的压力。

4. 构建个人在组织中的良好人际关系

良好人际关系犹如工作活动中的润滑剂与通行证,使人能够在工作中获得更多更好的支持与帮助,顺利完成各类任务,减少工作中的人为阻碍与刁难现象。在遇到工作困难时,基于良好人际关系的社会支持与帮助能够十分有效地化解由此形成的工作压力。

5. 化解工作-家庭冲突压力

工作-家庭冲突是一种特殊类型的角色交互冲突。当来自工作和家庭两方面的要求出现难以调和的矛盾时,也就是说由于工作任务或工作要求使得个体难以尽到家庭的责任,或者因为家庭负担过重而影响工作任务的完成,工作-家庭冲突所造成的压力就产生了。

(三)劳动者压力应对:自我成长与历练

压力并不可怕,关键是你怕不怕压力。每个人都是在战胜了一个又一个人生压力中成长起来的。通过良好的个体心理发展与成长,将曾经导致你陷入压力的事件变为自己成长过程中的攀登阶梯,从心理能力的不断发展中战胜对压力的紧张与焦虑,是化解压力最为积极的应对策略。

1. 准确认识自我

从应对压力的角度看,正确认识自我能够使自己更好地面对压力,避免压力问题的侵扰。对自身的充分了解,可使个体在挑战性的任务面前更加胸有成竹,知道怎样运用可利用的资源,怎样与他人合作,怎样更有效地计划决策以达到预期目的,怎样克服行为活动过程中出现的各种困难,怎样客观评价自己的努力和结果。同时,充分了解自我,有利于发现可能出现的压力适应问题,以便及时做出调整。

2. 乐于接受变化

不断变化是现代社会的一个基本特征。无论我们是否喜欢变化,变化不可避免地伴随着每个人的一生。有些人不愿接受变化,反而对此产生焦虑,把变化视为一种危险。世界充满了变化,因此也就充满了危险,他们害怕面对变化,自然也就罹患了"变化恐惧症"。美国的一个各方面都不尽如人意的企业在变革尝试研究中就发现,组织成员在改革措施的研讨中能够在黑板上写满各种激烈的改革建议,然而一旦要具体实施这些建议时,往往反对之声蜂起:"这样的做法太残酷了""能动太大,无法实行""让人太痛苦了,不合实际"。这个例子很好地揭示了平庸者习惯于选择得过且过,他们害怕发生变化。

优秀的工作者则能够勇敢承受变革活动所带来的种种痛苦，甚至不惜面对各种敌对的情绪，不惜做出自我否定与自我牺牲。虽然说规避痛苦是普通人的自然心理倾向，但如果没有勇气与魄力承受变化的焦虑与痛苦，勇于迎接变革活动带来的种种阵痛，那么更大的、被竞争淘汰的痛苦将会随之降临。

3．适应竞争，驾驭竞争

在现代工作组织中，竞争是一种常态现象，一个人若要想在工作中获得成功，就必须面对竞争、适应竞争、学会竞争，并在竞争中进步与成长。竞争已经成为每个人职业生活中不可缺少的内容，在工作活动中，完全逃避竞争几乎是不可能的，要想在组织中生存下去，就得在竞争环境中努力奋斗。

虽然说竞争是人与生俱来的一种本能，没有竞争，人就会不思进取，也就难以进步，但也不可否认，激烈的竞争给人带来的是巨大的压力，许多人将其列为工作压力中第一位的压力源。过度的竞争甚至会给工作、生活带来残酷的光环效应，让人失去对工作的兴趣与内在愉悦。

4．形成良好的工作品质

良好的工作品质主要包括高度的工作热情、勇于进取的创新精神和努力行动的强烈意愿。当工作者习得与具备了这些良好品质时，就会发现那些以前感到畏惧害怕的工作压力会变得平常与正常，应对解决一些工作压力也不再感到困难。

5．构建良好的工作心理自我调控机制

所谓自我调控，指的是行为过程中，活动主体根据自己所拥有的内外资源条件与活动任务需要，对自己的活动方式与活动策略做出的内在控制机制。能够对自己的行为活动做出良好的自我调控，对于做好工作、减少工作压力具有重要的意义。

在充分把握客观事物发展规律的基础上形成合理的自信，从而能够正确面对困难与问题；既不自高自大，也不自悲自叹；既能顽强坚持，又能自觉调整；始终有效保持活动过程中的信念、动力与准确方向；尽最大可能争取事业目标的成功。这是我们战胜压力、获取成功的重要心理能力保障。

6．改变认知评价模式，理性调节情绪

研究表明，个体对压力的不良反应多半源自于情绪，通过情绪的泛化作用，迁移到许多相似的事物或情景中去，以致产生一系列情绪后果，从而干扰一个人心理功能的正常发挥。因此，情绪调适是压力管理中十分重要的方面。改变认知，理性调节情绪的方法就是要让个体通过改变自己的观念或行为反应来化减或消除压力所带来的不利影响，在弱化压力情绪反应的基础上，继续维持自己的希望和勇气，重新恢复自尊。

心理学家埃利斯认为，不良情绪反应往往是由某种"悲观性思维"的消极自我对话引发的。"悲观性思维"造成对压力事件的不现实的悲观评价,这种悲观评价无限夸大了个体自身的问题。某些人在感受到威胁、危险或者失去控制的时候,会将所体验到的压力事件看成巨大的灾难,于是就陷入"灾难想象"之中,并且还会由于自我暗示而使自己的状况变得更坏。他们会反反复复地告诉自己:一旦自己失败,不能做到尽善尽美,或者不能赢得别人的支持的时候,结果将会是多么糟糕和令人难以忍受。对压力事件的消极评价往往引起情绪困扰,使个体产生愤怒、焦虑、恐惧、沮丧等不良情绪。埃利斯认为,通过改变认知的理性调节情绪的方法,可以避免压力之下的不良情绪体验产生。

改变认知的理性调节情绪方法所基于的观点是,人们往往是因为评估客观事件不当而使自己处于压力之中。解决的方法是,加深对自己的信念体系的了解,改变不够理性的信念,减轻压力。认知疗法的目标就是要修正个体对客观条件的消极认知倾向,要让人们认识到自己对于完美的过高要求很多时候是不够理性的,容易弄巧成拙。认知疗法的假设前提是,一旦人们察觉到了自己不够理性的一面,他们对潜在威胁的认知会变得更加准确和理性。

7. 个体自我身心放松修炼

身心放松修炼是化解压力十分重要的一种应对技巧,又称松弛疗法。压力之下的自我身心放松修炼的目的在于降低压力对个人心理系统的侵扰。它既是一种通过训练、有意识地控制自身的身心活动、改善机体功能紊乱的心理治疗方法,也是一种为了个体内在的心理安宁与超脱所进行的修炼活动。实践表明,压力之下的及时身心放松十分有利于健康,在各种古文明中均有此类做法,如印度的瑜伽术等。常用于压力调适的身心放松修炼的技术有静修术、自我催眠术、生物反馈术、肌体放松术等形式,究其本质,都是在于通过对个体身心的自我调适达到有效控制压力的目的。

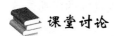

(1) 如何有效地安排自己的时间?
(2) 关于疲劳和厌倦,请分享你的应对措施。
(3) 结合自身的特点,谈一谈如何有效应对自己在工作、学习和生活中遇到的压力。

(余亮　陈筠)

第六章 劳动道德

学习目标

(1) 知识与技能目标:通过自主学习,学生能够掌握劳动道德的定义及劳动道德的起源。

(2) 过程与方法目标:通过合作学习,学生能够认知劳动道德的特点、规范等,了解大学生应怎样培养良好的劳动道德。

(3) 情感、态度、价值观:通过探究学习,学生能够感悟医学生养成良好医德对于新时代社会主义建设和提升自身素养的意义。

本章概要

(1) 劳动道德是与人们的社会劳动有关的道德,主要包括劳动的动机、劳动的态度以及调节劳动过程中劳动者之间相互关系的行为规范等。

(2) 劳动道德有广义和狭义之分:广义的劳动道德是指人们在劳动过程中应该遵循的行为准则。狭义的劳动道德是指在一定职业劳动中应遵循的、体现一定职业特征的、调整一定职业关系的职业行为准则和规范,即职业道德。

(3) 劳动道德具有职业性、实践性和继承性等特征。

(4) 社会主义劳动道德规范是:爱岗敬业、诚实守信、办事公道、服务群众和奉献社会。

(5) 大学生劳动道德的培养主要有主动培养劳动道德、自觉养成劳动习惯、积极投身劳动实践、努力汲取劳动榜样力量等方式与方法。

引子

劳动在人与自然关系中的伦理意义是要通过人与人的关系来实现的。而劳动伦理则是对劳动中道德现象的概括,主要是指在劳动中人与其他诸要素之间应当遵守的道德准则。人类的所有劳动总是在一定的社会关系、社会结构中才能获得现实性。同时，劳动也成为个人与个人、个人与社会之间相互作用的基础和纽带，使人们之间形成愈益丰富的社会关系，包括所有制形式、分配形式、社会组织、社会共同体等。而对劳动结果的分配则有可能使人们产生矛盾和冲突。因此，伴随着人类劳动的出现，作为规范和处理人们之间利益关系的准则——劳动道德也就应运而生了。正是在劳动中，人们才形成了道德评价的善恶观念以及一整套的价值意义，并与其他形式的社会意识相互影响，使道德在社会生活中具有相对独立的特殊地位。在马克思看来，劳动道德是人类社会发展到全球化历史阶段所孕育出的一种道德理想，能否保障劳动或实现自由自觉的劳动就是劳动伦理观中的道德秩序和道德规范，更明确地说，维护这种人类整体利益的道德价值，就是马克思主义最根本的伦理道德原则。厘清劳动道德，有助于我们在当前深入理解和把握新时代劳动道德价值观，推动新时代中国特色社会主义事业的不断前进。

第一节　劳动道德概述

一、什么是劳动道德

马克思的劳动本体论认为劳动创造了道德主体，道德是主体在劳动关系中创造的文化形态，实现了主体对道德的需要，劳动是人类道德起源的重要历史前提和基础。劳动道德具有历史的性质。在原始社会，人们以平等的态度履行劳动义务；在私有制社会，剥削阶级不劳而获，厌恶鄙视劳动，劳动者通过劳动创造了社会文明，但却处于社会底层，受压迫、被鄙视。在当代中国，劳动成为最光荣、最崇高、最伟大、最美丽的社会风尚，劳动者受到全社会的重视和尊敬，劳动者之间的关系也是平等的、互助的，热爱劳动成为国民公德和衡量人们道德状况的标尺。热爱劳动是中华民族绵延至今的优秀传统之一，也是社会主义公民道德建设基本要求的"五爱"内容之一，更是写入了《中华人民共和国宪法》、我国公民应该具有的道德素养。

劳动作为人类特有的社会活动，劳动道德是与人们社会劳动有关的道德，主要包括劳动的动机、劳动的态度以及调节劳动过程中劳动者之间相互关系的行为规范等。劳动道德有广义和狭义之分，广义的劳动道德是指人们在劳动过程中应该遵循的行为准则；狭义的劳动道德是指在一定职业劳动中应遵循的、体现一定职业特征的、调整一定职业关系的职业行为准则和规范,即职业道德。不同的职业人员在特定的劳动中形成了特殊的职业关系,包括职业主体与职业服务对象之间的关系、职业团体之间的关系、同一职业团体内部人与人之间的关系,以及职业劳动者、职业团体与国家之间的关系。

阅读材料 6-1　国医大师李济仁

不为良相,便为良医。1931年,李济仁出生于安徽省歙县。青少年时期,长兄不幸夭折,自己又身患疟疾,再看着那些在战乱中饱受病患之苦的父老乡亲,李济仁产生了学习医术、悬壶济世的想法。学医后的李济仁拜在新安名医张根桂门下,并娶了张根桂女儿张舜华为妻,成为"张一帖"第14代传承人。

李济仁教授是首届"国医大师"、中国中医科学院首届学部委员、首批国务院特殊津贴享有者、国家级非物质文化遗产"张一帖"内科第14代传人、新安医学代表性传承人、皖南医学院终身教授、皖南医学院第一附属医院(弋矶山医院)主任医师、博士后合作导师。新中国成立后,他先后在歙县人民医院、安徽中医学院(现安徽中医药大学)及附属医院、安徽医学院(现安徽医科大学)工作。1972年,他被调至皖南医学院工作,任中医教研室主任、第一附属医院(弋矶山医院)中医科主任。1981年,他成为硕士研究生导师,1985年晋升教授,2011年被授予"终身教授"称号。

李济仁教授潜心医学、岐黄妙术。行医70余年来,他承继"张一帖"心法,融会新安医学学术思想以及《内经》理论与诊治方法,建新说、立新法、研新方,提出"痹痿统一论",制定辨治顽痹四法,创立"归芎参芪麦味方""乙肝转阴方"等多个效方验方,在中医内、妇科病治疗领域独树一帜。他潜心提炼新安医学特色,成功还原了尘封历史的668位新安医家、400余部新安医籍,独著、主编《济仁医录》《痹证通论》《大医精要——新安医学研究》等学术著作,是当代新安医学研究的奠基人和先行者。少小学业,终登杏林绝顶,成就一代国医大师,他始终以仁心仁术、济人济世为铭。几十年来,无论多么繁忙,他都定期返回家乡为乡亲们赠医施药。他在90岁高龄时仍坚持出诊、服务群众。2020年新冠肺炎疫情发生后,他第一时间联系驻守在武汉的学生仝小林院士,为中药汤剂"武汉抗疫方"的制定提供建议。李济仁教授先后当选首批"全国500名老中医"、首批"国家名老中医学术经验继承人指导老师"、首批"中国百年百名中医临床家"。2009年,他当选首届"国医大师"。同年,他与伉俪张舜华双双成为国家级"非遗"传承人。2020年,他荣膺中国中医科学院首届学部委员。

李济仁教授躬耕杏林、桃李天下。他一生勤医乐教,长期立于三尺讲台传道授业,培养了一大批中医优秀人才。他深知,让中医药在新时代发扬光大,一人行速、众人行远。为此,他突破家传围规,不仅将家传秘方献给国家,还改变传统传承方式,广收门徒,将医学倾囊相授。在他的悉心教导下,五个子女在中医临床、中医哲学、中医药学研究领域成果丰硕,创造了"两代七教授,五子四博导"的佳话,同时还培养出中国科学院院士、中国中医科学院首席研究员仝小林和孙世发、朱长刚、杨永晖等中医药专家。李济仁教授筚路蓝缕、呕心沥血,在他的主持推动下,医院中医痹病学成功获批为国家重点学科。名医世家薪火相传、开枝散叶,新安医学祖国医学之瑰宝在新时代散发出满园芬芳。

　　李济仁教授传家有道、德艺双馨。他始终秉承"孝悌忠信、礼义廉耻、自强精进、厚德中和"的家规家训,身体力行、严谨治家,五个子女皆为栋梁之材。长子张其成为北京中医药大学国学院首任院长、博士生导师,被誉为"当代四大国学领军人物";次女李艳为皖南医学院第一附属医院(弋矶山医院)中医科主任、博士生导师、安徽省名中医;三子李梃坚守在家乡歙县传承"张一帖",为新安国医博物馆馆长;四子李标为中国科学院博士、德国洪堡学者,致力于生物材料与中医药研究;五子李梢为清华大学教授、博士生导师。

　　李济仁教授热忱公益、回报社会,多次捐赠资金用于中医药和教育事业发展,将收藏的大部分字画书籍捐献给博物馆、文化馆,将仁爱融于医道,播撒于世间。他先后荣获"安徽省道德模范"、全国十大"最美医生"称号。他的家庭是唯一参展中宣部"砥砺奋进的五年"大型成就展的全国文明家庭,唯一荣获"全国文明家庭"并亮相中央电视台春节联欢晚会的国医大师家庭,唯一被中央电视台《焦点访谈》栏目全集报道的国医家庭,唯一被中纪委《传统中的家规》专题片报道的国医家族,第一个被列入国家"非遗"名录的新安医学家族。

　　李济仁教授忠于党、忠于人民、忠于事业,为我国中医药和教育事业发展作出了卓越贡献。李济仁教授大医精诚、淡泊名利,为医家之典范,后学之楷模。

　　资料来源:郝兰兰.聆听国医大师家国情怀　重温弋矶山医院中医科跨越发展之路[EB/OL]. (2018-09-30). https://www.yjsyy.com/cn/Department/info_1017.aspx? itemid=13648.

阅读材料6-2　用生命守护生命

　　手持对讲机、跛行的身影、急性子、大嗓门……在今年7月上映的影片《中国医生》中,以武汉市金银潭医院原院长、人民英雄张定宇为原型的角色令人印象深刻。在现实中,张定宇被同事称为"张铁人"。作为一名渐冻症患者,他一直奋战在抗击疫情的岗位上。

2019年12月底,作为传染病专科医院的金银潭医院,收治了几名不明原因肺炎患者。"我是一名共产党员、医院院长、临床医生,无论哪个身份,在这非常时期、危急时刻,我都没理由后退半步!"张定宇说。

刚开始,住院患者的咽拭子检测结果全部是阴性。病情没有好转,肺部CT异常,为什么没检测到阳性?张定宇怀疑病毒已通过下呼吸道进入肺泡。于是,他立即做出决定:"所有患者都做肺泡灌洗。"后来,科学家从分离样本中检测出了新型冠状病毒。

"生命至上!要克服一切困难,尽可能把患者接纳安置下来。"抱着这样的信念,张定宇带领医院全员,全力以赴,清空了一个又一个楼层,彻底消杀,紧急采购大量医疗和防护物资。"搞快点,搞快点,这个事情一下都等不得,马上就搞!"虽然行走有些不便,但张定宇总是一路疾走,出现在医院各个区域。

张定宇每天都在与渐冻症做斗争。他说:"我不能延长生命的长度,但可以让生活更丰满!"在武汉保卫战中,他带领全院医务人员救治了2800余名新冠肺炎患者,用自己的生命守护患者的生命。

资料来源:杨彦帆.人民英雄张定宇 用生命守护生命[EB/OL].(2021-10-18).http://sc.people.com.cn/n2/2021/1018/c346399-34961232.html.

二、劳动道德的产生与发展

马克思提出人类社会历史的形成和发展是通过生产物质的劳动实践来完成的。在生产物质的劳动实践中,人慢慢学会解放双手,直立行走;人通过不断地探索,逐步地认识自然,寻找自然规律;人的思想不断发展,意识逐渐形成并不断丰富,劳动的自主性自觉性都得到了很大的提高;为了在大自然中生存,人们开始结成部落群居生活。

劳动最初是一种涵盖人类一切领域的原始活动,是一种出于人类本性的自发性活动,这种自发性活动是人类起初未分化的生产实践,因此还不包含道德。随着人类生活资料需求的日益增多和随之生产实践活动的不断探索,人们发现单纯地依靠自发劳动已经远远不能满足生存需求,开始在劳动中团结协作,共同创造生产生活资料。在原始社会时期,由于社会生产力的低下,人们对抗其他生物和自然界的能力不足,获取食物以及其他基本生存需求困难,这就要求人类群居生活以共同抵抗外敌和获取食物,集体配合劳动、共同协作才能维持生存,这时互助协作的劳动关系开始出现,而此时的人类还没有认识到自己是独立的个体,也没形成真正意义上的道德,但人们之间已形成共同合作的意识和情感,这种意识和情感即道德的萌芽。

随着社会生产力的不断进步,劳动分工开始出现,分工将人与人之间的关系固定在劳动中,劳动主体不再局限于自己创造的劳动成果,进而出现劳动者之间互相交换劳动果实,这也使社会成员的关系发生了本质的变化。随着交往的逐渐深入,利益冲突开始显现,为了维系社会稳定和交往的顺利,这就需要交往规则来规范人的行为,这是道德早期的表现形式。

劳动道德就是随着社会劳动分工的发展,并出现相对固定的职业集团时产生的。人们的劳动实践是劳动道德产生的基础。在原始社会末期,由于生产和交换的发展,出现了农业、手工业、畜牧业等职业分工,劳动道德开始萌芽。进入阶级社会以后,又出现了商业、政治、军事、教育、医疗等职业。在一定社会的经济关系基础上,这些特定的职业不但要求人们具备特定的知识和技能,而且要求人们具备特定的道德观念、情感和品质。各种职业集团,为了维护职业利益和信誉,适应社会的需要,从而在不同职业的劳动实践中,根据一般社会道德的基本要求,逐渐形成了职业道德规范。在古代文献中,早有关于职业道德规范的记载。例如,公元前6世纪的中国古代兵书《孙子兵法·计》中,就有"将者,智、信、仁、勇、严也"的记载。智、信、仁、勇、严这五德被中国古代兵家称为将之德。明代兵部尚书于清端提出的封建官吏道德修养的六条标准,被称为亲民官自省六戒,其内容有勤抚恤、慎刑法、绝贿赂、杜私派、严徵收、崇节俭。中国古代的医生,在长期的医疗实践中形成了优良的医德传统。"疾小不可云大,事易不可云难,贫富用心皆一,贵贱使药无别",是医界长期流传的医德格言。公元前5世纪古希腊的《希波克拉底誓言》,是西方最早的医界职业道德文献。一定社会的职业道德是受该社会的分工状况和经济制度所决定和制约的。在封建社会,自给自足的自然经济和封建等级制不仅限制了职业之间的交往,而且阻碍了职业道德的发展。只是在某些工业、商业的行会条规以及从事医疗、教育、政治、军事等业的著名人物的言行和著作中有职业道德的内容。在这一社会的行业中,也出现过具有高超技艺和高尚品德的人物,他们的职业道德行为和品质受到广大群众的称颂,并世代相袭,逐渐形成优良的职业道德传统。资本主义商品经济的发展,促进了社会分工的扩大,职业和行业也日益增多、复杂。各种职业集团,为了增强竞争能力,增值利润,纷纷提倡职业道德,以提高职业信誉。在许多国家和地区,还成立了职业协会,制定协会章程,规定职业宗旨和职业道德规范,从而促进了职业道德的普及和发展。在资本主义社会,不但先前已有的将德、官德、医德、师德等内容进一步丰富和完善,而且出现了许多以往社会中没有的道德,如企业道德、商业道德、律师道德、科学道德、编辑道德、作家道德、画家道德、体育道德等。但是,由于资产阶级的利己主义和金钱至上的观念,职业道德的作用在资本主义社会中受到很大的局限。资本主义社会的性质,也决定了某些职业道德的虚伪性,需要时提倡它,不需要时就践踏它,并往往做表面文章,自我吹嘘。

社会主义的职业道德是适应社会主义物质文明和精神文明建设的需要,在共产主义道德原则的指导下,批判地继承了历史上优秀的职业道德传统的基础上发展起来的。由于社会主义的各行各业没有高低贵贱之分,在职业内部的从业人员之间、不同职业之间以及职业集团与社会之间没有根本的利害冲突,因此,不同职业的人们可以形成共同的要求和道德理想,树立热爱本职工作的责任感和荣誉感。中国各行各业制定的职业公约,如商业和其他服务行业的服务公约、人民解放军的军人誓词、科技工作者的科学道德规范以及工厂企业的职工条例中的一些规定,都属于社会主义职业道德的内容,它们在职业生活中发挥着巨大的作用。

三、劳动道德的特征

人类在劳动过程中的分工促进了人类职业的不断细化,它体现了劳动力与劳动资料之间的结合关系,也体现出劳动者之间的关系,劳动产品的交换体现为不同职业之间的劳动交换关系。不同的职业在其劳动过程中都有一定的操作规范,在遵循劳动道德共同特征的同时兼顾职业活动的专业性要求。

(一)劳动道德具有职业性

不同职业劳动道德的内容与职业固有的劳动实践活动紧密相连,反映着特定职业活动对从业人员劳动行为的道德要求。每一种职业从业人员的劳动道德都只能规范本行业从业人员的劳动行为,在特定的范围内发挥作用。例如,医德就是从医疗卫生这一职业特点中引申出来的道德规范要求,它主要调整医务人员与病人、医务人员之间以及医务人员与社会之间三方面的关系。

(二)劳动道德具有实践性

任何职业行为的过程,都是劳动实践的过程,只有在劳动实践的过程中,才能体现出劳动道德的水准。劳动道德的作用集中体现在对从业劳动者的具体行为进行规范,解决现实生活中的具体道德冲突问题。例如,在医生的劳动实践中,医患关系的处理就是医德的一个主要方面。明代龚廷贤说过:"病家求医,寄以生死。"医疗卫生工作必须为病人服务,医务人员的最高职责就是与疾病作斗争,保护和增进人们身体的健康,医德的好坏直接关系着病人的生命安危。

(三)劳动道德具有继承性

劳动道德是在长期劳动实践过程中形成的,会被作为经验和传统继承下来。即使在不同的社会经济发展阶段,同样一种职业因服务对象、服务手段、职业利益、职业责任和义务相对稳定,职业劳动行为的道德要求的核心内容将被继承和发扬,从而形成了被不同社会发展阶段普遍认同的职业道德规范。例如,"有教无类""学而不厌,诲人不倦"始终是教师的劳动道德。

四、医德

医德作为职业道德的一种,是一般社会道德在医疗卫生领域中的特殊表现,是调整医务人员与病人、医务人员之间以及医务人员与社会之间关系的行为准则。不同职业担负的社会任务、服务的对象、工作的手段、活动的条件和应尽的责任等不同,而形成特有的道德意识、习惯传统和行为准则。医德就是从医疗卫生这一职业特点中引申出来的道德规范要求,它主要调整医务人员与病人、医务人员之间以及医务人员与社会之间三方面的关系。

1988年,《中华人民共和国医务人员医德规范》明确我国医疗工作者的医德规范包括以下七个方面的具体内容:

(1) 救死扶伤,实行社会主义的人道主义。时刻为病人着想,千方百计为病人解除病痛。

(2) 尊重病人的人格与权利,对待病人,不分民族、性别、职业、地位、财产状况,都应一视同仁。

(3) 文明礼貌服务,举止端庄,语言文明,态度和蔼,同情、关心和体贴病人。

(4) 廉洁奉公,自觉遵纪守法,不以医谋私。

(5) 为病人保守医密,实行保护性医疗,不泄露病人隐私与秘密。

(6) 互学互尊,团结协作。正确处理同行同事间的关系。

(7) 严谨求实,奋发进取,钻研医术,精益求精。不断更新知识,提高技术水平。

第六章 劳动道德

阅读材料 6-3　《备急千金要方》关于医德的论述

孙思邈,京兆华原(今陕西省铜川市耀州区)人,唐代医药学家,被后人尊称为"药王"。《千金方》是"药王"孙思邈所作的综合性临床医著,书中所载医论、医方较系统地总结了唐代以前的医学成就,是一部科学价值较高的著作。唐朝建立后,孙思邈接受朝廷的邀请,合作开展医学活动。唐高宗显庆四年(659),孙思邈完成了世界上第一部国家药典《唐新本草》。

孙思邈首次系统全面地阐述了医德原则和医德规范,开创了较完整的传统医德思想体系。"精诚合一",即医术精湛与医德高尚有机结合,是孙思邈医德思想的核心与精髓,也是其医学伦理观的突出特色。孙思邈认为,"苍生大医"即人民群众的好医生必须"精诚合一",医德高尚、医术精湛,两者缺一不可。他是我国第一位系统、全面地论述传统医德思想的医学家。孙思邈在《备急千金要方》中不仅有《大医习业》《大医精诚》等专论医德的篇章,而且还将它们置于全书正文之首。这在古代医德史上是不多见的。在《备急千金要方》正文第一篇《大医习业》中,孙思邈明确阐述了医生要"德术并重"的医学伦理观。他既论述了"德术并重"的重要思想,又详细规定了医生的知识结构和素质。《备急千金要方》正文第二篇《大医精诚》更是将医德与医术融为一体,成为千古传颂的医德名篇。在《大医精诚》这一名篇中,孙思邈详细地论述了关于医德修养的两个问题:一是"精",即技术要精湛,他认为医道是"至精至微之事",告诫学医的人必须"博极医源,精勤不倦"。二是"诚",即品德高尚,要诚心诚意为老百姓服务。他从"心""体""法"三个方面对医生提出了严格要求:首先,要确立"普救含灵之苦"的志向;其次,在诊治上要做到"纤毫勿失";最后,要在作风上规范自己的行为,不得炫耀自己,诽谤他人,谋取财物。

孙思邈在《大医习业》和《大医精诚》中提出"精诚合一、德术并重"的医德观,在此基础上又进一步提出了以仁爱为准则的医德规范,第一是博及医源,精勤不倦。作为一个治病救人的医生,首先医术要精良,所以,医者必须做到"博极医源,精勤不倦,严谨勤奋治学"。第二是同情病人,一心赴救。"凡大医治病,必当安神定志,无欲无求,先发大慈恻隐之心,誓愿普救含灵之苦。"对待病人应当"普同一等,皆如至亲之想"。如此才可为"苍生大医";反此,则是"含灵巨贼"。第三为临证省病,至精至微。疾病的临床变化复杂,因此,省病问病要"至意深心,详察形候、纤毫勿失,处判针药,无得参差",更要"临事不惑,审谛覃思"。不得于性命之上,率尔自逞俊快,那是更为不仁的。第四是言行端庄,不皎不昧。医生的仪表举止对病人有重要影响。应具有"澄神内视,望之俨然;宽裕汪汪,不皎不昧"的风度。医者之所以这样做,是因为"病人苦楚,不离斯须"。病人为此忧愁"满堂不乐"。在这种情况下,如果医生"安然自娱,傲然自得",那将是人神共耻,是高明的医生不应该做的。第五是尊师重道,勿骄勿妒。孙思邈憎恨文人相轻、医人相嫉的恶习。他认为,尊师重道是同道相互关系中的一条道德原则,骄傲嫉妒是败坏医德之贼。医者应当"志存救济,勿骄勿妒,尊师重道,切磋医术"。第六是不得恃己所长,专心经略财物。《大医精诚》中最后指出:"所以医人不得持己所长,专心经略财物,但作救苦之心。"用现代语言来说,就是医生不能仗持自己的专长,专心一意去谋取财物,而应树立解救疾病的思想。重义轻利是儒家、也是古代医家的基本价值取向。

《备急千金要方》是我国现存最早的一部临床实用百科全书,是孙思邈精湛的医术与高尚的医德相结合的产物。作为一篇医学论著,不仅在我国古典医学宝库中将永放异彩,其所述医德也值得我们后世人学习。

资料来源:陈明华.孙思邈精诚合一的医德观及其现实意义[J].现代中西医结合杂志,2003(4):352-353,412.

第二节　劳动道德的规范要求

道德规范是对人们的道德行为和道德关系普遍规律的反映和概括。作为社会规范的一种形式,它是在人们社会生活的实践中逐步形成的,是社会发展的客观要求和人们的主观认识相统一的产物。因此,道德规范是从一定社会或阶级利益出发,用以调整人与人之间的利益关系的行为准则,也是判断、评价人们行为善恶的标准。

人类道德文化的最初指向就是为物质生产劳动实践提供一种行为规范,为物质生产劳动实践创造所需要的群体秩序。恩格斯说:"在社会发展的某个很早的阶段,产生了这样一种需要:把每天重复着的产品生产、分配和交换用一个共同规则约束起来,借以使个人服从生产和交换的共同条件。这个规则首先表现为习惯,不久便成了法律,表现为习惯的这些规则就是人类最初的道德规范。"由此可见,道德规范产生的缘起就是为了满足人们协调劳动关系的需要。

正如我们所知,中共中央于2001年9月20日印发实施了《公民道德建设实施纲要》，就是为了弘扬民族精神和时代精神，形成良好的社会道德风尚，促进物质文明与精神文明协调发展，全面推进建设中国特色社会主义伟大事业。

《公民道德建设实施纲要》规定"要大力倡导以爱岗敬业、诚实守信、办事公道、服务群众、奉献社会为主要内容的职业道德，鼓励人们在工作中做一个好建设者"。《公民道德建设实施纲要》对职业道德的这种规定，既体现了时代的鲜明特征，又概括了社会主义市场经济条件下各种职业道德的共同特点，所以它适用于各行各业，是各行各业劳动者的共同道德要求。

一、爱岗敬业

爱岗敬业指的是忠于职守的事业精神，这是职业道德的基础。爱岗就是热爱自己的工作岗位，热爱本职工作；敬业就是要用一种恭敬严肃的态度对待自己的工作。爱岗敬业要求劳动者要充分地认识到自己从事职业的社会价值，认识到职业没有高低贵贱之分，都是为人民服务。职业的分工本质上是人民有组织地自己做自己的事，人们热爱自己的岗位，敬重自己的职业，做到干一行、爱一行、专一行。

爱岗与敬业是紧密联系在一起的。爱岗和敬业，互为前提，相互支持，相辅相成。"爱岗"是"敬业"的基石，"敬业"是"爱岗"的升华，是对劳动责任、劳动荣誉的深刻认识。一般说来，工作条件好、收入高的职业，做到爱岗敬业是比较容易的。同时，虽然工作环境较为艰苦、工作压力大、精力投入多，但又是我们实现民族复兴所必需的职业，更需要劳动者做到爱岗敬业。

改革开放以来，择业机会的增加和选择方式的多元化为人们选择自己的职业提供了很多选项，但我们也必须认识到一个劳动者要想在激烈竞争中获得生存和发展的有利地位，实现自己的人生理想，就必须爱岗敬业，努力工作，提高劳动生产率和服务质量，否则就将被社会淘汰。一个人的人生价值大小就在于他在平凡的工作岗位上，以爱岗敬业为基础，努力为社会、为祖国做出更多平凡而伟大的贡献。

阅读材料6-5 敬业绘就"最美"人生

"最美医务工作者""最美公务员""最美志愿者""最美铁路人"……是中华大地上一个个"最美"群体，犹如一颗颗璀璨的明珠，辉映在新时代中国特色社会主义建设的四面八方。他们以精彩的故事、不凡的业绩，展现了砥砺奋进的姿态、绚丽出彩的人生，生动诠释了令人感佩的敬业精神。

爱岗敬业，是习近平总书记倡导的劳模精神的重要内涵。共和国宏伟大厦是由一个个行业、一个个岗位的"砖瓦"筑就的。立足平凡岗位，人人争先创优，"百职如是，各举其业"，方能众志成城、集聚众力。三百六十行，倘若每个人都能立足平凡岗位，齐心敬业、履职尽责、勤勉奉献，就能汇聚起强大的正能量，为社会主义现代化事业注入蓬勃生机与活力。正因此，敬业精神既关乎个人成长成才，更关乎国家的兴盛、民族的复兴。奋进新征程，我们应该怎样以行动诠释敬业精神？从某种意义上讲，敬业之道蕴含爱业、勤业、精业之精神，值得我们为之践行。

敬业，首在爱业。对本职工作的热爱，是一种朴素的职业情感。爱之愈深，则敬之愈真。爱岗，彰显的是乐业，展现的是执着。葆有这样的职业观，就会自觉把工作当事业干，将小我融进大我，在小舞台上演出大戏剧。从奋战在脱贫攻坚一线的驻村书记，到无惧风险、完成特高压带电作业的"禁区勇士"……观察那些"最美"人物，他们皆是干一行爱一行的榜样，把本职工作做到极致，达到了"山登绝顶我为峰"的境界。事实证明，"专心致志，以事其业"，才能平淡中见奇、寻常中出彩，在新时代的大舞台上实现个人梦想。

敬业，要在勤业。业精于勤荒于嬉，立足本职岗位勤勉工作，是一种职业操守、职业品格。勤劳、勤勉、勤恳，意味着务实奋斗。事业的成功，不是等得来、喊得来的，而是拼出来、干出来的。无论从事何种行业，都需要用奋斗铸就"最美"，以拼搏实现理想。获评全国"最美公务员"的浙江"90后"科技警察钟毅，为了与疫情赛跑，争分夺秒攻关，使"健康码"成功投入抗疫，并迅速推广到全国。唯拼搏者不凡，唯实干者出彩，唯奋斗者英勇。一勤天下无难事，勤勉奋斗谱写最美壮歌。

敬业，还需精业。精通业务，体现着职业上的价值追求。在科技日新月异、竞争日趋激烈的今天，应当努力求精通、谋创新、出精品。这需要涵养"择一事终一生"的倾心专注，"偏毫厘不敢安"的一丝不苟，"千万锤成一器"的坚持不懈。各行各业的"最美"人物，往往都追求卓越、业务精进。全国劳模、"最美职工"潘从明能从铜镍冶炼的废渣中提取8种以上稀贵金属，只看溶液颜色便能精确判断产品纯度。他获得国家科技进步奖的背后，是数十年如一日"找难题、啃难点、攻难关"的呕心沥血。在精益求精的道路上，只有坚韧不拔的勇者，才能登上风光无限的顶峰。

如果说事业是航船，那么敬业就如同风帆。敬业笃行，推进人生实现从平凡到伟大、从优秀到卓越。激扬敬业精神，扬帆远航、乘风破浪，我们必能抵达梦想的彼岸。

资料来源：马祖云.敬业绘就"最美"人生[N].人民日报,2021-02-04(04).

二、诚实守信

诚实，即忠诚老实，就是忠于事物的本来面貌，不隐瞒自己的真实思想，不掩饰自己的真实感情，不说谎，不作假，不为不可告人的目的而欺瞒别人；守信，就是讲信用，讲信誉，信守承诺，忠实于自己承担的义务，答应了别人的事一定要做。忠诚地履行自己承担的义务是每一个现代公民应有的职业品质。对人以诚信，人不欺我；对事以诚信，事无不成。

诚实守信是做人的基本准则，也是社会道德和劳动道德的一个基本规范。在中国传统儒家伦理中，诚实守信被视为"立政之本""立人之本""进德修业之本"。孔子曰："民无信不立。"他把信摆到了关系国家兴亡的重要位置，认为国家的施政得不到人民的信任是立不住脚的。随着时代的不断发展和变化，"诚实守信"也不断被赋予体现时代精神的新内涵。

"诚实守信"是人和人之间正常交往、社会生活稳定、经济秩序得以保持和发展的重要力量。"诚实守信"既是一个人应有的道德品质和道德信念，也是道德责任，更是一种崇高的"人格力量"。同样，对企业和团体来说，它是一种"形象"、一种"品牌"、一种信誉，一个使企业存续和发展的基础。对一个国家和政府来说，"诚实守信"是"国格"的体现；对人民来说，它是人民拥护政府、支持政府、赞成政府的重要支撑；对国际来说，它是国家地位和国家尊严的象征，是国家自立自强于世界民族之林的重要力量，也是良好"国际形象"和"国际信誉"的标志。从经济生活来看，"诚实守信"是经济秩序的基石，是行业的"立身之本"和"无形的资产"；从劳动道德来看，"诚实守信"是一种极其重要的"品性"，体现"劳动意识"和"责任意识"。

阅读材料 6-5　让诚信者"一路绿灯"

人无信不立，业无信不兴。个人成长需要诚信，企业发展必须守信。近年来，我国诚信社会建设迅速推进，征信体系建设不断完善，诚信理念深入人心，诚实信用成为个人干事创业的重要基础和社会高质高效运行的有力保障。

诚实守信是中华优秀传统文化的重要内容，是社会主义核心价值观的重要方面。从道德模范，到最美人物，到中国好人，一批批诚实守信模范不断涌现，拾金不昧、一诺千金、毕生坚守等行为和品格被人们点赞，被广泛追随。人们也欣喜地看到，这些诚实守信的个人和企业，不但赢得了社会的尊重和信任，更获得了持续发展的动力和支持。

信用动态、信用服务、个人信用、校园诚信、行业信用、城市信用……登录国家发展改革委依托全国信用信息共享平台而建设完善的"信用中国"网站,浓厚的诚信文化气息扑面而来。"信用中国"网站已成为政府褒扬诚信的"总窗口"和社会信用体系建设的宣传阵地。数据显示,网站日均更新文章100余篇,营造了良好的诚信氛围。

当前诚信缺失现象仍时有发生,必须不断推进诚信建设制度化、常态化,引导人们将诚信准则内化于心、外化于行。

电信网络诈骗专项治理行动、互联网信息服务领域失信问题专项治理行动、扶贫脱贫失信问题专项治理行动、国家考试作弊专项治理行动……针对当前经济社会中的诚信热点问题和群众反映强烈的失信突出问题,中央精神文明建设指导委员会于2020年印发了《关于开展诚信缺失突出问题专项治理行动的工作方案》,集中开展10项诚信缺失突出问题专项治理行动。

诈骗案件为群众深恶痛绝。在中央文明委统一部署下,公安部对损失百万元以上重大案件全部挂牌督办,组织各地全力开展专案攻坚。从严从重从快打击涉疫情诈骗犯罪,共破案1.6万起,抓获犯罪嫌疑人7506名;集中打击网络贷款、网络刷单、冒充客服等电信网络诈骗高发类犯罪,先后组织15次集中收网行动;强化技术反制和资金拦截,累计拦截诈骗电话1.7亿个,封堵诈骗域名网址41万个,为群众直接避免经济损失1166亿元;全力落实预警劝阻措施,开通96110反诈预警专号,进一步提高预警劝阻效率和成功率,累计防止1096万名群众被骗。

针对"假企业""假出口""假申报"行为和骗取疫情期间税收优惠政策违法行为,各地税务部门加强分析比对,利用税收大数据平台定期扫描,摸排疑点线索,预警异常企业,并对有重大涉税违法嫌疑的企业和个人加强与公安机关联动查办,接连破获多起典型案件,形成有力震慑效应。

针对运输行业存在巨大危害的超限超载的现象,交通运输部指导各地开展专项治理工作,积极推动省级信用"治超"工作抓落地、见实效,建立了常态化线上沟通和指导机制,利用线上工作群及时沟通解决信用"治超"工作中存在的问题。截至目前,组织各地按季度积累认定、公示、发布了14个批次共计4609条严重违法超限超载失信当事人名单。

一处失信,处处受限。最高法健全跨部门系统监管和联合惩戒机制,推进失信被执行人信息与公安、民政、税务等部门的共享,扩大惩戒的覆盖面,提高惩戒的有效性,促进被执行人自觉履行生效法律文书确定的义务,推进社会信用体系建设。截至2020年9月30日,发布中的失信被执行人有606万人,限制购买高铁动车票648万人次,有706万人次主动履行了法律义务。

诚信社会建设关乎群众切身利益。发展和完善社会信用体系,是规范市场秩序、优化营商环境、推动高质量发展的内在要求,与每个人息息相关。各地各部门要加强诚信理念教育,开展诚信实践活动,不断增强人们的诚信理念、规则意识、契约精神,努力打造不敢失信、不能失信、不愿失信的社会环境,积极构建诚信社会、诚信中国。

资料来源:让诚信者"一路绿灯"[N].人民日报,2011-11-18(13).

三、办事公道

办事公道就是指我们在办事情、处理问题时,要站在公正的立场上,对当事双方公平合理、不偏不倚,不论对谁都是按照一个标准办事。公道与公平、公正,含义大致相同,意指坚持原则,按照一定的社会标准实事求是地待人处事。公正是几千年来为人所称道的职业道德,人是有尊严的,人们都希望自己与别人一样受到同等的对待,企盼在法律面前人人平等,自古就有"王子犯法与庶民同罪"的说法。因此,人们一直歌颂那些秉公办事、不徇私情的清官明主,如宋朝的包拯家喻户晓,老少皆知。

实现办事公道,要做到以下几点:

首先,要热爱真理,追求正义。办事是否公道关系到一个以什么为衡量标准的问题。要办事公道就要以科学真理为标准,要有正确的是非观,公道就是要合乎公认的道理,合乎正义。不追求真理,不追求正义的人办事很难会合乎公道。而现实生活中,许多人的是非观念非常淡漠,在他们眼中无所谓对与错,只有自己喜欢不喜欢,把自己摆在一个非常突出的地位。

其次,要坚持原则,不徇私情。只停留在知道是非善恶的标准是不够的,还必须在处理事情时坚持标准、坚持原则。为了个人私情不坚持原则,是做不到办事公道的。

再次,要不谋私利,反腐倡廉。俗话说:"利令智昏。"私利能使人丧失原则,丧失立场,从古至今有多少人拜倒在了金钱的脚下。"拿了人家的钱就要替人家办事",那是无法做到办事公道的。因此,只有不谋私利,才能光明正大,廉洁无私,才能主持正义、公道。

最后,要有一定的识别能力。真正做到办事公道,一方面与品德相关,另一方面也与认识能力有关。如果一个人的认识能力很差,就会搞不清分辨是非的标准,分不清原则与非原则，就很难做到办事公道。所以，要做到办事公道，还必须加强学习，不断提高认识能力，能明确是非标准，分辨善恶美丑，并有敏锐的洞察力，这样才能公道办事。

四、服务群众

服务群众就是为人民群众服务。在社会生活中，人人都是服务对象，人人又都为他人服务。服务群众作为劳动道德的基本规范，是对所有劳动者的道德要求。

服务群众，首先要有服务群众意识，时刻想着群众，急群众之所急，想群众之所需；其次要有服务群众的能力。站在不同的角度，时刻关切群众。服务人民群众，无论是推动科学发展，还是促进社会和谐，最终的落脚点都是为了人民群众的利益。

五、奉献社会

奉献社会就是积极自觉地为社会做贡献。奉献，就是不论从事任何劳动，从业人员不是为了个人、家庭，也不是为了名和利，而是为了有益于他人、有益于国家和社会。正因为如此，奉献社会就是社会主义劳动道德的本质特征。在以私有制为基础的社会里，少数统治阶级的利益和广大人民的利益是相对立的。虽然他们也提倡职业道德，但出发点和最终目的却是为了少数剥削阶级的私利。社会主义建立在以公有制为主体的经济基础之上，广大劳动人民当家做主，因此，社会主义职业道德必须把奉献社会作为自己重要的道德规范，作为自己根本的职业目的。

奉献社会并不意味着不要个人的正当利益，不要个人的幸福。恰恰相反，一个自觉奉献社会的人，他才真正找到了个人幸福的支撑点。个人幸福是在奉献社会的职业活动中体现出来的。个人幸福离不开社会的进步和祖国的繁荣。幸福来自劳动，幸福来自创造。奉献和个人利益是辩证统一的。奉献越大，收获就越多。

第三节　劳动道德的培养

劳动道德是社会道德的主要内容。劳动道德一方面涉及每位劳动者如何对待劳动以及自己所从事的职业，同时也是劳动者生活、工作态度和价值观念的表现，具有较强的稳定性和连续性。另一方面,劳动道德也是一个劳动集体甚至一个行业全体人员主流的行为表现,如果每个行业的成员都具备良好的道德,那么对整个社会道德水平的提高肯定会发挥重要作用。接受高等教育阶段,大学生劳动道德的培养主要有主动培养劳动道德、自觉养成劳动习惯、积极投身劳动实践、努力汲取劳动榜样力量等方式与方法。

一、主动培养劳动道德

劳动是推动历史车轮前进的动力,是中华民族传统美德的重要组成部分,更是我们每个人的人生之本。因此,劳动道德的培养对每一位大学生而言,都刻不容缓。

(一)在日常生活中培养劳动道德

劳动行为的最大特点是自觉和习惯,它存在于人生命历程的每时每刻。热爱劳动让我们的家园更加整洁,让我们的人生更有效率。良好劳动习惯养成的载体是日常生活,要主动紧紧抓住这个载体,有意识地培养自己的良好习惯,久而久之,习惯就会成为一种自然,即自觉的行为。鲁迅先生说过:"伟大的成绩与辛勤的劳动总是成正比例的,付出的劳动越多,创造的幸福就越多。"作为接受高等教育的大学生,热爱劳动、尊重劳动、主动掌握劳动技能等将是我们终身受益的良好习惯。而在习惯养成过程中坚持不懈对行为规范的遵循,即是劳动道德养成和坚守的过程。"勿以恶小而为之,勿以善小而不为",在日常生活小事中严格遵守行为规范,在生活点滴中按照社会主义各种规范自律,在劳动中收获成长和精神升华。

(二)在专业技能学习中培养劳动道德

大学学习阶段,专业理论知识与专业实践技能是形成劳动道德和职业信念的前提和基础。劳动道德的养成,离不开理论知识的学习和实践技能的提高。接受高等教育的过程,是有计划、有步骤、有目标的具备某种国家和社会发展所需的特长或技能的过程,也是端正理想信念、养成道德品质的过程。专业技能学习也是劳动,同样需要认同并践行劳动道德。如"诚实劳动"就要求遵守校规校纪,不拈轻怕重、不投机取巧、不徇私舞弊等。

同时,结合所学专业,不断增强专业认知,明确自己对未来求职选择和职业劳动的各种认知,明晰职业和岗位的准则和规范,在刻苦钻研、培养过硬的专业劳动技能、提高自己的职业素养的同时主动遵守职业规范,是未来干好职业、实现人生价值的重要前提。

(三) 在社会实践中培养劳动道德

伟大领袖毛主席在《人的正确思想是从哪里来的?》中指出:"人的正确思想,只能从社会实践中来。"只有坚持以实践为基础,坚持理论与实际相结合,才能获得完全的知识,形成正确的思想。丰富的社会实践是指导大学生成长成材成功的必由路径,是实现知行统一的主要载体。接受高等教育阶段,我们有暑期"三下乡"、志愿服务、挑战杯、"互联网+"等丰富的社会实践机会,劳动道德的养成离不开社会实践,社会实践是劳动道德行为养成的根本途径。一是在丰富的社会实践中,我们通过劳动可以真切地了解社会、了解职业、了解自我,可以真实地熟悉职业、体验职业、陶冶职业情感,可以感悟劳动在我们社会发展中的过去、现在和未来;二是在社会实践中,我们把学和做结合起来,把学到的劳动知识、劳动技能和劳动道德规范运用到实践中,落实到劳动行为中,以正确的劳动观念指导自己的实践,真正做到理论联系实际,做到言行一致、知行统一。

(四) 在自我修养中培养劳动道德

"玉不琢,不成器。"人之所以要加强自我修养,就是为了把自己培养成社会发展所需要的人才。大学生肩负中华民族伟大复兴的重任,因而加强自身修养更显得尤为重要。自我修养指个人在日常的学习、生活和各种实践中,按照道德的基本原则和规范,在道德品质塑造中有目的地"自我锻炼""自我改造"和"自我提高"。自我修养可以通过"自省"和"慎独"达成:一是"自省"。曾子所说:"吾日三省吾身——为人谋而不忠乎?与朋友交而不信乎?传不习乎?"通过自省,认识自己,客观看待自己,正视自己的优缺点;通过自省,进行自我批评和自我检视;通过自省,下定决心不断完善自我,在实践中不断完善自己的道德品质。二是"慎独"。《礼记·中庸》有云:"莫见乎隐,莫显乎微,故君子慎其独也。""慎独"是指在没有外界监督、独自一个人的情况下,也能自觉遵守道德规范,不做对国家、对社会、对他人不道德的事情。大学生自觉做到"慎独",不断激励和鞭策自己,端正劳动态度,提高劳动素质,培养良好的劳动习惯,深刻认识劳动创造美好生活的道理。

新时代崇尚辛勤劳动、诚实劳动、创造性劳动,劳动模范和先进工作者的崇高精神和高尚品格给我们树立了劳动道德的标杆,爱岗敬业、争创一流、艰苦奋斗、勇于创新、淡泊名利、甘于奉献的劳模精神,崇尚劳动、热爱劳动、辛勤劳动、诚实劳动的劳动精神让劳动道德更加具体、更加生动,无论从事什么劳动,都要干一行、爱一行、钻一行。伟大祖国需要数以亿计的高素质劳动者,新时代大学生在享有国家教育红利的同时,理应从我做起、从小事做起,在专业技能学习中、在社会实践活动中、在自我修养提升中,不断提升自己的劳动道德水平,为自身未来高水平的职业道德水准打下坚实的基础。

阅读材料6-6　引导学生树立正确的劳动观

　　劳动教育是中国特色社会主义教育制度的重要内容,直接决定社会主义建设者和接班人的劳动精神面貌、劳动价值取向和劳动技能水平。习近平总书记在全国教育大会上强调:"要在学生中弘扬劳动精神,教育引导学生崇尚劳动、尊重劳动,懂得劳动最光荣、劳动最崇高、劳动最伟大、劳动最美丽的道理,长大后能够辛勤劳动、诚实劳动、创造性劳动。"在教育实践中,把握劳动教育价值取向,有利于引导学生树立正确的劳动观。

　　长期以来,各地区和学校坚持教育与生产劳动相结合,在实践育人方面取得了一定成效。同时也要看到,近年来一些青少年中出现了不珍惜劳动成果、不想劳动、不会劳动的现象。对此,我们需要采取有效措施切实加强劳动教育,教育引导青少年树立以辛勤劳动为荣、以好逸恶劳为耻的劳动观,让中华民族勤俭、奋斗、创新、奉献的劳动精神在一代又一代青少年身上发扬光大。

　　树立"劳动是一切幸福的源泉"的观念。习近平总书记强调:"幸福不会从天而降,梦想不会自动成真。"回望历史,"中国奇迹"的创造、"中国震撼"的交响,无不凝聚着广大劳动者的智慧和汗水;生活的美好、社会的进步,莫不源于平凡艰辛的劳动。实践证明,人世间的美好梦想,只有通过诚实劳动才能实现;发展中的各种难题,只有通过诚实劳动才能破解;生命里的一切辉煌,只有通过诚实劳动才能铸就。只有树立正确的劳动观,学生才能真切领会到中国特色社会主义事业大厦是靠一砖一瓦建成的,人民幸福是靠一点一滴创造得来的,从而更好地报效国家,奉献社会。

　　树立"崇尚劳动、热爱劳动、辛勤劳动、诚实劳动"的观念。随着社会的发展和科技的进步,劳动形态和方式会发生变化,劳动内容会不断丰富,但劳动是推动人类社会进步的根本力量,是培养人、塑造人和发展人的重要手段,这一价值永恒不变。实现我们确立的奋斗目标,归根到底要靠辛勤劳动、诚实劳动、科学劳动。我们要教育学生从小热爱劳动、热爱创造,通过劳动和创造播种希望、收获果实,也通过劳动和创造磨炼意志、提高自己。

　　树立"劳动没有高低贵贱之分,任何一份职业都很光荣"的观念。在我们社会主义国家,一切劳动,无论是体力劳动,还是脑力劳动,都值得尊重和鼓励;一切创造,无论是个人创造,还是集体创造,也都值得尊重和鼓励。让劳动创造成为时代强音,离不开价值的引领。任何时候任何人都不能看不起普通劳动者,都不能贪图不劳而获的生活。在劳动教育中,要让学生正确认识和看待劳动分工和劳动者,尊重劳动、尊重知识、尊重人才、尊重创造;让学生切身感受劳动成果来之不易,在日常生活中倍加珍惜和爱护劳动者创造的一切劳动成果。

就高校而言,加强劳动观教育需要在全课程教学中渗透劳动观教育、组织开展多种形式的劳动实践、营造崇尚劳动的校园文化氛围上下功夫。唯有如此,才能让"劳动最光荣、劳动最崇高、劳动最伟大、劳动最美丽"的观念在校园里深入人心。

资料来源:周叶中.引导学生树立正确的劳动观[N].人民日报,2021-08-30(09).

二、自觉养成劳动习惯

劳动习惯是通过经常劳动而巩固下来的一种具有主动劳动需要的行为方式,由一定的劳动观点、劳动态度和实际劳动行为方式构成稳固的联系而形成。良好的劳动习惯有助于提高劳动技能,按有效方式劳动,有助于形成健全的个性品质。良好的劳动习惯包括:能够自觉自愿、认真负责、安全规范、坚持不懈地参与劳动,形成诚实守信、吃苦耐劳的品质,珍惜劳动成果,杜绝浪费等。

良好劳动习惯的自觉养成,与家庭、学校和社会是分不开的。首先是要养成自我服务的良好习惯,自己能做的自己做,增强自立意识,培养责任感。自我服务是体力劳动的一部分,能够帮助个人树立自主意识和独立意识,学会承担责任,从而更加顺利地进行其他劳动。其次,可以寻找一定的劳动机会,在劳动的过程中增强自我教育,提高动手能力和实践能力,并从中感受劳动的道德力量,培养良好的道德行为。

家庭对良好劳动习惯的养成有着重要的作用。在很长一段时间内,能否考上好大学、日后能否找到好工作成为衡量教育是否成功的标准,劳动在教育中已经变成了可有可无的东西,甚至不少父母为了让下一代能够专心学习包办一切事情,使得部分大学生进入高等院校之前的劳动习惯养成处于边缘化甚至完全缺失的状态。家庭应成为培养良好劳动习惯的一个重要阵地,无处不在的各种家务提供了简单而又源源不断的劳动机会,在完成家务的过程中,不但提高了个人的动手能力,也为培养良好的劳动习惯打下了坚实的基础。

良好劳动习惯的养成还可以充分借助学校和社区的力量。学校和社区可以提供实际、可靠的劳动机会,参加学校和社区的劳动更加有助于大学生从中树立主人翁意识,体会到自己的劳动为别人带来的帮助或者便利,从而激发更强的社会责任感。在借助学校和社区开展劳动时应该注意以下几个方面:一是劳动的选择要有一定的意义,要让自己通过劳动感受到劳动的道德力量,体会劳动带给人的快乐和幸福。二是要注重劳动量的量力性,切忌从事安排自身体力劳动能力范围之外的劳动。三是要选择合适的劳动场所。要注重对劳动场所周围环境的考察,保证所在的劳动场所周围不存在威胁人身安全的不良因素。

阅读材料6-7　养成劳动习惯为美好生活奠基

家庭教育的本质特点是生活教育,生活教育的核心内容之一就是劳动教育,而检验家庭教育指导服务工作成败得失的关键指标,就是看是否推进了美好生活教育,是否重视劳动教育。

《中共中央国务院关于全面加强新时代大中小学劳动教育的意见》(以下简称《意见》)让我们看到了思路清晰、措施有力的行动纲领,这是一个对学生发展真正负责的好文件。然而,能否将劳动教育落到实处,取决于家庭、学校、社会能否形成共识并且密切合作。

加强劳动教育是家庭、学校和社会的共同责任,而能否尽职尽责,首先取决于认识是否到位。如《意见》所说,"劳动教育是中国特色社会主义教育制度的重要内容,直接决定社会主义建设者和接班人的劳动精神面貌、劳动价值取向和劳动技能水平"。国内外大量的调查研究都证明,一个人童年养成劳动习惯,长大后更可能具有责任心,也更容易适应家庭生活和职场工作的需要,而不爱劳动的人恰恰相反,他们更可能成为生活与职场的失败者。

可是,这个显而易见的道理为什么被漠视了呢?许多人不是完全不明白,而是被应试教育裹挟了。他们认为,孩子只要得高分进名校,比什么都重要。可以说,应试教育是一种反生活教育,自然会轻视劳动教育。实际上,这是一种扭曲的认识,因为爱劳动、会劳动不仅不会耽误学习,恰恰相反,生活能力强能够促进学习,有助于人的全面协调发展。如《意见》所说,"劳动教育是国民教育体系的重要内容,是学生成长的必要途径,具有树德、增智、强体、育美的综合育人价值"。

瑞士教育家裴斯泰洛齐认为生活是教育的目的,教育的终极目的不是圆满地完成学业,而是适应生活;不是养成盲目服从和规定的勤奋习惯,而是培养自主的行为。同时,他认为要通过生活进行教育,将教育与生产劳动相结合,"我试图使学习与手工劳动相联系、学校与工厂相联系,使它们合二为一"。生活教育离不开劳动素养的培养。

今天,人们称赞芬兰的教育达到世界一流水平,特别是跨越一个半世纪的手工教育是强大而优良的传统,其开创手工教育的芬兰教育家乌诺·齐格纽斯,深受裴斯泰洛齐等人思想的影响。裴斯泰洛齐提出,人的发展要通过头脑、心灵和双手的三维立体发展来更好地实现,学习者应该通过观察和反思生成自己的结论,并且努力从经验和环境中获得价值和意义。他还认为,人的本质不仅包括知识和思考,也包括技能和动手能力,技能、技巧的发展同知识的学习一样重要。

目前,家庭教育引起全社会前所未有的高度重视,家校共育正在全国各地如火如荼地开展。《意见》指出:"家庭要发挥在劳动教育中的基础作用。注重抓住衣食住行等日常生活中的劳动实践机会,鼓励孩子自觉参与、自己动手,随时随地、坚持不懈地进行劳动,掌握洗衣做饭等必要的家务劳动技能,每年有针对性地学会1~2项生活技能。鼓励学校(家委会)和社区等组织开展学生生活技能展示活动。"可见,劳动教育应该成为家校社共育的重要内容,或者说也只有家校社共育才可能将劳动教育落到实处。

家校社协调育人必须形成一个共识:家庭教育的本质特点是生活教育,生活教育的核心内容之一就是劳动教育,而检验家庭教育指导服务工作成败得失的关键指标,就是看是否推进了美好生活教育,是否重视劳动教育。如著名教育家陶行知所说,好的生活就是好的教育,坏的生活就是坏的教育。

值得注意的是,我们不仅仅要培养孩子认识劳动的价值并且有劳动的体验,更要注重劳动习惯的养成,因为习惯才是稳定的、自动化的行为。如《意见》所说,"具备满足生存发展需要的基本劳动能力,形成良好劳动习惯"。我们需要明确习惯的养成不能只靠行为训练,而要抓牢认知、情感和习惯三个关键环节。具体该怎么做呢?首先,要通过鲜活有力的事实,让孩子认识劳动的价值,产生参与劳动的兴趣;其次,要寻找身边的榜样,寻找"妈妈的味道"之源,特别是关于擅长劳动的父辈和祖辈的故事,激发孩子对劳动的情感;最后,经过具体训练,学会几项劳动的技能,尤其是与自我管理密切相关的做饭和洗衣服等内容,重点在于长期坚持直至养成习惯。

资料来源:孙云晓.养成劳动习惯为美好生活奠基[N].光明日报,2020-03-27(11).

三、积极投身劳动实践

积极参加劳动实践能让大学生具有生存必备的劳动能力,掌握基本的劳动知识和技能,正确使用常见劳动工具,增强体力、智力和创造力,以及获得完成一定劳动任务所需要的设计、操作能力及团队合作能力。

(1) 劳动实践活动有助于激发学习意识及创新精神,让大学生在亲身实践中获取直接劳动体验,收获劳动成果,体味劳动付出的乐趣,从而培养探究意识。

(2) 通过开展劳动实践活动,朋辈间相互交流,相互感染,遇到问题集思广益,在实践中学习,在学习中成长,在成长中体验生活的乐趣,自强自立的意识和能力从中得到提高。

(3) 在劳动实践中提高社会适应能力。了解社会、适应社会是大学生成长必然经历的过程和要求。参加劳动实践活动,可以感受劳动的艰辛,体验到生活的艰辛与不易,感到自身生活的幸福,认识到自己生活的来之不易。

(4) 劳动实践的过程是解决实际问题的过程,丰富的劳动实践经验有助于提高问题解决能力。大学生在实践过程中发现问题、分析问题,有利于提升自己解决问题的能力、动脑动手能力、服务能力。

(5) 有助于培养组织协调能力和合作意识。劳动实践活动一般都是以团队的形式来开展的,需要团队成员的分工合作与个人的付出担当。通过实践活动,有助于提高大学生的参与意识、参与能力及组织协调能力,并在集体活动中增强团结协作的意识。

(6) 在具体的劳动实践中,学生在遵守作息时间、个人自律、工作责任心、团队协作等基本职业素养方面都会得到锻炼,也能从劳动实践中获取自身感悟,有助于劳动道德的培养。

阅读材料6-8　上海交通大学:实验室里酿葡萄酒、腌泡菜　学子劳动实践课收获技能与快乐

卷心菜、胡萝卜、白萝卜切成小片、小块,再加上大蒜、辣椒、调料、盐水按比例配制,所有食材一一放进玻璃坛……封坛!剩下的交给时间,美味值得等待。这大概是最有"滋味"的劳动课了。

上海交通大学依托农业与生物学院,试点打造"1+3"劳动育人模式,用7个多月的时间,让大学生通过实践劳动、专业劳动和科研劳动,体会别样的收获。9月22日,在第四个中国农民丰收节来临之际,百余位上海交大学子在实验室里酿造葡萄酒、腌制传统泡菜。

"发酵初期会产生有害菌,会将硝酸盐转变为亚硝酸盐。但是在这个过程中,也会产生有益菌——乳酸菌的繁殖生长,会让亚硝酸盐的含量降低。所以,在食用泡菜前,还要检测亚硝酸盐的含量,以保证食品安全。"食品工艺学任课老师吴艳一边揭秘泡菜的发酵原理和制作关键,一边带着学生们在实验室"精准下厨"。

大二的农润芝来自广西,在老家也跟着妈妈做过泡菜,"我们那儿叫'酸嘢',也用卷心菜、萝卜,通常两个多月就能吃上可口的泡菜了"。实验室里的泡菜课让农润芝觉得很有趣,原来泡菜的香气和滋味来自发酵过程中产生的乙醇类、醋酸类物质。

另一栋实验楼里,"葡萄与葡萄酒文化"社团指导老师宋士任正在介绍葡萄酒酿造流程。刚刚从一旁的葡萄园采摘来的葡萄经过洗净、破碎之后被装入罐中,再倒入配比好的辅料,用保鲜膜封口,等待发酵。"等葡萄酒酿好,大家自己贴标、灌瓶,带回去和亲友分享,这会是最好的礼物。"

"从春天开始,我们每个班都有了自己的责任田。同学们每周日都会去劳动、除草、施肥,看着田里的西瓜一点点长大。夏天大家都吃到了自己种的瓜,非常甜!"农润芝笑眯眯地比画着西瓜的个头。"从种植到生产加工的全链条体验,让学生们在学习学科知识的同时,通过实践获得劳动技能和体验,在劳动中享受到快乐与幸福。"学院劳动实践部部长韦凌波说。

上海交大农业与生物学院副书记郑浩介绍,本次新农科劳动教育以精品劳动教育思政课为核心,将第一课堂与第二课堂融合纳入学分。课程始于春分,此次制作的葡萄酒、泡菜等将作为同学们劳动实践课程的成果,学院还将举办成果展一起分享劳动成果。

资料来源:易蓉,江倩倩.实验室里酿葡萄酒腌泡菜[EB/OL].(2021-09-23).https://k.sina.com.cn/article_1737737970_6793c6f2020017df5.html.

阅读材料6-9　南京工程学院:收油菜去,师生共上一堂劳动实践课

炎炎烈日下,在南京工程学院工程实践中心与北区足球场之间的油菜田里,学校机械工程学院的师生们拿起镰刀,干起了"收割油菜"的农活儿。

活动现场,经过后勤保障处环境科工作人员的现场培训指导后,师生们分成6个大组,有序开展油菜收割工作。师生们分工合作,有的手握镰刀,有的把散落的油菜秆整理打包,摆放在田边空地。

"喜迎建党 100 周年,南京工程学院不断推进党史学习教育走深走实,组织师生来到田间地头,就是一次学用结合的劳动实践教育。"南京工程学院院长史金飞表示,新时代的青年大学生要正确认识劳动及劳动者的光荣和伟大,树立"劳动最美丽"的理念,努力成为德智体美劳全面发展的社会主义合格建设者和可靠接班人。他希望同学们通过这次收割油菜的劳动,体验劳动的过程和辛劳,珍惜劳动的成果和喜悦,领悟劳动的光荣和真谛,学会尊重劳动和劳动成果,用辛勤的劳动创造更加美丽的未来。

不少同学是第一次参加这样的劳动,他们从一开始的好奇不已、干劲十足到汗流浃背、腰酸背疼,实实在在地体验到了劳动的艰苦不易。机械191班的高平同学说:"一次次弯腰、一趟趟搬运,不一会儿就满头大汗了,直到收割结束都感觉肌肉酸酸的。这让我们真正体会到了'粒粒皆辛苦'的含义和'光盘行动'的意义,今后我要更加珍惜每一粒粮食,养成勤俭节约、杜绝浪费的良好习惯。"

资料来源:张文莉,谈洁.南京工程学院:收油菜去,师生共上一堂劳动实践课[EB/OL].(2021-05-12). https://www.xuexi.cn/lgpage/detail/index.html?id=5296283 154608598567&item_id=5296283154608598567.

四、努力汲取劳动榜样力量

榜样的力量是无穷的。前面章节已述及,劳动模范的影响作用也是巨大的,他们像一个个标杆、一面面旗帜,在广大劳动者中发挥着引领示范作用,对营造积极向上的社会氛围提供了极大助力。因此,大学生通过学习劳模精神,学思践悟劳动模范的优秀品质,有助于良好劳动道德的养成。

2021年7月,中共中央、国务院印发《关于新时代加强和改进思想政治工作的意见》,提出要充分发挥先进典型的示范引领作用,在各行各业、各类群体中选树新时代的先锋模范,深化对时代楷模、道德模范、最美人物、身边好人等的学习宣传,持续讲好不同时期英雄模范的感人故事,依规依法积极开展功勋荣誉表彰工作,探索完善先进模范发挥作用的长效机制。

劳模身上闪耀着的劳模精神是对劳动道德的生动诠释,具有独特的价值,发挥着不可替代的作用,这一作用源于他们对"爱岗敬业、争创一流,艰苦奋斗、勇于创新,淡泊名利、甘于奉献"的坚守。劳模精神不仅体现了马克思主义劳动观的内涵,彰显了社会主义核心价值观,集中体现了社会主义制度下劳动者的主人翁风貌,而且生动诠释了中国人民具有的伟大创造精神、伟大奋斗精神、伟大团结精神、伟大梦想精神,传承着中华民族的优秀传统文化,代表着时代精神,是中国精神的重要组成部分。它对于全社会弘扬劳动光荣的价值理念,推动建设社会主义核心价值体系,形成热爱劳动、勤奋劳动、尊重劳动的社会氛围,弘扬社会正气,引领时代潮流,激发劳动者的创造活力,发挥了不可估量的作用。

阅读材料 6-10 必须大力弘扬劳模精神、发挥劳模作用

"长期以来,广大劳模以平凡的劳动创造了不平凡的业绩,铸就了'爱岗敬业、争创一流,艰苦奋斗、勇于创新,淡泊名利、甘于奉献'的劳模精神,丰富了民族精神和时代精神的内涵,是我们极为宝贵的精神财富。"习近平总书记指出"劳动模范是劳动群众的杰出代表,是最美的劳动者",强调"必须大力弘扬劳模精神、发挥劳模作用"。

习近平总书记指出:"我国是人民当家做主的社会主义国家,党和国家始终坚持全心全意依靠工人阶级方针,始终高度重视工人阶级和广大劳动群众在党和国家事业发展中的重要地位,始终高度重视发挥劳动模范和先进工作者的重要作用。"1950 年党和国家首次表彰劳动模范以来,在党的领导下,我国工人阶级和广大劳动群众与祖国同成长、与时代齐奋进,奏响了"咱们工人有力量"的主旋律,各条战线英雄辈出、群星灿烂。特别是进入新时代以来,我国工人阶级和广大劳动群众在实现中国梦伟大进程中拼搏奋斗、争创一流、勇攀高峰,为决胜全面建成小康社会、决战脱贫攻坚发挥了主力军作用,用智慧和汗水营造了劳动光荣、知识崇高、人才宝贵、创造伟大的社会风尚,谱写了"中国梦·劳动美"的新篇章。实践充分证明,在当代中国,工人阶级和广大劳动群众始终是推动我国经济社会发展、维护社会安定团结的根本力量,劳动模范是民族的精英、人民的楷模,是共和国的功臣!

在各个历史时期,广大劳模以高度的主人翁责任感、卓越的劳动创造、忘我的拼搏奉献,谱写出一曲曲可歌可泣的动人赞歌,为全国各族人民树立了光辉的学习榜样。在革命战争年代,"边区工人一面旗帜"赵占魁、"兵工事业开拓者"吴运铎、"新劳动运动旗手"甄荣典等劳动模范,以"新的劳动态度对待新的劳动",积极参加义务劳动,全力支援前线斗争,带动群众投身中国共产党领导的人民解放事业。新中国成立后,"高炉卫士"孟泰、"铁人"王进喜、"两弹元勋"邓稼先、"知识分子的杰出代表"蒋筑英、"宁肯一人脏、换来万人净"的时传祥等一大批先进模范,响应党的号召,带动广大群众自力更生、奋发图强。在改革开放历史新时期,"蓝领专家"孔祥瑞、"金牌工人"窦铁成、"新时期铁人"王启明、"新时代雷锋"徐虎、"知识工人"邓建军、"马班邮路"王顺友、"白衣圣人"吴登云、"中国航空发动机之父"吴大观等一大批劳动模范和先进工作者,干一行、爱一行、专一行、精一行,带动群众锐意进取、积极投身改革开放和社会主义现代化建设,为国家和人民建立了杰出功勋。进入新时代以来,"铁路小巨人"巨晓林、"桥吊状元"竺士杰、"金牌焊工"高凤林、"禁区勇士"胡洪炜、"当代愚公"黄大发、"深海钳工第一人"管延安、"大眼睛天使"陈贞、"贫困群众的亲闺女"刘双燕、"九天揽星人"孙泽洲等一大批先进模范人物,爱岗敬业、锐意创新、勇于担当、无私奉献,在平凡的岗位上创造了不平凡的业绩,用干劲、闯劲、钻劲鼓舞更多的人,激励广大劳动群众争做新时代的奋斗者。广大劳模铸就的劳模精神,生动诠释了中国人民具有的伟大创造精神、伟大奋斗精神、伟大团结精神、伟大梦想精神,充分彰显了以爱国主义为核心的民族精神和以改革创新为核心的时代精神,是中国共产党人精神谱系的重要组成部分。

当今世界正经历百年未有之大变局,我国正处于实现中华民族伟大复兴的关键时期,全党全国各族人民正意气风发向着全面建成社会主义现代化强国的第二个百年奋斗目标迈进。立足新发展阶段、贯彻新发展理念、构建新发展格局、推动高质量发展,必须充分发挥工人阶级和广大劳动群众主力军作用。我国工人阶级和广大劳动群众要坚定不移听党话、矢志不渝跟党走,把党和国家确定的奋斗目标作为自己的人生目标,以民族复兴为己任,自觉把人生理想、家庭幸福融入国家富强、民族复兴的伟业之中,做新时代的追梦人。要大力弘扬劳模精神,树立终身学习的理念,养成善于学习、勤于思考的习惯,学以养德、学以增智、学以致用,增强创新意识、培养创新思维,展示锐意创新的勇气、敢为人先的锐气、蓬勃向上的朝气,适应新一轮科技革命和产业变革的需要,密切关注行业、产业前沿知识和技术进展,勤学苦练、深入钻研,不断提高技术技能水平,当好主人翁,建功新时代。各级党委和政府要尊重劳模、关爱劳模,贯彻好尊重劳动、尊重知识、尊重人才、尊重创造方针,完善劳模政策,提升劳模地位,落实劳模待遇,推动更多劳动模范和先进工作者竞相涌现。

"社会主义是干出来的,新时代是奋斗出来的。"面对这样一个千帆竞发、百舸争流、有机会干事业、能干成事业的时代,我国工人阶级和广大劳动群众要更加紧密地团结在以习近平同志为核心的党中央周围,勤于创造、勇于奋斗,努力在全面建设社会主义现代化国家新征程上创造新的时代辉煌、铸就新的历史伟业。

资料来源:人民日报评论员.必须大力弘扬劳模精神、发挥劳模作用[EB/OL].(2021-09-22).https://m.thepaper.cn/baijiahao_14606400.

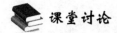 课堂讨论

（1）通过本章学习，结合第一章医学劳动的特点，谈谈你对医学劳动道德的看法。

（2）结合自身实际，谈谈如何培养良好的劳动道德。

（余亮）

第七章 劳动卫生

学习目标

(1) 知识与技能目标:掌握劳动卫生、劳动生理、劳动过程健康有害因素的定义。

(2) 过程与方法目标:通过自主学习本章内容,学生能够准确识别劳动过程中的健康危害因素,掌握预防医学劳动职业暴露的基本技能。

(3) 情感、态度、价值观:通过探究学习劳动卫生对劳动者健康的重要性,学生能够关注劳动卫生,感悟劳动者的劳动付出。

本章概要

(1) 劳动卫生是与劳动过程和环境、劳动条件和保障有关的卫生学科,其研究对象主要是劳动过程和环境有害因素以及劳动条件和保障对劳动者健康的影响,其目的是创造适合人体生理要求的劳动条件,研究如何使工作适合于人,又使每个人适合于自己的工作,使劳动者在身体、精神、心理和社会福利诸方面处于最佳状态。

(2) 劳动过程或环境中常见的有害因素,主要包括生产性毒物、生产性粉尘、不良气象条件、典型物理因素以及生物性因素五大类。

(3) 劳动生理是研究劳动过程中劳动者的生理变化特点和规律的科学。它通过探讨不同生产劳动中人体调节适应的规律,提出改善劳动过程的措施,提高劳动者的工作能力,延缓疲劳的出现,以提高劳动生产率和保护劳动者的健康。

(4) 医疗卫生劳动者职业暴露,是指医疗卫生劳动者由于劳动对象和劳动内容的特殊性,在从事诊疗、护理、疾病预防和控制等劳动过程中,因不可避免地接触有毒、有害物质,或传染病病原体等而损害健康或危及生命的一类职业暴露。

(5) 医疗卫生劳动者的职业暴露主要有生物性职业暴露、化学性职业暴露和物理性职业暴露和运动功能性职业暴露。

(6) 医疗卫生劳动者使用医疗防护用品的目的及方法。

劳动卫生是与劳动过程和环境、劳动条件和保障有关的卫生学科，其研究对象主要是劳动过程和环境有害因素以及劳动条件和保障对劳动者健康的影响，其目的是创造对劳动者身体无害的劳动环境和满足人体生理健康要求的劳动条件，研究如何使工作适合于人，又使每个人适合于自己的工作，使劳动者在身体、精神、心理和社会福利诸方面处于最佳状态。

劳动卫生的首要任务是识别、评价和控制劳动过程和环境中的有害因素以及劳动保障条件中的不良条件，保护和促进劳动者的身心健康。

 引子

经济基础决定上层建筑，伴随市场经济的高速发展，人们的健康标准门槛不断提高，这样的需求也在劳动领域中凸显出来。但是劳动卫生防护工作往往与企业生产主要追求的方向相左，容易导致企业忽视对劳动卫生的管理；政府监督是企业开展劳动卫生工作的主要驱动力，企业通常选择被动接受监管，而较少主动开展劳动卫生工作。我国十分重视劳动者的职业卫生工作，把维护和保障劳动者职业安全健康与带领人民站起来、富起来、强起来的使命紧密相连。伴随《工业企业设计暂行卫生标准》《职业病诊断标准即处理原则》等法律法规相继出台，充分说明国家在不断关注劳动过程卫生，防止有害环境作业，创造能适应人体心理和生理变化的劳动环境。

第一节　劳动过程和环境中常见的有害因素

劳动过程和环境中常见的有害因素，主要包括生产性毒物（如铅、汞、苯、氯气、一氧化碳等）、生产性粉尘（如石英尘、石棉尘、煤尘、皮毛尘等）、不良气象条件（如过高过低的温度、湿度等）、典型物理因素（如噪声、振动、微波、激光、X射线、γ射线等）以及生物性因素（如细菌、真菌、病毒、人体寄生虫等）四大类。

一、生产性毒物

（一）生产性毒物的来源与存在形态

生产性毒物指在生产劳动中使用、接触的能使人体器官组织机能或形态发生异常改变而引起暂时性或永久性病理变化的物质。生产性毒物主要来源于劳动过程中所必须接触的原料、辅助原料、中间产品（中间体）、成品、副产品、夹杂物或废弃物，有时也可来自热分解产物及反应产物。例如，聚氯乙烯塑料加热至 160～170 ℃时，可分解产生氯化氢；磷化铝遇湿分解生成磷化氢等。

生产性毒物在生产过程中常以气体、粉尘、烟、雾和气溶胶的形态存在并污染空气。同一种生产性毒物在不同生产过程中呈现的形式也不同，如氯化氢、氰化氢、二氧化硫、氯气等在常温下是以气体形态污染空气的。一些沸点低的物质是以蒸汽形态污染空气的，如喷漆作业中的苯、汽油、醋酸乙酯等。在喷洒农药时的药雾、喷漆时的漆雾、电镀时的铬酸雾、酸洗时的硫酸雾等，是以雾的形态污染空气的。值得一提的是，气溶胶在 2020 年新冠疫情防治期间逐渐进入公众的视野并被关注，气溶胶指的是由大小在 0.001～100 μm 的固体或液体悬浮在气体中形成的分散体系，固体的气溶胶常被称为烟，而液体的多被称为雾。病原微生物附着在大气或其他环境中存在的气溶胶上，经呼吸道吸入后引起感染。大颗粒的气溶胶会附着在鼻腔黏膜或上呼吸道纤毛上，而小颗粒则会下沉至人的下呼吸道，直至肺部底层，从而形成感染灶。

了解生产性毒物的来源及其存在形态，对于了解毒物进入人体的途径，评价毒物的毒作用，选择空气样品的采集和分析方法，以及制定相应的防护策略等均具有重要意义。

（二）生产性毒物的劳动接触

在生产劳动过程中，原料的开采与提炼，加料和出料，成品的处理、包装，材料的加工、搬运、储藏，化学反应控制不当或加料失误而引起冒锅和冲料，物料输送管道或出料口发生堵塞，作业人员进入反应釜出料和清釜，储存气态化学物钢瓶的泄漏，废料的处理和回收，化学物的采样和分析，设备的保养、检修等劳动操作环节均有可能接触到生产性毒物。此外，有些劳动作业一般情况下不会直接接触到有毒物质，但随着劳动环境和条件的变化有可能会产生接触甚至会中毒。例如，在有机物堆积且通风不良的密闭场所或"局限空间"（如地窖、矿井下的废巷、化粪池、腌菜池）等地方劳动时可能会接触到硫化氢，含砷矿渣的酸化或加水处理时可能会接触到砷化氢，就有可能引起相应的急性中毒。

（三）生产性毒物影响劳动者健康的途径

生产性毒物主要经呼吸道吸收进入劳动者体内，也可经皮肤和消化道进入，从而对劳动者的健康产生影响。

1. 呼吸道

因肺泡呼吸膜极薄,扩散面积大,供血丰富,气体、蒸气和气溶胶状态的毒物均可经呼吸道迅速进入人体而导致中毒。经呼吸道吸收的毒物,未经肝脏的生物转化解毒过程即直接进入大循环并分布于全身,故其毒作用发生较快。

气态毒物经过呼吸道进入人体受许多因素的影响,首先,与毒物在空气中的浓度或分压有关。浓度高,毒物在呼吸膜内外的分压差大,进入机体的速度就较快。其次,与毒物的分子量及其血/气分配系数有关。分配系数大的毒物易吸收。例如,甲醇和二硫化碳的血/气分配系数分别为 1700 和 5,故甲醇远比二硫化碳易被吸收。气态毒物进入呼吸道的深度取决于其水溶性,水溶性较大的毒物,如氨气,易在上呼吸道吸收,除非浓度较高,一般不易达到肺泡;水溶性较小的毒物,如光气、氮氧化物等,因其对上呼吸道的刺激较小,故易进入呼吸道深部。此外,劳动强度、肺通气量与肺血流量以及生产环境的气象条件等因素也可影响毒物在呼吸道中的吸收。

气溶胶状态的毒物在呼吸道的吸收情况颇为复杂,受气道的结构特点,粒子的形状、分散度、溶解度以及呼吸系统的清除功能等多种因素的影响。

2. 皮肤

皮肤对外来化合物具有屏障作用,但有不少外来化合物可经皮肤吸收,如芳香族氨基和硝基化合物、有机磷酸酯类化合物、氨基甲酸酯类化合物、金属有机化合物(四乙基铅)等,可通过完整皮肤吸收入血而引起中毒。有毒物质主要通过表皮细胞渗透,也可通过皮肤的附属器,如毛囊、皮脂腺或汗腺进入真皮而被吸收入血,但皮肤附属器仅占体表面积的 0.1%~0.2%,只能吸收少量毒物,故实际意义并不大。经皮肤吸收的毒物也不经肝脏的生物转化解毒过程即直接进入大循环。

毒物经皮肤吸收分为穿透皮肤角质层和由角质层进入真皮而被吸收入血两个阶段。毒物穿透角质层的能力与其分子量的大小、脂溶性和角质层的厚度有关。某些经皮肤难以吸收的毒物,如汞蒸气,在浓度较高时也可经皮肤吸收。皮肤有病损或遭腐蚀性毒物损伤时,不易经完整皮肤吸收的毒物也能进入。接触皮肤的部位和面积、毒物的浓度黏稠度、生产环境的温度和湿度均可影响毒物经皮肤吸收。

3. 消化道

在生产环境中,单纯从消化道吸收而引起中毒的机会比较少见。往往是由于手被毒物污染后直接用污染的手拿食物吃,造成毒物随食物进入消化道。消化道吸收毒物的主要部位在小肠,尤其脂溶性毒物在肠内吸收较快。绝大部分由肠道吸入血循环的毒物都将流经肝脏,一部分被解毒转化为无毒或毒性较小的物质,一部分随胆汁分泌到肠腔,除随排泄物排出体外,其中少部分可被吸收。有的毒物,如氰化氢,在口腔内即可被黏膜吸收。

二、生产性粉尘

生产性粉尘是指在人类生产活动中产生的能够较长时间漂浮于生产环境中的固体微粒。它是污染作业环境、损害劳动者健康的重要职业性危害因素,可引起包括尘肺病在内的多种职业病。

(一) 生产性粉尘的来源与分类

几乎所有的生产劳动均可伴有生产性粉尘的产生,如矿山开采,隧道开凿,玻璃、水泥、陶瓷等原料加工,皮毛工业等原料处理,粮谷脱粒等,如果防尘措施不够完善,均可产生大量粉尘。

生产性粉尘一般分为无机粉尘、有机粉尘和混合性粉尘。无机粉尘主要包括矿物性粉尘,如矽尘,硅酸盐尘,含碳粉尘,金属粉尘,以金刚砂以及玻璃及玻璃纤维、人造矿棉、玻璃棉等为代表的人工无机粉尘。有机粉尘主要是农业生产、有机化工、医药等行业的劳动生产过程中产生的粉尘,这一类型多为植物蛋白及有机化学物,对健康的影响主要是引起机体过敏性疾病,如职业性哮喘、过敏性肺炎等。常见的有以棉花、面粉为代表的植物性粉尘,以皮毛、丝尘为代表的动物性粉尘和人工合成的有机染料、农药、合成树脂、炸药和人造纤维等;而在生产环境中,以单纯一种粉尘存在的情况较少见,大多数情况下为两种以上粉尘混合存在,如煤工接触的煤矽尘、金属制品加工研磨时的金属和磨料粉尘、皮毛加工的皮毛和土壤粉尘的混合性粉尘。

(二) 生产性粉尘对劳动者健康的影响

1. 粉尘在呼吸道的沉积

粉尘粒子随气流进入呼吸道后,主要通过撞击、截留、重力沉积、静电沉积、布朗运动等沉降在人体呼吸道的不同部位。

2. 人体对粉尘的防御和清除

人体对吸入的粉尘有三道防线,主要如下:

(1) 鼻腔、喉、气管支气管树的阻留作用。大量粉尘粒子随气流吸入时通过撞击、截留、重力沉积、静电沉积作用阻留于呼吸道表面,减少进入气体交换区域(呼吸性细支气管、肺泡管、肺泡)的粉尘量。此外,气道平滑肌的异物反应性收缩可使气道截面积缩小,减少含尘气流的进入,增大粉尘截留,并可启动咳嗽和喷嚏反射,排出粉尘。

（2）呼吸道上皮黏液纤毛系统的排出作用。呼吸道上皮存在着由黏膜上皮细胞表面的纤毛和覆盖其上的黏液组成的"黏液纤毛系统"。在正常情况下，阻留在气道内的粉尘黏附在气道表面的黏液层上，纤毛向咽喉方向有规律地摆动，将黏液层中的粉尘移出。有证据表明，虽然肺泡上皮表面未见纤毛，但其表面的黏液及黏着的尘粒在向支气管流动。这种方式是很有效的粉尘及外来异物清除方式。但如果长期大量吸入粉尘，黏液纤毛系统的功能和结构会遭到严重损害，其粉尘清除能力极大降低，从而导致粉尘在呼吸道滞留。

（3）肺泡巨噬细胞的吞噬作用。进入肺泡的粉尘黏附在肺泡腔表面，被肺泡巨噬细胞吞噬，形成尘细胞。大部分尘细胞通过自身阿米巴样运动及肺泡的舒张转移至纤毛上皮表面，再通过纤毛运动清除。绝大部分粉尘通过这种方式约在24小时内排除；小部分尘细胞因粉尘作用受损、坏死、崩解，尘粒游离后再被巨噬细胞吞噬，如此循环往复。进入肺间质的小部分粉尘也可以被间质巨噬细胞吞噬，形成尘细胞，部分尘细胞坏死、崩解，释放出尘粒；此外，尘细胞和尘粒可以进入淋巴系统，沉积于肺门和支气管淋巴结，有时也可经血循环到达其他脏器。

呼吸系统通过上述作用可使进入呼吸道的绝大多数粉尘在24小时内被排出。人体通过各种清除功能，可排出进入呼吸道的97%～99%的粉尘，只有1%～3%的尘粒沉积在体内。如果长期吸入粉尘可削弱上述各项清除功能，导致粉尘过量沉积，酿成肺组织病变，引起疾病。

阅读材料7-1 生产性粉尘对人体的致病作用

生产性粉尘根据其理化特性和作用特点不同，可引起不同疾病。

1. 尘肺

我国在10世纪北宋年代就有粉尘致病的记载。孔平仲提出，采石人"石末伤肺"。欧洲直至16世纪时对尘肺的本质还不了解，概念、认识不统一。还有人提出所谓"惰性粉尘"和"良性尘肺"之说。目前，大多数学者认为粉尘是有害的，长期吸入不同种类的粉尘，可导致不同类型的尘肺或肺部疾患。主要有：因长期吸入含游离二氧化硅粉尘所致的矽肺；长期吸入含结合型二氧化硅（如石棉、滑石、水泥、云母等）粉尘引起的硅酸盐肺；长期吸入煤、石墨、炭黑、药用炭等粉尘所致的炭尘肺以及吸入含游离二氧化硅粉尘和其他粉尘（如煤矽尘、铁矽尘等）所致的混合性尘肺。

我国2002年公布的《职业病目录》中共列入12种有具体病名的尘肺，即矽肺、石棉肺、滑石尘肺、水泥尘肺、云母尘肺、煤工尘肺、石墨尘肺、炭黑尘肺、陶工尘肺、铸工尘肺、电焊工尘肺和铝尘肺,以及根据《尘肺病诊断标准》和《尘肺病理诊断标准》可以诊断的其他尘肺。

2. 其他呼吸系统疾患

(1) 粉尘沉着症:某些生产性粉尘如锡、钡、锑尘,沉积于肺部后,可引起一般性异物反应,并继发轻度的肺间质非胶原型纤维增生,但肺泡结构保留,脱离接尘作业后,病变并没有进展,甚至会逐渐减轻。

(2) 有机粉尘所致呼吸系统疾患:吸入棉、亚麻、大麻等粉尘可引起棉尘症;吸入被真菌、细菌或血清蛋白等污染的有机粉尘可引起职业性变态反应性肺泡炎;吸入被细菌内毒素污染的有机粉尘也可引起有机粉尘毒性综合征;吸入聚氯乙烯、人造纤维粉尘可引起非特异性慢性阻塞性肺疾病等。粉尘性支气管炎、肺炎、哮喘性鼻炎、支气管哮喘等。

3. 局部作用

粉尘对呼吸道黏膜可产生局部刺激作用,引起鼻炎、咽炎、气管炎等。刺激性强的粉尘(如铬酸盐尘)等还可以引起鼻腔黏膜充血、水肿、糜烂、溃疡等;金属磨料粉尘可引起角膜损伤;粉尘堵塞皮肤的毛囊、汗腺开口可引起粉刺、毛囊炎、脓皮病等;沥青粉尘可引起光感性皮炎。

4. 中毒作用

吸入铅、砷、锰等粉尘可在呼吸道黏膜很快溶解吸收,导致中毒。

5. 肿瘤

吸入石棉,放射性矿物质,镍、铬酸盐粉尘等可致肺部肿瘤或其他部位肿瘤。

资料来源:生产性粉尘的危害及防护[EB/OL].(2020-09-03). https://max.book118.com/html/2020/0903/8020062004002140.shtm.

三、劳动环境的不良气象条件

劳动环境中的气象条件包括空气温度、湿度、风速和热辐射,由这些因素构成了劳动场所的微小气候。

(一) 高温劳动作业

高温劳动作业是指在有高气温或有强烈的热辐射或伴有高气湿(相对湿度≥80%RH)相结合的异常环境条件下的劳动作业。包括高温天气劳动作业和工作场所高温劳动作业。

1. 高温劳动作业环境类型

高温劳动作业按照劳动环境条件的特点可分为"高温+强热辐射劳动作业""高温+高湿劳动作业""夏季露天劳动作业"三个基本类型。

(1) 高温+强热辐射劳动作业。如冶金工业的炼焦、炼铁、轧钢等车间;机械制造工业的铸造、锻造、热处理等车间;陶瓷、玻璃、搪瓷、砖瓦等工业的炉窑车间;火力发电厂和轮船的锅炉间等。这些劳动场所的环境特点是气温高、热辐射强度大,而相对湿度较低,环境呈干热状态。

(2) 高温+高湿劳动作业。此种劳动环境的特点是高气温合并高气湿,而热辐射强度不大。高湿度的形成,主要是由于生产过程中产生大量水蒸气或生产上要求车间内保持较高的相对湿度所致。如制药、印染、缫丝、造纸等工业中液体加热或蒸煮时,车间气温可达35℃以上,相对湿度常达90%以上。潮湿的深矿井内气温可达30℃以上,相对湿度达95%以上。如通风不良就容易形成高温、高湿和低气流的湿热劳动环境。

(3) 夏季露天劳动作业。夏季的农田劳动、建筑、搬运等露天作业,除受太阳的直接辐射作用外,还受到加热的地面和周围物体二次辐射源的附加热作用。露天作业中的热辐射强度虽然比高温车间的低,但其作用的持续时间较长,加之中午前后气温较高,形成高温与热辐射的联合劳动作业环境。

2. 高温劳动作业环境对劳动者生理功能的影响

在高温作业环境中从事劳动作业,劳动者会出现一系列生理变化,这些变化会涉及劳动者的体温变化、水盐代谢和循环系统、消化系统、神经系统以及泌尿系统等多系统的适应性调节。

常温时,劳动者通过辐射、传导、对流和蒸发进行有效的体温调节,当环境温度升高时,机体反射性地出现皮肤血管扩张、出汗以维持正常体温。当环境温度高于35℃,再加上劳动代谢产热明显增加,并超过人体正常散热能力时,劳动者就会出现中暑现象。同时伴随劳动过程大量汗液的排出,可能导致水盐代谢紊乱,进而引起消化液分泌减少和肾脏负担加重,若不能有效调整,劳动者就易出现胃肠蠕动减慢、食欲缺乏、消化不良、肾功能不全、尿中出现红细胞和管型等情况。

3. 高温劳动作业的劳动者保障

(1) 改善劳动环境。预防中暑的关键在于改善高温劳动作业环境,使劳动环境的气象条件符合国家规定的卫生标准。在高温劳动环境内合理布置热源,尽量避免劳动者周围受到热源作用。尽可能把各种加热设备置于劳动空间尤其是密闭空间之外。温度很高的产品应尽快移出劳动作业场所。如果热源不能移动,应采取隔热措施。通风是防暑降温的重要措施,应加强自然通风,以便车间等劳动场所内高温的气体从高窗或气孔排出。当自然通风不能将热量及时排出时,应采用机械通风。

(2) 加强劳动者个体防护。高温劳动作业人员应穿耐热、坚固、导热系数小、透气功能好的浅色工作服,根据防护需要,穿戴手套、鞋套、护腿、眼镜、面罩、工作帽等。

(3) 采取必要的组织措施和保健措施。制定合理的劳动和休息制度,调整作息时间,采取多班次工作办法;合理布置工间休息地点;加强宣传教育,使职工自觉遵守高温作业安全卫生规程;定期检测作业场所的气象条件;实行医务监督,对高温作业人员定期进行体检;为高温作业人员提供清凉饮料和降温用品。

阅读材料 7-2　高温劳动作业可能引起的疾病

高温劳动作业可导致急性热致疾病(如刺热、痱子和中暑)和慢性热致疾病(慢性热衰竭、高血压、心肌损害、消化系统疾病、皮肤疾病、热带性嗜睡、肾结石、缺水性热衰竭等),其中最为常见的就是中暑。中暑是高温环境下由于热平衡和(或)水盐代谢紊乱等而引起的一种以中枢神经系统和(或)心血管系统障碍为主要表现的急性热致疾病。

1. 致病因素

劳动环境温度过高、湿度大、风速小、劳动强度过大、劳动时间过长是中暑的主要致病因素。过度疲劳、未热适应、睡眠不足、年老、体弱、肥胖等均易诱发中暑。

2. 发病机制与临床表现

中暑按发病机制可分为三种类型,即热射病、热痉挛和热衰竭。这种分类是相对的,临床上往往难于区分,常以单一类型出现,亦可多种类型并存,我国职业病名单中将它们统称为中暑。

(1) 热射病。人体在热环境下,散热途径受阻,体温调节机制失调所致。其临床特点为突然发病,体温升高可达 40℃ 以上,开始时大量出汗,以后出现"无汗",并伴有干热和意识障碍、嗜睡、昏迷等中枢神经系统症状,病死率较高。

(2) 热痉挛。由于大量出汗,体内钠、钾过量丢失所致。主要表现为明显的肌肉痉挛伴有收缩痛痉挛,以四肢肌肉及腹肌等经常活动的肌肉为多见,尤以腓肠肌为最。痉挛常呈对称性,时而发作,时而缓解。患者神志清醒,体温多正常。

(3) 热衰竭。多数认为在高温、高湿环境下,皮肤血流的增加不伴有内脏血管收缩或血容量的相应增加,因此不能足够的代偿,致脑部暂时供血减小而晕厥。一般起病迅速。先有头昏、头痛、心悸、出汗、恶心、呕吐、皮肤湿冷、面色苍白、血压短暂下降,继而晕厥,体温不高或稍高。通常休息片刻即可清醒,一般不引起循环衰竭。

资料来源:根据互联网信息整理而成。

(二)低温劳动作业

低温劳动作业指劳动过程中,工作地点平均气温等于或低于5℃的劳动作业。此类劳动主要有高山高原工作、潜水员水下工作、现代化工厂的低温车间以及寒冷气候下的野外作业等。

1. 低温劳动环境对劳动者的影响

(1) 在低温尤其是极低温劳动环境下,根据劳动者在低温环境中暴露时间的长短,会产生身体局部组织的冻痛、冻僵和冻伤。

(2) 冷金属与皮肤接触时所产生的粘皮伤害,这种情况一般发生在－10℃以下。

(3) 产生全身性影响。人体在低温环境暴露时间不长时,能依靠温度调节系统,使人体深部温度保持稳定。但若暴露时间过长,人体热损失过多,会使深部体温(口温、肛温)下降到生理可耐限度以下,中心体温逐渐降低,就会出现一系列的低温症状,如呼吸和心率加快、颤抖、头痛、瞌睡、身体麻木等生理反应,还会出现感觉迟钝、动作反应不灵活、注意力不集中、不稳定,以及不良情绪体验等心理反应。当中心体温降到30~33℃时,肌肉由颤抖变为僵直,从而失去产热作用,严重的将导致死亡。长期在低温条件下劳动(如冷冻库工人)易引起肌痛、肌炎、神经痛、神经炎、腰痛和风湿性疾患等。

2. 低温劳动作业的劳动者保护

(1) 低温作业、冷水作业应尽可能实现自动化、机械化,避免或减少人员低温作业和冷水作业;要控制低温作业、冷水作业时间;在冬季寒冷劳动作业场所,要有防寒采暖设备,露天作业要设防风棚、取暖棚;应选用导热系数小、吸湿性小、透气性好的材料做防寒服装;工作时,劳动者必须穿好防寒服、鞋、戴好帽、手套等保暖用品;防寒衣物要避免潮湿,手脚不能缚得太紧,以免影响局部血液循环;冷库附近要设置更衣室、休息室,保证劳动者有足够的休息次数和休息时间。

(2) 要定期对作业工人进行体格检查,做好健康监护工作。凡是年龄在50岁以上,且患有高血压、心脏病、胃肠功能障碍等疾病的职业禁忌人员,应及时调离低温、冷藏作业岗位。

（3）从事低温、冷藏工作的劳动者在日常生活中，要注意增强对寒冷或低温环境的适应能力。耐寒锻炼的方法有：冷水洗脸、洗手、洗足，也可采取冷空气刺激的方法进行锻炼。但这类耐寒锻炼，也要注意充分考虑劳动者自身的体质强弱、年龄等个体差异且注意循序渐进；同时应增加体内代谢放热，食用高热量的食物以增加耐寒能力；热食应以富含蛋白质的食物为主，如瘦肉类、蛋类、鱼类、大豆和豆制品等，并应多吃一些富含维生素 C 的蔬菜等。

（4）一般室内低温作业的防护措施，主要包括对低温环境的人工调节和对个人的防护。如通过人工调节，采用暖气、隔冷和炉火等办法，调节室内气温使之保持在人体可耐受的范围内。室外低温作业的个人防护，一般是穿着合适的防寒服装。

四、典型物理因素

在劳动中，与劳动者健康密切相关的典型物理因素包括噪声、振动、电离辐射等。

（一）噪声对劳动者的影响

接触噪声会对人体产生影响。早期人们只注意到长期接触一定强度的噪声，可以引起听力下降和噪声性耳聋。经过多年研究，证明噪声对人体的影响是全身性的。除了听觉系统以外，也可以对非听觉系统产生影响。噪声对人体影响的早期主要引起生理改变，在此之后才出现病理性变化。

在噪声干扰下，劳动者会感到烦躁、注意力不集中、反应迟钝，不仅影响工作效率，而且降低工作质量。在车间或矿井等作业场所，由于噪声的影响，掩盖了异常信号或声音，容易发生各种工伤事故。

（二）振动对劳动者的影响

适宜的振动有益身心健康，具有增强肌肉活动能力、解除疲劳、减轻疼痛、促进代谢、改善组织营养、加速伤口恢复等功效。但强度过大、持续时间过长的振动会危害劳动者的健康。

1. 全身振动对劳动者的不良影响

接触强烈的全身振动可能导致内脏器官的损伤或位移、周围神经和血管功能的改变，可造成组织的、生物化学的改变，导致组织营养不良，如足部疼痛、下肢疲劳、足背脉搏动减弱、皮肤温度降低；女性劳动者可发生子宫下垂、自然流产及异常分娩率增加。振动加速度还可使人出现前庭功能障碍，导致内耳调节平衡功能失调，出现脸色苍白、恶心、呕吐、出冷汗、头疼头晕、呼吸浅表、心率和血压降低等症状。晕车、晕船即属全身振动性疾病。全身振动还可造成腰椎损伤等运动系统影响。

2. 局部振动对劳动者的不良影响

局部接触强烈振动主要是以手接触振动工具的方式为主，由于工作状态的不同，振动可传给一侧或双侧手臂，有时可传到肩部。长期持续使用振动工具能引起末梢循环、末梢神经和骨关节肌肉运动系统的障碍，严重时可引起局部振动病。局部振动病也称职业性雷诺现象、振动性血管神经病或振动性白指病等。主要是由于人体长期受低频率、大振幅的振动，自主神经功能紊乱，引起皮肤振动感受器及外周血管循环机能改变，久而久之，可出现一系列病理改变。早期可出现肢端感觉异常、振动感觉减退，手部症状为手麻、手疼、手胀、手凉、手掌多汗，多在夜间发生；其次为手僵、手颤、手无力（多在劳动后发生），手指遇冷即出现缺血发白现象，严重时血管痉挛明显。

（三）电离辐射对劳动者的影响

电离辐射是指携带足以使物质原子或分子中的电子成为自由态，从而使这些原子或分子发生电离现象的能量的辐射，波长小于 100 nm，包括宇宙射线、X 射线和来自放射性物质的辐射。

在接触电离辐射的劳动中，如防护措施不当，违反操作规程，劳动者受照射的剂量超过一定限度，则能发生有害作用。在电离辐射作用下，机体的反应程度取决于电离辐射的种类、剂量、照射条件及机体的敏感性。电离辐射可引起放射病，它是机体的全身性反应，几乎所有器官、系统均发生病理改变，但其中以神经系统、造血器官和消化系统的改变最为明显。电离辐射对机体的损伤可分为急性放射损伤和慢性放射损伤。短时间内接受一定剂量的照射，可引起机体的急性损伤，主要见于核事故和放射治疗病人。而较长时间内分散接受一定剂量的照射，可引起慢性放射性损伤，如皮肤损伤、造血障碍、白细胞减少、生育能力受损等。另外，过量的辐射还会致癌和引起胎儿的死亡、畸形。

五、生物性有害因素

生物性有害因素是存在于生产原料和生产环境中的对职业人群的健康存在有

害影响的一类生物因素,包括致病微生物、寄生虫及动植物、昆虫等及其所产生的生物活性物质。生物性有害因素会造成多种危害,但主要是对劳动者健康的损害。例如,附着于动物皮毛上的炭疽杆菌、布氏杆菌、蜱媒森林脑炎病毒、支原体、衣原体、钩端螺旋体,滋生于霉变蔗渣和草尘上的真菌或真菌孢子之类的致病微生物及其毒性产物;某些动物、植物产生的刺激性、毒性或变态反应性生物活性物质,如鳞片、粉末、毛发、粪便、毒性分泌物、酶或蛋白质和花粉等;禽畜血吸虫尾蚴、钩蚴、蚕丝、蚕蛹、蚕茧、桑毛虫、松毛虫等。它们除引起炭疽、布氏菌病、森林脑炎等传染病外,也是构成哮喘、外源性过敏性肺泡炎和职业性皮肤病等的致病因素之一。尤其是近年流行的传染性非典型肺炎(非典)、人类禽流感和猪链球菌病等新的传染性疾病对禽、畜类相关劳动者的健康造成了较大影响。

劳动过程和环境中常见的有害因素的种类及存在的情况随着生产结构的变化、科学技术的发展而改变,劳动条件和保障又随着社会经济形势、技术水平、国家对劳动危害采取的政策、劳动者的文化水平等的变化而变化。对有些发展中国家来说,工矿企业中危害职工健康的主要职业病仍为重点防治与研究对象,如尘肺、职业中毒、职业性皮肤病、职业性肿瘤等。有一些发展中国家,部分危害大的企业,由大城市转到农村,乡镇工业生产技术比较落后,劳动者文化知识水平一般较低,缺乏必要的劳动卫生知识教育,这是劳动卫生需要持续关注的重点内容。

第二节 劳 动 生 理

人在劳动过程中,劳动者会根据劳动性质、劳动强度、劳动姿势、作息制度及个体差异等条件或因素,进行主动的适应和调节,以保证在有效完成劳动作业的同时保持身心健康。但值得注意的是,如果因为主客观原因出现劳动负荷过高、劳动时间过长及环境条件太差,致使机体不能适应或耐受时,上述因素也会成为劳动过程中的有害因素而引发对健康的危害。为了保护和促进劳动者的健康、提高劳动生产率应对劳动生理给予足够的关注。

劳动生理是研究劳动过程中劳动者的生理变化特点和规律的科学。它通过探讨不同生产劳动中人体调节适应的规律,提出改善劳动过程的措施,提高劳动者的工作能力,延缓疲劳的出现,以提高劳动生产率和保护劳动者的健康。其研究内容主要包括以下三个方面:一是研究劳动强度、持续时间、操作方法、劳动条件和其他外界环境因素对劳动者生理活动的影响。尤其注重研究处于不利工作环境(如超负荷、恶劣环境)下身体的调节适应特点和规律。二是测定不同生产劳动中人的生理忍受限度,研究劳动中生理活动的个体差异和工作能力的变化规律。三是寻求改善劳动过程、提高劳动效率及防止和克服劳动产生的不利影响的措施。

一、劳动过程的生理变化与适应

（一）体力劳动

1. 体力劳动时的能量代谢

体力劳动是劳动者以运动系统为主要运动器官的劳动,其以肌肉和骨骼的活动为主。由于成年人的骨骼肌一般占体重的35%～40%,故以其活动为主的体力劳动所消耗的能量较大。劳动的过程伴随不同程度的能量需求,所有的劳动都需要高能磷酸化合物提供能量,人类劳动有三大供能系统,分别是磷酸原系统、乳酸能系统和有氧氧化系统。

（1）磷酸原系统,也称ATP-CP(三磷酸腺苷-磷酸肌酸)供能系统。其特点是供能迅速,但维持时间短。

（2）乳酸能系统。乳酸能系统是指糖原或葡萄糖在细胞浆内无氧分解生成乳酸的过程中,再合成ATP的能量系统。其特点是能迅速提供较多的ATP支撑劳动所需的肌肉活动,但此类供能方式会消耗大量的葡萄糖,并产生大量的乳酸。

（3）有氧氧化系统。有氧氧化系统是指糖、脂肪和蛋白质在细胞内彻底氧化成水和二氧化碳的过程中,再合成ATP的能量系统。

任何劳动都有肌肉活动参加,肌肉活动时要消耗能量。能量由食物中的糖、脂肪和蛋白质在体内氧化而产生,因此在劳动过程中将消耗大量的氧。根据能量消耗或氧消耗的多少可判断和划分劳动强度的大小。

2. 体力劳动时的动态氧消耗

劳动时所需要的氧量取决于劳动强度,强度越大,需氧量也越多。劳动1分钟所需要的氧量称为氧需。氧需能否得到满足首先取决于循环系统功能,其次是呼吸器官的功能。氧需和实际供氧不足的量称为氧债。血液在1分钟内能供应的最大氧量称为最大摄氧量,也叫氧上限,它是表示体力劳动能量大小的传统指标,成年人的最大摄氧量一般不超过3 L,经常锻炼者可达4 L多。

一般情况下,劳动开始2～3分钟内,呼吸和循环系统的活动尚不能使氧需得到满足,尽管肌肉可动用肌红蛋白结合的少量氧储备并充分利用血氧,但机体所需的能量是在缺氧条件下产生的,因此逐渐出现氧债。其后,呼吸和循环系统的活动逐渐加强,若从事较轻的劳动,摄氧量可以满足氧需,进入稳定状态,其氧债也是恒定的,这样的作业一般能维持较长时间。在从事较大强度的劳动下,尤其是氧需超过最大摄氧量时,机体摄氧量不可能达到稳定状态,氧债持续增加,肌肉内的蓄能物质(主要是指糖原)迅速消耗,导致劳动就不能持久。停止劳动的一段时间内,机体需要继续消耗较安静时较多的氧以偿还氧债;非乳酸氧债即恢复,ATP、CP、血红蛋白、肌红蛋白等所需的氧可在 2~3 分钟内得到补偿;而乳酸氧则需要较长时间才能得到完全补偿。有时,部分氧债也可在作业的稳定状态期间得到补偿。恢复期一般需要数至十余分钟,也可长达 1 小时以上。

3. 体力劳动的能量消耗量与劳动强度分级

劳动时的能量消耗量是全身各器官系统活动能量消耗量的总和。对同一劳动者个体来说,从事体力劳动时的能量消耗可达到基础代谢的 10~25 倍,故可以用能量消耗量或心率来区分体力劳动强度的大小:

(1) 中等强度劳动:劳动时的氧需不超过氧上限,在稳定状态下进行,我国现在的工农业劳动多属于此类。

(2) 大强度劳动:劳动时氧需虽然不超过氧上限,但是在氧债大量蓄积的条件下进行,此类劳动一般只能持续进行数分钟至十余分钟,如重件手动锻打、爬坡搬动重物等。

(3) 极大强度劳动:完全在无氧条件下进行的劳动,此时的氧债几乎等于氧需。如在短跑和游泳比赛时。这种剧烈活动只能持续很短时间,一般不超过 2 分钟。

测定劳动时的能量消耗量,常用来划分和鉴定体力劳动的强度等级,以便制定合理的劳动制度和膳食供给。早期,劳动生理学通过测定分析不同劳动任务消耗的能量,并制定出相应的活动与能量消耗表。随着工业化步伐的加快,繁重的体力劳动为机械化所取代,过高的能量消耗及重体力劳动已显得不那么重要,不良劳动姿势、过快的劳动节奏、倒班劳动制度已成为现代劳动生理学探讨的主要问题。

4. 体力劳动时机体的调节与适应

在劳动过程中,机体通过神经-体液调节来实现能量供应和各器官系统之间的协调,以适应生产劳动的需要。劳动时机体的调节和适应主要体现在神经系统、心血管系统、呼吸系统等的变化上。

(1) 神经系统

劳动动作均有明确指向,该功能的实现既取决于中枢神经系统的调节作用,特别是大脑皮层内形成的意志活动——主观能动性;又取决于从机体内外感受器所传入的神经冲动,在大脑皮层内进行综合分析,形成一时性共济联系,以调节各器官系统适应作业活动的需要,来维持机体与环境的平衡。当长期在同一劳动环境中从事某一作业活动时,通过复合条件反射逐渐形成该项作业动力定型,使从事该作业时各器官系统相互配合得更为协调,反应更加迅速,能耗更少,劳动效率更高。

体力劳动的性质和强度,在一定程度上能改变大脑皮层的功能。强度大的劳动作业能降低皮层的兴奋性并加强抑制过程,并且会影响感觉器官的功能,如重体力劳动会引起视觉和皮肤感觉时值延长,停止后数十分钟才能恢复。

(2) 心血管系统

心血管系统在劳动开始前后发生的适应性变动,表现在心率、血压和血液再分配上。

劳动者的心率在劳动开始前1分钟常稍增加,经4~5分钟达到与劳动强度相适应的稳定水平。停止劳动后,心率可在0~15秒内迅速减少,然后再缓慢降至原水平。恢复期的长短随劳动强度、工作间隙、环境条件和健康状况而异,此可作为心血管系统能否适应该劳动的标志。

劳动者的血压变化为劳动开始其收缩压即上升,强度大的劳动能使血压上升 8~10.67 kPa(60~80 mmHg)。劳动停止后血压迅速下降,一般能在5分钟内恢复正常。

人在安静时血液流入肾、内脏器官的量最多,其次为肌肉、脑、再次为心、皮肤(脂肪)、骨骼等。在体力劳动时,人体的血液会发生再分配,通过神经反射使内脏、皮肤等处的小动脉收缩,代谢产物乳酸使供应肌肉的小动脉扩张,使流入骨骼肌和心肌的血液量大增,脑则维持不变或稍增多,而内脏、肾、皮肤、骨等都有所减少。

(3) 呼吸系统

作业时,呼吸次数随体力劳动强度而增加,高强度劳动可达30~40次/分,极大强度劳动时可达60次/分。肺通气量可由安静时的6~8升/分增至40~120升/分或更高。有锻炼者主要靠增加肺活量来适应;无锻炼者则靠增加呼吸次数来维持。停止劳动后,呼吸节奏的恢复较心率、血压快。

(4) 体温

体力劳动时及其后一段时间,劳动者的体温有所上升,以利于全身器官系统活动的进行,但不应超过安静时的1℃,即中心体温为38℃左右;否则人体不能适应,劳动不能持久进行。

(二) 脑力劳动

随着科学技术的发展和人工智能的广泛运用,工农业生产大量繁重的体力劳动和职业危害严重的工种逐步被机器和机器人取代,体力劳动的比重和强度都不断减少,而脑力劳动比重持续增加。

1. 脑力劳动的内容与生理特点

脑力劳动与"体力劳动"相对。第二信号系统的形成与发展是脑力劳动得以产生的前提条件,低等动物的大脑由于不具备第二信号系统,不能相对独立地进行脑力劳动,它只是为体力劳动或其他劳动提供必要的本能控制信号,因此脑力劳动是只有人类才具有的运动形式。脑力劳动是劳动者运用智力、科学文化知识和生产技能所从事的劳动,故亦称"智力劳动",是质量较高的复杂劳动。劳动中体力受脑力的支配,脑力以体力为基础,劳动是二者的结合。

脑的氧代谢较其他器官高,安静时一般为等量肌肉需氧量的15~20倍,占成年人体总耗氧量的10%,睡眠时则减少。由于脑的重量不超过体重的2.5%,觉醒时已处于高度活动状态,故即使是最紧张的脑力劳动,全身能量消耗量的增高也不会超过基础代谢的10%。例如,紧张的演算数学题仅增高基础代谢率的3%~4%,剧烈的情绪兴奋时可增高5%~10%。葡萄糖是脑细胞活动的最重要能源,平时90%的能量都是靠分解葡萄糖来提供的。但脑细胞中储存的糖原甚微,只够维持活动几分钟,主要依靠血液送来的葡萄糖通过氧化磷酸化过程来提供能量。因此,脑组织对缺氧、缺血非常敏感。

脑力劳动常使心率减慢,但特别紧张时,可使心率加快、血压上升、呼吸稍加快、脑部充血,而四肢和腹腔的血液则减少。

2. 脑力劳动的保障措施

为了给劳动者提供更好的劳动环境,保证劳动效率,已有研究结果有如下结论和建议:脑力劳动工作场所应保持安静,噪声不应超过45分贝;室内光线应明亮,但须防止阳光直射,光线应从左边来;工作环境的温度以夏季24~28℃,冬季19~22℃为适宜温度,周围墙壁颜色应明亮柔和,避免使用黑色、深色或刺眼的颜色;工作空间、桌椅应符合劳动者身体尺寸和工效学的要求。

基于脑力劳动中处理加工信息占很大比重,要求提供给劳动者的信息应该明确,量要适中,信号的区分度要高,否则会加重劳动负荷。还应注意信息的和谐性和剩余度的问题,信息的和谐性是指信息显示、控制性活动或系统的应答要与操作者所预期的保持一致,否则会导致信息冲突。

二、劳动负荷评价

随着时代的进步和社会的发展,劳动卫生研究的内容不断深入,服务对象的范围不断扩大,劳动涵盖了为了人类延续和社会进步而从事的一切活动。劳动者需要完成工作任务,而工作任务以及环境因素也会对劳动者产生作用或影响。因此,劳动负荷应保持在一个适宜的水平。劳动负荷过高会降低作业的水平与质量,容易引起疲劳甚至损害,而负荷过低则会降低作业者的警觉性,使作业者感到单调、无聊,也影响作业能力。适度的负荷是完成工作任务甚至是人体健康所必需的,劳动负荷评价的目的并不是为了消除负荷,而是要把它维持在一个适宜水平,也称可接受水平或者负荷的安全限值。

(一)体力劳动负荷评价指标

1. 劳动能量代谢率

劳动能量代谢率是传统的劳动负荷测定指标,已有100多年的使用历史,适合评价全身性的动态体力劳动。

2. 心率

心率也是一项传统的指标,适宜反映动态体力劳动的应激程度,也可用于评价小肌群参与的劳动负荷,甚至脑力劳动负荷。

3. 肌电图

肌电图将电极置于肌肉内或皮肤表面以测得肌电电压,称为肌电活性。肌电活性与肌肉的力量或负荷存在一定的比例关系。在肌肉疲劳时,肌电谱会发生明显变化,振幅增大而频率降低,因此可直接反映局部肌肉的疲劳程度。

4. 中心体温(如直肠温度)

中心体温(如直肠温度)反映机体自环境受热和自身产热的总和,且十分稳定,常用作高温作业时机体的应激指标。

5. 血乳酸含量

血乳酸含量是评价体力劳动负荷的经典指标。

除上述5种指标以外,评价体力劳动负荷的指标还有肌酸激酶、肌红蛋白、激素、白细胞含量等。

(二)脑力劳动负荷评价指标

1. 瞳孔测量术

通过测量瞳孔直径反映劳动者注意力的高低,工作负荷越大,瞳孔的直径也越大。

2. 心率

心率是评价脑力劳动负荷的常用指标,心率的升高一般与脑力工作负荷增高有关。

3. 心率变异性

心率在正常情况下存在一定的变异,有时每分钟可达 10~15 次。随着工作负荷的增加,变异性会下降,甚至趋于消失。

4. 脑诱发电位

某散在的刺激事件可在脑中引起一个短暂的唤起反应,表现为来自大脑皮层的一系列电压波动。

(三)劳动负荷的适宜水平

劳动负荷的适宜水平可理解为劳动者在该负荷下能够连续有效劳动 8 小时、不至于疲劳、长期持续也不损害健康的卫生限值。德国提出所谓持续做功限值,是指一个劳动者在整个工作日连续做出的最大功率,它是上限值。工间休息研究提出了这个问题,即在某工作期间(至下一次公休前)一个人最大能够做出多少功?这个限值并非将疲劳控制在零的水平,而是将疲劳与恢复二者长时间地维持平衡,持续做功限值也没有考虑人的特性。实际应用时,必须明确这类限值的含义。此外,可以用不同指标来表示劳动负荷适宜水平或限值。一般认为,劳动负荷的适宜水平约为最大摄氧量的 1/3。未经专门训练的男性和女性的最大摄氧量分别为 3.3 升/分钟和 2.3 升/分钟,因此适宜负荷水平约为 1.1 升/分钟和 0.8 升/分钟耗氧量,以能量代谢计则分别为 17 千焦/分钟和 12 千焦/分钟。以劳动心率表示适宜负荷水平,应不超过安静时的 40 次/分钟。

三、作业能力

劳动者在从事劳动的过程中,完成劳动目标的能力称为作业能力,其高低是在不断变动的。

(一)劳动过程中作业能力的动态变化

1. 体力劳动作业能力的动态变化

体力劳动作业能力的动态变化不仅可通过测量单位作业时间内劳动产品的质和量来直接观察,还可以通过测定劳动者的某些生理指标(握力、耐力、视觉运动反应时、心率、血乳糖等)来衡量。尽管劳动者的个体差异、环境条件、心理因素、劳动强度、操作紧张程度等对其作业能力都有影响,但作业能力的变动是有共性规律可循的。以白班的轻中等劳动为例,劳动开始时,劳动效率一般较低。其后,劳动者的动作逐渐加快且更为准确,效率不断上升,持续 1~2 小时,称工作入门期,在此期间,产量逐渐增加,操作活动所需时间逐渐缩短和废次品减少。当作业能力达到最高水平时,即进入稳定期,维持1小时左右,此期各指标变动不大。随后,即进入疲劳期,出现劳累感,操作活动的速度和准确性下降,产量减少和废次品增多。午餐后,又重复餐前的三个阶段,但一二阶段较短,第三阶段出现的较早。有时在工作日快结束时,可见工作效率一度增高,这与情绪激发有关,称终末激发。

2. 脑力劳动作业能力的变动

脑力劳动的作业能力存在着极大的个体差异,由于劳动者个人记忆、思考问题的方法和习惯不同,再加上缺乏直接衡量脑力劳动质量的尺度,故对其作业能力的变动就更难准确描述,有人试图用测定工作日中不同时间的某些生理指标,如视觉运动反应时、对视觉信号的分辨能力、记忆6位数字的能力等变动来表示脑力劳动作业能力的高低的变动。但这些指标只能反映人体的某些生理性变动,而不能真正代表其脑力劳动作业能力的变动情况。

(二)劳动作业能力的主要影响因素及其改善措施

1. 社会因素

此类因素中对劳动者作业能力影响最大的是社会制度。在不同的社会制度中,首先是劳动者所处的地位不同,如是主人还是雇工,有无医疗、养老等社会保障制度等;其次是劳动贡献大小与个人利益是否真正体现"各尽所能、按劳分配"的原则;再次是家庭关系、上下级关系、群众关系等都对作业能力有明显影响。所以,建立健全卫生、医疗、失业、养老等立法和保险体系,科学地理顺分配关系以实现"各尽所能,按劳分配"的原则,并处理好上下级关系、群众关系、家庭关系等,这是提高劳动积极性、提高作业能力的社会性基本措施。

2. 心理因素

心理因素主要包括劳动者工作的态度(对工作的满意程度)、情绪(对工作的兴趣)和意志(对工作的认识)。这些在很大程度上受社会因素的影响,即劳动者在该工作岗位上是否受到应有的关心、爱护和尊重,是否感到彼此有共同的职责,能否互通信息和互相支持等。此外,还与劳动者的个体因素和所受教育、训练程度能否适应工作要求和环境条件有关。

3. 个体因素

体力劳动作业能力与年龄、性别、身材、健康和营养状况等有关。例如,年龄在30岁以后,随着心血管功能和肺活量下降,最大摄氧量逐渐降低,体力劳动能力也相应减弱,男性的体格、心脏的最大输出量、肺的最大通气量等均较女性大,故男性的体力劳动能力较女性强,一般认为女性从事体力劳动的能力为男性的1/2~1/3。

人的智力发育要到 20 岁左右才能达到完善的程度,20～40 岁是脑力劳动效率最高的阶段,其后则逐渐减退。

4．环境因素

劳动场所的环境因素可直接或间接地影响劳动作业能力。空气中有毒有害物质,强噪声、高温、严寒、不良通风和照明等都对体力和脑力作业能力有较大影响。应针对这些环境因素提出相应的标准,以便为劳动者提供良好的工作环境提供保障。

5．工作条件和性质

(1) 生产设备与工具

作为劳动系统重要组成部分的生产设备与工具对作业能力至关重要,应该通过工效学设计使它适合于人,达到所谓匹配或人机界面友好,是否匹配主要看它在提高作业能力的同时,是否能符合人机尺寸和操作习惯,减轻劳动强度,减少静态作业成分,减少作业的紧张程度等。

(2) 劳动强度与劳动时间

劳动强度大,作业不能持久进行。就体力劳动而言,能量消耗量的最高水平以不超过劳动者最大能耗量的 1/3 为宜,在此水平以下即使连续工作 8 小时也不致引起过度疲劳。但尚未能确定脑力劳动强度的适宜水平。

就劳动时间而言,轮班劳动不仅会对正常生物节律、身体健康、社会和家庭生活产生较大影响,而且对作业能力也有明显影响。与白班工作相比,夜班工作应激反应较强烈。调查表明,夜班工作的劳动者白天睡眠的时间明显缩短,可能原因有:一是白天吵闹,二是生物节律受干扰。

6．疲劳和休息

(1) 疲劳

目前认为疲劳是体力和脑力劳动暂时的减弱,它取决于工作负荷的强度和持续时间,经适当休息又可恢复。疲劳也可理解为一种状态:原来可轻松完成的工作,现在却感到要花费很大精力才能完成,且取得的成果越来越小。

还有一种所谓疲劳样状态,它是工作或环境变动太小所导致个体的应激状态,包括单调乏味、警觉性降低和厌烦,当工作或环境变化后,疲劳样状态可迅速消失。

疲劳可看作机体的正常生理反应,起到预防机体过劳的警告作用。疲劳出现时,可有从轻微的疲倦感到精疲力竭的感觉,但这种感觉和疲劳并不一定同时发生。有时虽已出现疲倦感,但实际上机体还未进入疲劳状态。这在对工作缺乏认识、动力或兴趣、积极性不高的劳动者中常见。另外,也能看到虽无疲倦感而机体早已疲劳的情况。这在对工作具有高度责任感或有特殊爱好的劳动者中以及遇到紧急情况时常可见到。

疲劳的发生大致可分为三个阶段：

第一阶段：疲劳感轻微，作业能力不受影响或稍微下降。此时，浓厚兴趣、特殊刺激、意志等可使自我感觉精力充沛，战胜疲劳，维持劳动效率，但有导致过劳的危险。

第二阶段：作业能力下降趋势明显，但仅涉及生产的质量，对产量的影响不大。

第三阶段：疲倦感强烈，作业能力急剧下降或有起伏，后者表明劳动者试图努力完成工作要求，最终感到精疲力竭，操作发生混乱而无法继续工作。

(2) 休息

休息一般是指工间休息，它涉及人体机能从疲劳状态中恢复。此外，还有操作者自发的或生产过程决定的休息性停顿及社会对劳动和休息的时间规定。如何安排工间休息以便预防疲劳和提高作业能力是劳动生理和工效学研究的重要内容之一。从事不同类型的劳动和作业，机体疲劳恢复所需要时间长短及其规律性仍有待进一步研究。

7. 锻炼和练习

锻炼是指通过反复练习而改善劳动者先天固有的能力。例如，心血管和呼吸系统的功能或肌肉的力量。练习是通过重复来改善那些后天学得的技能。例如，执行某项操作和复述某条信息。锻炼的结果是肌纤维变粗、糖原含量增多、生化代谢发生有益的适应性变化。此外，可使心脏每搏排出量增加；呼吸加深、肺活量增大；氧的利用系数显著提高。总之，锻炼使人的固有能力提高、体魄强健。练习使机体形成巩固的连锁条件反射——动力定型，结果可使参加活动的肌肉数量减少，动作更加协调、敏捷和准确，各项操作益臻"自动化"，不仅不易疲劳，还提高了作业能力。

锻炼和练习对脑力劳动所起的作用更大、更重要，因为人类的智力不像体力那样受生理条件的高度限制。人脑有 120 亿～140 亿个神经元，一般人在一生中经常动用的大脑神经细胞仅占大脑神经细胞的 10%～25%，故人类智力的潜力很大。通过学习仍会有意识或无意识地获得某些知识和技能，而学到的东西要得到巩固则要靠练习和重复来完成。

因此，应鼓励劳动者坚持用脑，促进脑细胞的新陈代谢，保持旺盛。其结果可使注意力集中、记忆力加强、理解力加深和思维动作更敏锐。

第三节 医疗卫生劳动者的职业卫生

医疗卫生劳动者是指钻研学习医学科学技术,以挽救患者生命、维护人民健康为劳动内容的劳动者,在其劳动过程中客观存在的职业暴露和劳动防护越来越受到国家和社会的关注与重视。

一、医疗卫生劳动者职业暴露

职业暴露是指由于职业关系而暴露在危险因素中,从而有可能损害健康或危及生命的一种情况。医疗卫生劳动者职业暴露是指医疗卫生劳动者由于劳动对象和劳动内容的特殊性,在从事诊疗、护理等劳动过程中,因不可避免地接触有毒、有害物质,或传染病病原体等而损害健康或危及生命的一类职业暴露。

1984年,全球出现首例医务人员在医疗活动中因接触患者的血液而感染HIV的事件。WHO报道,在美国,每年有60万~80万名医疗人员发生锐器伤。英国与意大利则每年超过10万例。不少传染性疾病,如艾滋病、乙肝、丙肝、梅毒、结核等可能通过职业暴露的途径威胁医疗卫生劳动者的健康。随着新冠肺炎疫情防控常态化到来,新冠肺炎已经影响到了全球各地医疗卫生劳动者的健康。医疗卫生劳动者的职业暴露主要有生物性职业暴露、化学性职业暴露、物理性职业暴露、运动功能性职业暴露四种。

(一)生物性职业暴露

医疗卫生劳动者在劳动过程中因针刺伤、锐器伤、黏膜或破损的皮肤接触了患者具有传染性的血液、体液、分泌物、排泄物等容易引起生物性职业暴露,包括细菌、病毒和寄生虫等,最常见的有HIV、HBV、HCV、梅毒病毒和肺结核杆菌。在生物性职业暴露中经血传播疾病职业暴露最为常见,主要表现为锐器伤与黏膜暴露,如被注射器针头、头皮针、套管针、缝合针、血糖针、手术刀等不慎扎伤及割伤,以及眼睛、伤口、黏膜暴露等。

(二)化学性职业暴露

医疗卫生劳动者在消毒、治疗、换药、检验、科研等操作过程中因接触各种消毒液、清洁剂、药物及有害的物质等而引起的职业暴露。以下几种化学物质在医疗劳动过程中易引发化学性职业暴露。

1. 抗肿瘤药物

医务人员在配制细胞毒性药物及给药过程中,当注射器插入药瓶或针管排气时,会形成肉眼看不见的含有毒性微粒的气溶胶和气雾,它们通过皮肤黏膜或呼吸道进入人体。回收肿瘤患者用过的注射器、输液管等废弃物时,也可通过皮肤或呼吸道等途径而受到低浓度药物的影响,日接触剂量虽小,但当接触频繁会因蓄积作用产生远期影响,不但会引起医务人员白细胞计数下降、自然流产率升高,而且有致癌、致畸、致突变的危险。

2. 清洁剂及消毒剂

医院作为人类常见的医疗劳动场所,是各种病原微生物聚集的地方,医务人员在工作中接触各种清洁剂、消毒剂,在器械和环境消毒、洗手、换药、治疗等操作中接触的各种消毒剂,都可因其挥发性、腐蚀性、刺激性而引起接触者出现过敏、哮喘、接触性皮炎、癌变等情况。如果人体长期接触高浓度的消毒剂,持续刺激皮肤黏膜,会导致呼吸道损伤,降低机体免疫力。常用的消毒剂,如甲醛、环氧乙烷、戊二醛、过氧乙酸、含氯消毒剂等,均是挥发性消毒剂,对人体的皮肤、黏膜、呼吸道、神经系统均有一定程度的影响。极低浓度的甲醛可刺激皮肤、眼、鼻、咽喉及肺,引起变态反应。戊二醛是内镜消毒与灭菌的常用消毒剂,可对内镜室的医务人员造成危害,引起鼻炎、哮喘和接触性皮炎等症状。

3. 麻醉剂

麻醉剂主要有乙醚、安氟醚、异氟醚等,长期吸入微量的麻醉气体可影响肝、肾功能,还可引起胎儿畸形、自然流产等,同时对工作人员的听力、记忆力及操作能力也会产生影响。

4. 其他

水银体温计、机械式血压计等含有汞,当不慎损坏时,汞在常温下持续挥发,可以通过呼吸道、消化道、破损的皮肤黏膜进入人体。汞具有一定的神经毒性和肾毒性,会对医疗卫生劳动者的健康构成威胁。

(三)物理性职业暴露

物理性职业暴露是指医疗卫生劳动者在工作过程中接触放射线、紫外线等各种物理因素容易引起职业暴露。

1. 辐射

随着医学的飞速发展,各种射线、光波、磁波等用于疾病的诊断与治疗,医疗卫生劳动者接触各类射线的概率大大增加,长期接触这些射线及光波可致恶性肿瘤、白血病、不良妊娠;医务人员短期接触大剂量的射线,会发生急性皮肤烧伤、坏死、放射性皮炎,以及眼球晶状体混浊继发白内障等。长期接触小剂量的辐射,在几年甚至十几年后可能发生骨髓增殖异常、白血病、肿瘤、胎儿畸变等。

2. 紫外线

医用 250 nm 的紫外线能使空气中的氧分子分解成臭氧,起到杀菌作用。而臭氧是强氧化剂,对眼和肺是有严重危害的刺激剂之一,能破坏呼吸道黏膜和组织,长期接触可致肺气肿和肺组织纤维化;眼睛接触可引起急性角膜炎、结膜炎。

(四)运动功能性职业暴露

医疗卫生劳动者因移动病人、搬运重物或其他负荷过重的医疗用品时常造成脊柱损伤。护理危重病人、手术时间长,导致站立过久而引起肌肉酸痛、下肢静脉曲张等。此外,因门诊、病房、手术等患者数量多,以致长期不规律饮食,容易引发胃肠疾病等。

二、医疗卫生劳动者预防职业暴露的措施

坚持标准预防和安全操作是避免医疗卫生劳动职业暴露的基本保证,诊疗操作前明确自身免疫状况和暴露源感染情况并有针对性地采取及时、有效的防护措施,是避免职业暴露和锐器损伤的主要基础,防护重点是避免与患者或携带者的血液、体液等直接接触。

进行有可能接触病人血液、体液的诊疗和护理操作时必须戴手套,操作完毕,脱去手套后立即洗手,必要时进行手部消毒。手部皮肤发生破损者,在进行有可能接触病人血液、体液的诊疗和护理操作时需戴双层手套。

在诊疗、换药、护理、处理污物等操作过程中,有可能发生血液、体液飞溅到面部时,需戴具有防渗透性能的口罩、防护眼镜;有可能发生血液、体液大面积飞溅而污染医务人员的身体时,还应当穿戴具有防渗透性能的隔离衣或者围裙。

在进行侵袭性诊疗、护理操作要接触到锐器的过程中,需保证充足的光线并特别集中注意力,操作过程从容不迫,旁人不得干扰,遇到抵抗不合作的患者(如昏迷、烦躁或幼儿等)务必请他人帮助,防止被针头、缝针、刀片等锐器刺伤或划伤。

手术中传递锐器建议使用传递容器,以免损伤工作人员。清洗内窥镜时要穿防水围裙,戴口罩、手套、防护镜;拔牙、镶牙等与病人血液接触工作时,需戴口罩、手套、防护面罩。

沾染了血液、体液又需要再使用的诊疗器具须采用清洗—消毒灭菌法。清洁处理时须穿围裙和戴手套。

禁止将使用后的一次性针头重新套上针头帽，禁止用手直接接触使用后的针头、刀片等锐器。

三、常见医疗劳动防护用品及使用

医疗卫生劳动者应正确使用医疗机构所提供的各种防护用品，这是避免职业暴露的另一项重要措施。因此，要求所有的医务人员，都必须熟练掌握各种防护用品（口罩、防护面罩、隔离衣、手套等）的使用目的、穿戴指征、程序及使用方法。

（一）医用口罩

医用口罩由口罩面体和拉紧带组成，其中口罩面体一般分为内、中、外三层，内层为亲肤的普通卫生纱布或无纺布材质，中层为超细聚丙烯纤维熔喷材料层构成的隔离过滤层，外层为无纺布或超薄聚丙烯熔喷材料构成的抑菌层。医用口罩对医疗卫生劳动者的保护主要体现在过滤、吸附和杀菌三个层级。

按性能特点及适用范围来分，医用口罩可分为医用防护口罩、医用外科口罩和普通医用口罩。

医用防护口罩适用于医务人员和相关工作人员对经空气传播的呼吸道传染病的防护，是一种密合性自吸过滤式医疗防护用品，防护等级高，尤其适用于诊疗活动中接触经空气传播或近距离经飞沫传播的呼吸道感染疾病患者时佩戴。可过滤空气中的微粒，阻隔飞沫、血液、体液、分泌物微滴等，属于一次性使用产品。医用防护口罩能阻止大部分细菌、病毒等病原体，WHO推荐医务人员采用防颗粒物的防护口罩，以防止医院空气中的病毒感染。

医用外科口罩适用于医务人员或相关人员的基本防护，以及在有创操作过程中阻止血液、体液和飞溅物传播的防护，防护等级中等，具有一定的呼吸防护性能。主要在洁净度10万级以内的洁净环境内、手术室工作、护理免疫功能低下患者及进行体腔穿刺等操作时佩戴。医用外科口罩可以阻隔大部分细菌和部分病毒，能防止医务人员被感染，同时也可防止医务人员呼气中携带的微生物直接排出，对接受手术的患者构成威胁。医用外科口罩要求对细菌的过滤效率达到95%以上。对于可疑的呼吸道病人也应配发一次性医用外科口罩，防止对医院其他人员构成传染威胁，减少交叉感染风险，但其避免感染功效不及医用防护口罩。

普通医用口罩用于阻隔口腔和鼻腔呼出的喷溅物，可用于普通医疗环境下的一次性卫生护理,防护等级最低。适用于一般卫生护理活动,如卫生清洁、配液、清扫床单元等,或者致病性微生物以外的颗粒,如花粉等的阻隔或防护。此类口罩达不到对颗粒和细菌的过滤效率,不能有效阻挡病原体通过呼吸道入侵,不能用于临床有创操作,也不能对颗粒及细菌病毒起防护作用,仅能对粉尘颗粒或气溶胶起到一定的机械阻隔作用。

在使用医用口罩时,应严格按照戴、摘规范进行操作:

戴防护口罩时,一只手托住防护口罩,有鼻夹的一面向外,将防护口罩罩住鼻、口及下巴,鼻夹部位向上紧贴面部;另一只手将下方系带拉过头顶,放在颈后双耳下,再将上方系带拉至头顶中部;将双手指尖放在金属鼻夹上,从中间位置开始,用手指向内按压鼻夹,并分别向两侧移动和按压,根据鼻梁的形状塑造鼻夹。

戴外科口罩时,将口罩罩住鼻、口及下巴,口罩下方带系于颈后,上方带系于头顶中部;将双手指尖放在鼻夹上,从中间位置开始,用手指向内按压,并逐步向两侧移动,根据鼻梁形状塑造鼻夹;调整系带的松紧度。

摘口罩时,手不要接触到口罩前面(污染面),先解下面的系带,再解开上面的系带后用手紧捏口罩的系带丢至医疗废物容器内。

(二)防护面罩(护目镜)

医疗卫生劳动者在进行诊疗、护理、检验操作时,可能发生患者血液、体液、分泌物等喷溅,或近距离接触飞沫传播的传染病患者呼吸道传染病患者进行气管切开、气管插管等近距离操作,或可能发生患者血液、体液、分泌物喷溅,均应使用防护面罩(护目镜)。佩戴前应检查防护面罩(护目镜)有无破损,佩戴装置有无松懈;每次使用后应对其进行清洁并消毒。

(三)隔离衣、防护服和手术衣

1. 隔离衣

隔离衣是用于医疗卫生劳动者避免受到血液、体液和其他感染性物质污染,或用于保护患者避免感染的防护用品。隔离衣既可防止医护人员被感染或污染,又可防止病人被感染,属双向隔离。下列劳动环境需要使用隔离衣:

(1)接触经接触传播的感染性疾病患者,如多重耐药菌感染患者等时,需穿戴隔离衣。

(2)对患者实行保护性隔离时,如大面积烧伤患者,骨髓移植患者的诊疗、护理时,需穿戴隔离衣。

(3)可能受到患者血液、体液、分泌物、排泄物喷溅时,需穿戴隔离衣。

(4) 进入重点部门，如 ICU、NICU、保护性病房等，是否需穿隔离衣，应视医务人员进入目的及与患者接触状况决定。

2. 防护服

防护服是临床医务人员在接触甲类或按甲类传染病管理的传染病患者时所穿的一次性防护用品。防护服为了防止医疗卫生劳动者被感染，属单项隔离。下列情况需要使用防护服：

(1) 接触甲类或按甲类传染病管理的患者时，需穿戴防护服。

(2) 接触疑似或确诊新冠肺炎、SARS、埃博拉、MERS、H7N9 禽流感等患者时，应遵循感染控制指南使用和穿戴防护服。

3. 手术衣

手术衣是在经严格无菌消毒后在专门手术室进行患者侵入性治疗时使用的，在手术过程中起双向防护作用。首先，手术衣在患者与医务人员之间建立一道屏障，手术过程中降低医务人员接触患者血液或其他体液等潜在感染源的风险；其次，手术衣可以阻断定植/黏附在医务人员皮肤或衣服表面的各种细菌传播给手术患者，有效避免多重耐药菌如耐甲氧西林金黄色葡萄球菌(MRSA)、耐万古霉素肠球菌(VRE)等的交叉感染。因此，手术衣的屏障功能被视为手术过程中降低感染风险的关键。穿手术衣方法如下：从已打开的无菌衣包内取出无菌手术衣一件，在手术间内找一较空旷的地方穿衣。先认准衣领，用双手提起衣领的两角，充分抖开手术衣，注意勿将手术衣的外面对着自己。看准袖筒的入口，将衣服轻轻抛起，双手迅速同时伸入袖筒内，两臂向前平举伸直，然后由巡回护士在后面拉紧衣带，双手即可伸出袖口。双手在身前交叉提起腰带，由巡回护士在背后接过腰带并协助系好腰带和后面的衣带。

(四) 医用手套

医疗卫生劳动者应根据不同操作的需要，选择合适种类和规格的手套。当需要接触患者的血液、体液、分泌物、排泄物、呕吐物及污染物品时，应戴清洁手套。当进行手术等无菌操作，接触患者破损皮肤、黏膜时，应戴无菌手套。

使用医用手套时，在洗手后首先取出手套包(或盒)内的无菌滑石粉小纸包，将滑石粉撒在手心，然后均匀地抹在手指、手掌和手背上，再取尺码合适的无菌手套一副。捏住手套口的翻折部取手套，不要用手接触手套外面。对好两只手套，使两只手套的拇指对向前方并靠拢。右手提起手套，左手插入手套内，并使各手指尽量深地插入相应指筒末端，再将已戴手套的左手指插入右侧手套口翻折部之下，将右侧手套拿稳。然后再将右手插入右侧手套内，之后将手套套口翻折部翻转包盖于手术衣的袖口上。最后用消毒外用生理盐水洗净手套外面的滑石粉。

 **课堂讨论**

（1）通过本章学习，谈谈你对重视劳动卫生的理解。

（2）结合学习内容，和同学们交流一下你掌握了哪些医疗防护用品的使用目的、穿戴规范及使用方法。

（江明菲）

第八章 劳动安全与劳动保护

学习目标

(1) 知识与技能目标：通过自主学习，了解劳动安全的内涵；了解劳动保护的概念；理解劳动安全和劳动保护的基本内容；了解我国劳动安全的现状；掌握医学生劳动安全基本知识；掌握医学院实验室安全须知。

(2) 过程与方法目标：通过合作学习，学会应用各种途径维护自身的劳动权益；能够在劳动实践中主动规避安全隐患；学会制作劳动安全预案。

(3) 情感、态度、价值观：通过探究式学习，能够认识到劳动安全教育的必要性；树立正确的劳动保护和维权意识。

本章概要

(1) 劳动安全，又称职业安全，是生产劳动期间，防止触电、坍塌、机械外伤、火灾、车祸、中毒、爆炸、坠落等危害劳动者生命健康的事故发生。它是劳动者在劳动过程中享有的人身安全获得保障、免受职业伤害的权利。

(2) 劳动保护，就是保护劳动者在生产劳动过程中的安全与健康。在社会主义制度下，国家对劳动者的保护是多方面的，凡是关系到劳动者权利和利益的事情，如劳动权利、劳动报酬、伤病医疗和保险福利待遇等，国家都要加以保护。我们这里所讲的劳动保护，主要指劳动者在生产劳动过程中的安全保障和健康保护。

(3) 劳动保护的工作内容主要有四个方面：一是劳动安全。劳动安全是指为了消除各种伤害事故、保证安全生产所采取的各种措施。二是劳动卫生。劳动卫生是指为保障职工的身体健康、预防职业病、职业中毒和职业危害，所采取的一整套措施。三是工作时间和休息、休假。根据相关法律法规的规定，企业有权合理组织劳动者的劳动、休息、休假，有义务按规定发放给劳动者应有的报酬，劳动者有义务遵守企业劳动纪律等规章制度。四是女职工和未成年工特殊保护。女职工因有其生理特点及哺育下一代的责任，未成年工有其生长发育中的特殊性，根据法律、法规规定,企事业单位应该依法采取各种措施对他们实行特殊保护。

(4)大学生侵权事件的发生在一定程度上与自身有关。溯其原因,一是大学生缺少相关的法律知识,二是对劳动协议的重视不足,三是对劳动权益自我保护的能力较为欠缺。

引子

"最大的节约是安全,最大的浪费是事故;最大的隐患是麻痹,最大的祸根是失职。"随着时代的发展,提高大学生综合素质成为当下高等教育最重要的目标。培养德智体美劳全面发展的高素质人才纳入国家教育计划,为了提高大学生的劳动意识,锻炼大学生的劳动意志,各高校纷纷开设了劳动教育理论课,并设置了劳动实践课程。与此同时,大学生作为法律意义上的劳动主体,在校期间可以自由选择通过进行校外兼职锻炼自己,也可以在校从事勤工俭学,还必须在接受教育期间完成实习实训工作,大学生在从事这些岗位工作的时候,必然要注意到劳动安全。

全国教育大会精神强调"在党的坚强领导下,全面贯彻党的教育方针,坚持马克思主义指导地位,坚持中国特色社会主义教育发展道路,坚持社会主义办学方向,立足基本国情,遵循教育规律,坚持改革创新,以凝聚人心、完善人格、开发人力、培育人才、造福人民为工作目标,培养德智体美劳全面发展的社会主义建设者和接班人"。这为新时代的教育指明了方向,对于人才的综合素质提出了具体要求。因此,关注学生的劳动安全和提高学生的劳动保护意识是实施劳动教育的必要内容。

第一节 劳动安全与劳动安全教育

劳动安全是进行劳动实践的前提。近年来,随着社会的快速发展,"快"逐步成为社会工作和生活的主流节奏。劳动者在单位时间内所要完成的劳动任务越来越多,要求越来越高,必然会对劳动者的体力、精力投入提出更高的要求,持续的体力、精力付出必然会导致劳动者身心疲乏,极易成为各种劳动安全事故发生的隐患。劳动安全事故一般危害大、社会敏感度高,所以,在生产劳动过程中必须注意劳动安全。

大学生是社会主义的建设者和接班人,也必将成为未来劳动者的主力军。对于大学生来讲,劳动安全存在于家庭劳动、勤工助学、实习实训、实验活动、志愿服务等劳动实践的各个方面,关注劳动安全、做到安全劳动,既需要大学生自觉遵守学校和单位的相关制度,又需要他们自身不断加强防护意识,提升自我防护能力。

一、劳动安全的基本内容

(一)劳动安全的内涵

劳动安全,又称职业安全,是指生产劳动期间,防止触电、坍塌、机械外伤、火灾、车祸、中毒、爆炸、坠落等危害劳动者生命健康的事故发生。同时也是劳动者享有的在劳动过程中人身安全获得保障、免受职业伤害的权利。

进入工业化社会以来,人类对于劳动安全愈加重视,这一方面是因为劳动者权益得到充分的尊重,另一方面在于劳动安全是进行生产实践活动的前提。拥有良好的劳动安全环境,不仅可以维护劳动者的生命健康权,也可以更好地促进企事业单位的长远发展。为此,世界上大多数国家都颁布了相关劳动安全的法律法规。

联合国为了充分保障广大劳工的安全,制定了相关公约,比如在《经济、文化和社会权利国际公约》第七条规定:"人人有权享受公正和良好的工作条件,特别是要保证安全和卫生的工作条件。"

阅读材料 8-1　医学实习案例

> 某医学院校的大学生陈某,经过四年的在校学习,学校安排他到一家医院参与实习。在实习期间,陈某因未按照要求采取保护措施导致自己感染了乙肝病毒。在陈某就医期间,其家人委托了司法鉴定机关对陈某的伤势进行了鉴定,结果认定已构成九级伤残。
>
> 陈某在出院以后,多次上门要求实习医院对其遭受的损失进行赔偿,结果实习医院都以各种各样的理由推脱。于是,陈某向劳动仲裁委员会申请确认自己与实习医院的劳动关系,经过仲裁委员会的裁决,认为陈某没有毕业,不具备劳动者的资格,从而否定了陈某与实习医院存在劳动关系。随后,陈某不服,又向法院提起了诉讼,要求确认劳动关系的存在,可仍以同样的理由被驳回。
>
> 无奈之下,陈某选择对所在的学校和实习医院共同提起民事赔偿诉讼。庭审中,校方认为,陈某受伤是由其在外实习期间操作不慎导致的,应找医院索赔;而医院认为陈某是学校在校学生,与自己并没有建立劳动关系,受到伤害应由学校负责。

> 最终在法院的调解下,双方终于达成和解,判决实习医院及学校均对陈某进行部分赔偿,但已满18周岁的陈某也必须对自己的受伤承担部分责任。
>
> 资料来源:韩洁.大学生实习期间伤害事故劳动保护案例分析[D].太原:山西大学,2011.

(二)我国劳动安全现状

随着我国对外开放的程度不断提高,经济增长速度不断加快,发展过程中的劳动安全成为社会活动的主题之一。劳动安全问题是经济建设中必然会遇到、也必须妥善解决的问题。我们党和国家高度重视劳动安全问题,并为此采取了一系列行政的、经济的和法律的措施,取得了较好的效果。但从总体上讲,劳动安全形势仍然十分严峻,职业病和劳动安全事故严重威胁和影响着劳动者的生命安全与身体健康,也严重影响着经济建设与社会稳定。

保护劳动者的生命安全是社会文明的标志,也是我国的一项基本国策。为了保护劳动者,改善劳动条件,防止工伤和职业病的发生,我国相继制定了《中华人民共和国劳动法》《企业职工伤亡事故和处理规定》等100多部法律法规,470多项劳动安全卫生标准,逐渐形成了较为完善的关于劳动安全卫生的权威性规定。工会组织也不断呼吁要重视劳动安全卫生工作,因为保护劳动者的安全健康就是保护劳动者的合法权益,劳动安全工作是调整劳动关系的一个重要方面,也是促进经济建设和社会进步的重要保证。但劳动安全形势依然严峻,主要有以下几个方面的原因。

1. 企业忽视劳动安全的倾向滋长

经济体制的转变使企业成为自主经营、自负盈亏的市场竞争主体。竞争中的企业首先考虑的是产品的市场需求及产品在市场上的竞争力,以及与此有关的资金筹集、原料供给及生产技术等方面的问题。在劳动关系中,劳动者一方提供的是劳动、劳动力,用人单位一方作为劳动力的使用者,则必须为劳动者提供确保他们安全、健康的劳动场所和劳动条件。而要做到这一点,需要投入一定的资金和人力等,这样必然导致企业成本提高。因而一部分经营者及管理者,为追求短期效益,忽视劳动安全卫生工作,相关投入不足,对劳动者的健康造成威胁。尤其是在法律约束和补偿制度有待进一步完善的情况下,少数企业认为安全方面的风险是可以接受或转嫁的,企业片面追求最大经济效益的短期行为,是造成劳动安全问题严重的根本原因。

2. 劳动者自我防护意识不强

有些劳动者面对社会生存的压力,明知存在劳动安全隐患,也会从事相关劳动;有些劳动者对事故隐患、劳动生产过程中的危险因素、操作过程中应该注意的有关事项以及需要采取的防护措施认识不足,缺乏在紧急、危险情况下的应变能力;另外,由于就业市场上总体供大于求,一定程度上也影响了劳动者对自己健康权利维护的判断。

3. 劳动安全监管人员的数量和质量及资金的投入不足

目前,我国大部分劳动安全人员的数量和质量与社会生产的高度发展匹配度不高,劳动单位尤其是企业的管理模式也在发生着深刻的变化,安全人员的管理也面临着新的挑战。我国目前安全生产管理队伍存在结构仍不够合理,在一定程度上制约了我国企业劳动安全卫生管理水平的提高。大量的事故隐患、落后的设备由于资金的匮乏而无法进行改造,从而导致了事故率的上升。

阅读材料 8-2 "医生保护法来啦"

第十三届全国人大常委会第十五次会议上,《基本医疗卫生与健康促进法》获得表决通过,将于 2020 年 6 月 1 日起施行,这是我国卫生健康领域内的第一部基础性、综合性的法律。该法分为总则、基本医疗卫生服务、医疗卫生机构、医疗卫生人员、药品供应保障、健康促进、资金保障、监督管理、法律责任、附则,共 10 章 110 条。

针对"医闹"事件屡禁不止,该法明确规定:全社会应当关心、尊重医疗卫生人员,维护良好安全的医疗卫生服务秩序,共同构建和谐医患关系。医疗卫生人员的人身安全、人格尊严不受侵犯,其合法权益受法律保护。禁止任何组织和个人威胁、危害医疗卫生人员人身安全,侵犯医疗卫生人员人格尊严。

违反本法规定,扰乱医疗卫生机构执业场所秩序,威胁、危害医疗卫生人员人身安全,侵犯医疗卫生人员人格尊严,非法获取、利用、公开公民个人健康信息,构成违反治安管理行为的,依法给予治安管理处罚。构成犯罪的,依法追究刑事责任;造成人身、财产损害的,依法承担民事责任。

《基本医疗卫生与健康促进法》的出台可以让惩治"医闹"更加有法可依,下一步的有法必依、执法必严将震撼那些试图效仿"医闹"者,对于保障医生的人身安全很有意义。它可以让"尊医"更加深入人心,促使患者、家属、公众及全社会提升医学素养,理性科学地认识疾病,构建起尊崇、呵护医护工作者的良好共识,进而让医生和患者之间相互信任,使就医环境更加文明和谐。同时把现在这一领域当中零散的、单行的立法,整合成一个系统化的法律体系,在该领域内推行法治,形成法治状态。它也可以为党中央、国务院,为基层做出的顶层的、制度性的基本安排,还可以充分发挥法治固根本、稳预期、利长远的保障作用。

资料来源:屈婷,林苗苗,田晓航.基本医疗卫生与健康促进法表决通过将于2020年6月1日起施行[EB/OL].(2019-12-28).https://www.sohu.com/a/363350844_428290.

阅读材料8-3　医生职业安全风险防控机制研究

近年来,激烈的医患矛盾与深度的医患纠纷使医生的执业环境变得更为复杂,增加了医生的职业风险。可以说,改善医患关系,建构医生职业风险防控机制是当务之急。

所谓风险防控主要是在风险发生之前采取有效方式与手段,抵御和预防风险的发生,或者风险发生之后形成风险共担机制,降低发生人的职业恐惧与心理压力。

1. 政府应加强职业风险管理与防控的机构与制度设计

在发达国家,政府是医疗风险防范机构的主导力量。以英国为例,英国政府成立国家患者安全中心,作为提高患者安全、预防医疗差错的专门机构:建立国家不良事件和近似差错分析处理系统,促进卫生保健服务机构形成公开和公正的医疗大环境,鼓励医务人员和其他工作人员报告不良事件和近似差错并主动与他人分享工作经验,确保所有不良事件的经验教训等在英国国家卫生服务制度体系中得以传播。在美国,具有专门的职业安全保障和健康管理组织(OSHA)负责医务人员的培训,制定防护措施和管理法规。政府应该成为医生职业风险防控的主导力量,借助政府的权威力量在机构设置与制度建设上有所突破。从机构设置而言,可以成立医生职业安全防控委员会或者医生职业风险评估与监管机构,专门负责医生执业过程中遇到的各种直接风险与潜在风险,同时负责实施与强化医务人员的职业安全培训计划。为了理顺关系、提高效率,在医疗机构中也要成立独立的医生风险管理组织机构,包括医疗风险管理委员会、医疗风险管理职能科室和医疗风险管理参与者;并且全程公开,落到实处,有专门的机构、人员、财务支持。

此外,制度设计与政策支持同样重要。在政策方面,政府在医疗卫生资源分配、价格调整、人力资源政策、社保政策、医疗事故鉴定、医疗秩序规范、医疗纠纷调处等方面应该发挥作用。因此,政府应该建构起完善合理、科学有效的医生职业风险相关的法律法规,针对当前医患矛盾加剧和医生职业风险增高的形势,从立法角度提供基本保障与努力,优化防控机制,切实保护医生合法权益,降低与化解医生职业风险,这是政府所肩负的义不容辞的责任。以新西兰为例,政府从立法角度针对医疗风险事件的防范和处理做出了很大努力,并不断修正和出台相关医疗卫生法律,规范医疗诉讼程序,优化其医疗伤害处理机构——健康与残疾委员会的职能。通过制定和完善国家医疗风险防范的相关制度、法规和体系,新西兰的医疗诉讼明显减少,医疗风险管理取得了一定的成效。

2. 医院要加强职业风险管理与防控体系建设

医院作为广大医务工作者的归属单位,应该在职业风险管理与防控体系建设方面积极探索。在医疗机构内部应当建立完善高效的医疗风险管理体系。医疗风险管理体系应当包括医疗风险预警机制、风险评估机制、风险报告机制、风险应急和解决机制。除此之外,还要建立合理的医院内部风险分担机制,如建立"医生职业风险基金",专门用于处理医患关系和医疗纠纷,从而减轻医生个人的经济负担,缓解医生职业风险与压力倦怠。而不同级别的医院应根据自身定位与服务要求,适当调整保障策略。例如,针对现实状况,不同医院要对医生提供系列扶持与帮助,如在政策倾斜、日常关怀、薪金待遇等方面采取合理措施。

除了机制保障与体系完善以外,医院还应该注重医生人文素质培养,注重医院文化建设与医院向心力、凝聚力建设,加强对年轻医生的日常关注与心理干预,缓解职业倦怠症状,提高心理承受力和抗挫折能力。为此,医院应该采取更多措施增强凝聚力,比如在人文环境培养、激励关怀机制、职业认同与心灵归属等方面采取措施,加强对医生的心理疏导与干预,培养医生们良好的工作和生活习惯,舒缓工作疲劳,缓解其心理压力与职业倦怠,提升医生的职业认同感和单位归属感,防止医生因为过度担心职业风险的客观性而妨碍其职业发展。

3. 医生应提升职业风险防控意识与医患沟通能力

医生作为职业风险的主要承受者,要强化职业风险防控意识,认识到风险存在的客观性,掌握风险防控与应对的方式方法,做好情绪管理与心态调整,及时采取措施有效规避。医生应首先做到在业务上避免职业疏忽,防止因业务操作不熟练、违背日常操作规程而产生的职业风险。例如,有研究发现,在ICU中工作的医护人员对于常见职业安全防护措施的认知和掌握情况却令人担忧:护士的认识和掌握统计仅有40.39%,而医生的统计结果也仅为45.18%,均不超过半数。医护人员在日常工作中应该严格遵守医护行业的职业操守和相关要求,从职业规范、职业道德、职业心理等层面,规范职业行为,增强风险防范意识,防止因个人失误而发生的医患风险。伴随着现代医学新技术、新业务、新药品的不断引进与使用,医生应该不断进行知识更新,改变传统知识结构与诊疗方法,以适应现代医学发展的目标需要。

此外,广大医护人员还要认真学习法律知识,熟知国家有关医生权益的法律制度、法规条文、规则章程等,如《医疗事故处理条例》,明确工作要求及职业目标,学会应用法律条文保护医生权益。同时,广大医务工作者在提升业务素质的同时,还要掌握医患沟通的技巧与方法,了解医患沟通的重要性,合理保护自我权益。如钟南山所讲:"在中华医学会处理的医患纠纷和医疗事故中,半数以上是因为医患之间缺乏沟通引起的。"一名优秀的医务人员除了有责任感、具有对患者的关爱之心外,更重要的是学会与人沟通。一方面,沟通的方式是多元的,除了基本的知情同意以外,体现人文关怀与情感支持的沟通理念与方式对于化解医生职业风险非常有益。另一方面,合理有效的沟通方式不仅可以减轻医生的职业风险,还可以缓解医患关系,提升医患信任度。

4. 社会要加强职业风险管理与防控的环境整治

降低医生职业风险不仅需要医生、医院和政府的努力,更需要社会系统的强力支持与配合,社会支持系统是医生群体应对职业压力与风险的重要外部资源。首先,重视新闻媒体的作用,媒体在承担监督职能的同时,多加强正面报道,不能刻意炒作个别医疗纠纷事件,减少患者对医院的偏见与误解,促进医患之间的理解和信任。2013年,中国医院协会的一项调查显示,全国有60%的医院曾遭受过暴力事件,暴力伤医占前三位的原因分别是期望值过高、医患沟通不畅、媒体报道不实。少数媒体为追求"眼球经济",热衷于策划各种新闻,只求引起轰动却不顾后果,并不关注科学常识和客观实际,仅进行一些片面不实的报道,严重打击了医务人员的积极性。在信息技术高度发达的今天,作为一个特殊的中间媒介,媒体更应该担负起社会责任,促进医患双方的沟通,积极宣传营造和谐氛围,以免损伤医生的职业情感。其次,在媒体正能量的基础上,努力在全社会范围内形成尊重医学、尊重医生的良好风气,引导公众理性看待和处理医患关系、医疗纠纷,使医生具有安全感和职业荣誉感。最后,全社会要努力建立起稳定、可靠、友好的社会信任机制,唯有牢固的社会信任关系才有和谐的医患关系。

资料来源:袁和静,胡兵,赵丽.医生职业安全调查与风险防控机制研究:以北京中青年医务工作者为例[J].中国医学伦理学,2015,28(3):303-307.

二、落实劳动安全教育

为了防范劳动安全事故,必须开展劳动安全教育,提高劳动者的安全意识,将可能发生的劳动安全事故扼杀在萌芽之中。

（一）劳动安全教育的内涵

常态化劳动安全教育不仅可以提高职工的安全生产意识，增强安全生产的责任感和遵章守纪的自觉性，还可以提高职工掌握安全生产知识的积极性，提升职工的安全操作技能。

我们从两个方面对劳动安全教育的内涵进行理解：一方面，劳动安全教育对企事业管理者和劳动者来说，可以提高他们的劳动安全责任感和自觉性，贯彻执行有关方针政策、法律法规，做到安全进头脑。另一方面，劳动安全教育有利于普及劳动安全知识技能，使广大劳动者了解生产过程中存在的职业危害因素及其规律，提高安全操作水平，了解预防工伤事故和职业病的基本要求，增强自我保护意识，从而更加有效地开展安全生产、提高劳动生产率。

为了保护广大劳动者的权益，我国已建立了严格的劳动安全教育制度，包括对新工人的三级安全生产教育制度，对特种作业人员的安全生产教育制度，对生产管理干部和技术人员的安全生产教育制度，坚持经常性的安全教育制度，等等。

阅读材料8-4　高校实验室爆炸致2死9伤，安全无小事

一起高校实验室爆炸事件曾引起了舆论的高度关注，也给我们留下了极其深刻的教训。据南京消防官方微博消息："江宁区将军大道29号南京航空航天大学将军路校区一实验室发生爆燃，共造成2人死亡，9人受伤。事故原因正在调查中。"校方很快也发布了消息："学校将军路校区材料科学与技术学院材料实验室发生爆燃，引发火情。"相关部门对爆炸的原因进行了调查，但惨痛的人员伤亡事故，必须引起社会的足够警惕，才能避免类似现象的再度发生。在实验室内，任何细节上的错误操作都有可能酿成大祸。2015年12月18日，清华大学一间实验室发生爆炸，一名正在做实验的博士后不幸遇难。据报道，爆炸是死者在使用氢气做化学实验时发生的。2018年12月26日，北京交通大学一间实验室发生爆炸燃烧事故，造成3人死亡，后被认定属于责任事故："北京交通大学有关人员违规开展实验、冒险作业；违规购买、违法储存危险化学品；对实验室和科研项目安全管理不到位。"事后，相关责任人被追究刑事责任。

种种教训在前，就更引人深思：到底如何才能避免悲剧再现？早在2019年6月，教育部就发布了《关于加强高校实验室安全工作的意见》，其中特别提到：要强化安全红线意识，深刻理解实验室安全的重要性，坚决克服麻痹思想和侥幸心理，切实解决实验室安全薄弱环节和突出矛盾。

只有坚持科学合规的操作,才能保持实验安全。要想真正落实好国家对实验室安全的要求,首先就得在思想观念上做到位:严格按照科学流程进行实验,不使用有问题的实验器材,将实验安全落实到每一个细节上。此前有些事故就源自操作者的麻痹大意,他们低估了化工实验存在的危险,也没能把保护自己与他人的生命安全放在首位。

无论是一间实验室的安全责任人,还是一场实验的负责人,都应该对相关活动负有相应责任。责任人不仅要在实验过程中尽职尽责,还要做好预防工作,提前考虑到实验存在的危险,并尽可能地排除隐患。

近年来,一些实验室安全事故发生后,有关责任人被依法追责,就体现了法规的力量。将安全工作制度化,正是当前实验室安全工作的趋势。所有参与实验的人员都必须依法依规操作,否则将被追责。

当然,要想做好实验室安全工作,还离不开安全教育。面对实验安全,校方必须将安全教育落实在日常的教学工作中,必须要求学生完成安全教育、通过安全知识考核后,才能进入实验室。这个过程虽然看起来有些繁琐,却是保障实验室安全的根本一环,其重要性绝不能被小觑。

安全问题无小事,实验室安全是高校工作的重中之重。要不断强化安全意识,落实安全责任,尽一切可能避免悲剧的再度发生。

资料来源:黄帅.高校实验室爆炸致2死9伤,安全无小事[EB/OL].(2021-10-25). https://new.qq.com/omn/20211025/20211025A0DGBZ00.html.

(二)高校开展劳动安全教育的必要性

"立德树人"是高等院校的根本任务,任务达成的过程中必须直面学生的安全自护、自救问题。当代大学生的学习安全、生活安全、实习实训安全等问题不仅关乎千家万户,更影响了社会的稳定和国家的未来发展。目前我国各大高校劳动安全事故的发生,直接反映了持续开展大学生劳动安全教育的必要性和迫切性。

大学生群体思想积极向上,充满热情和朝气,但实践锻炼缺乏,对劳动中可能存在的危险认知不足。在其成长过程中,劳动实践经验的缺乏使得他们独立从事各类劳动时,对劳动安全事故危害的认知不足甚至缺失成为大学生在劳动实践中亟待解决的前置问题。

(三) 高校开展劳动安全教育的途径

1. 理论教育树意识

当前高校劳动安全问题的发生，与现阶段学校的劳动安全理论教育不足有一定的关系。试图有效降低高校劳动安全事故的发生率，劳动安全理论教育课程是必不可少的。劳动安全理论课程可以通过感知、思维以及想象等方式让大学生建构准确的劳动安全知识，引导他们科学判断事物的安全状态，训练学生的行为控制和应对能力，避免自己受到伤害。另外，高校辅导员与班主任还可以通过谈心谈话等方式开展劳动安全教育，多措并举提升学生的自我防范和保护能力。帮助学生更加理性地对待劳动付出和劳动所得的对应关系，强化他们的法律意识，学会用法律武器保护自己，最大限度地避免不必要的劳动伤害。

2. 全员联动建机制

劳动安全教育是一项系统性工程，高校要充分了解劳动教育过程中存在的安全风险，制定开展劳动教育的相关安全管理制度，强化安全责任，落实各项安全措施；组织学生外出开展劳动实践活动，学校要制定包括安全管理内容的周密工作方案和应急预案，做好风险评估，明确各岗位安全职责，并按有关规定履行报备手续；教师要加强活动过程的监管，严格安全管理，以杜绝事故发生，确保活动安全。劳动安全教育不能仅靠学校"单打独斗"，需要制定科学合理的家长、学校、社会"三位一体"的联动机制，协同合作才能形成强大的教育合力。

3. 信息反馈成体系

如何使萌芽期的劳动安全事故得到有效控制，或者缩短已发生的劳动安全事故处理时间，畅通而快速的信息反馈体系显得尤为重要。首先，需要"人、财、物"的支持。重视校园劳动安全，需加大安全投入，建设多重联防机制，从人防、物防以及技防等多方着手，构建传统融合现代的防卫体系，借助"互联网+"，构建校园劳动安全管理机制，保障学生的人身安全。其次，构建校际突发事件应急协作体系，及时开展突发事件的应急处理，使得安全事故发生时快速获取信息，快速了解事态情况，以便及时教育和援助大学生。

三、严密劳动实践组织

劳动实践是检验劳动理论的唯一标准。学生不但需要有劳动安全意识，也需要了解实践中的具体安全注意事项，并且只有将责任落实到人，才能让学生们做到临危不乱。

(一)医学生劳动安全基本知识

1. 生活劳动安全

在进行攀高劳动时,应事先做好安全防护措施。例如,严禁学生擦高层教室的玻璃;擦低层教室的玻璃时不要站在窗台上或将身子探出窗外。在擦拭用电器具时,应先断开电源,用干布进行擦拭。在打扫户外卫生时,要注意周围可能造成伤害的东西。此外,进行劳动活动时,不要嬉闹,以免跌伤、扭伤、压伤或碰伤。

2. 实验室劳动安全

在实验室开展实验活动时,应该有秩序地领取和收齐实验工具和材料,以免误伤其他同学;实验过程中要遵守纪律,认真听老师讲解实验工具和材料的使用方法,注意各种工具、材料的放置,携带的位置和姿势,操作时一定要按要求进行。

3. 实习见习劳动安全

学生在医院实习见习中,应该勤洗手,特别是接触血液、排泄物、分泌物及污染品前后一定要洗手;学会正确使用防护措施,如手套、口罩、护目镜及隔离衣等;正确处理锐利器具,要严格按照操作规程处理针头、手术刀及安瓿等锐器;对使用过的一次性医疗用品和其他废弃物,应放入双层防水污物袋内,密封并贴上特殊标记,送到指定地点,并由专人焚烧处理。排泄物和分泌物等污物倒入专用密闭容器内,经过消毒后排入污水池或下水道内。

阅读材料8-5 医学院实验室安全须知

1. 实验室操作安全注意事项

(1)操作危险性化学药品请务必遵守操作守则或遵照操作流程进行实验,切勿自行更换实验流程。

(2)领取药品时,应确认容器上标示中文名称是否为需要的实验用药品。

(3)领取药品时,务必看清楚药品危害标示和图样,确认是否有危害。

(4)使用挥发性有机溶剂、强酸强碱性、高腐蚀性、有毒性的药品时,务必在特殊排烟柜下进行操作。

(5)有机溶剂,固体化学药品,酸、碱化合物均需分开存放,有挥发性的化学药品必须放置于具有抽气装置的药品柜中。

(6)高挥发性或易于氧化的化学药品必须存放于冰箱或冰柜中。

(7)禁止独自一人在实验室做危险实验。

2. 实验室安全防护知识

(1)实验前,要注意清理实验场周围的安全隐患。检查实验装置、药品和相关物品是否有不符合要求的情况等;熟悉需要关闭的主要龙头、电气开关、灭火器的位置及操作方法,做好发生事故时的预防措施。

(2) 实验时,根据实验的情况和性质进行必要的防护。根据实验可能发生的危险事故穿戴必要的防护工具,如穿好实验服、戴橡胶手套、防护面具、防毒面具等。

(3) 遵循化学药品的性质和化学反应的规律,不盲目蛮干和主观臆测化学反应的过程。应根据化学反应的性质和过程选择匹配的反应装置,不可图省事省去必要的安全措施。

(4) 事先评估和推测实验的危险性。实验事故虽不可预测,但其危险性的大小是可以估计到的。即使是一些小型实验,也必须推测其危险程度,从而制定相应的预防措施。

(5) 实验的后处理。主要包括回收溶剂和废液、废弃物等的处理。

3. 危险物质的使用处理及注意事项

危险物质,是指具有着火、爆炸或中毒危险的物质。使用这类物质的时候应该特别注意以下事项:

(1) 使用危险物质前,要充分了解所使用物质的性状,特别要注意是否存在着火、爆炸及中毒的危险性。

(2) 贮藏。通常危险物质要避免阳光照射,贮藏于阴凉的地方;注意不要混入异物且必须与火源或热源隔开;储存的所有容器,应当标明物品名称、储存日期和储存者姓名;等等。

(3) 在使用危险物质之前,必须预先考虑到发生灾害事故时的防护手段,并做好周密的准备。例如,使用有火灾或爆炸危险的物质时,要准备好防护面具、耐热防护衣及灭火器材等;对于毒性物质,则要准备橡皮手套、防毒面具及防毒衣等。

(4) 在情况允许下,尽可能少用或不用危险物质。并且对不了解性能的物质,需进行预备实验。

(5) 对于有毒药品及含有毒物的废弃物,使用完毕后进行适宜的处理,避免污染水质和大气。

4. 使用化学药品的安全防护

(1) 防毒。① 实验前,应了解所用药品的毒性及防护措施;② 操作有毒气体应在通风橱内进行;③ 苯、四氯化碳、乙醚、硝基苯等的蒸气会引起中毒,它们虽有特殊气味,但久嗅会使人嗅觉减弱,所以应在通风良好的情况下使用;④ 有些药品(如苯、有机溶剂、汞等)能透过皮肤进入人体,应避免与皮肤接触;⑤ 氰化物、高汞盐($HgCl_2$、$Hg(NO_3)_2$ 等)、可溶性钡盐($BaCl_2$)、重金属盐(如镉、铅盐)、三氧化二砷等剧毒药品,应妥善保管,使用时要特别小心;⑥ 禁止在实验室内喝水、吃东西,饮食用具不要带进实验室,以防毒物污染,离开实验室及饭前要洗净双手。

(2)防爆。可燃气体与空气混合,当两者比例达到爆炸极限时,受到热源(如电火花)的诱发,就会引起爆炸。

(3)防火。① 许多有机溶剂,如乙醚、丙酮、乙醇、苯等,非常容易燃烧,大量使用时,室内不能有明火、电火花或静电放电。实验室内不可存放过多这类药品,用后还要及时回收处理,不可倒入下水道,以免聚集引起火灾。② 有些物质,如磷、金属钠、钾、电石及金属氢化物等,在空气中易氧化自燃;还有一些金属,如铁、锌、铝等粉末,比表面大,也易在空气中氧化自燃。这些物质要隔绝空气保存,使用时要特别小心。

5. 实验室易出事故物质的类型

(1)着火性物质。通常有因加热、撞击而着火的物质,也有由于相互接触、混合而着火的物质。比如强氧化性物质、强酸性物质、低温着火性物质、自然物质、禁水性物质等。

(2)易燃性物质。可燃物的危险性,大致可根据其燃点加以判断。燃点越低,危险性就越大。但是,对于一些燃点较高的物质,当加热到其燃点以上的温度时,也是危险的。因此,必须加以注意。

(3)爆炸性物质。爆炸有两种情况:一是可燃性气体与空气混合,达到其爆炸界限浓度时着火而发生燃烧爆炸;二是易于分解的物质,由于加热或撞击而分解,产生突然气化的分解爆炸。

资料来源:张磊.实验室操作安全教育[EB/OL].(2020-06-19). http://www.akvtc.cn/yxy/info/1056/1711.htm.

(二)劳动实践中的安全注意事项

在组织校园劳动时,要做到以下5点:

1. 分工明确,责任到人

首先,学校是学生劳动安全的责任主体。根据教育部《学生伤害事故处理办法》第十一条规定:"学校安排学生参加活动,因提供场地、设备、交通工具、食品及其他消费与服务的经营者,或者学校以外的活动组织者的过错造成的学生伤害事故,有过错的当事人应当依法承担相应的责任。"劳动安全课是学校重要的课程,学校是提供劳动场地及劳动工具者,应对实习学生承担一定的管理和保护的义务。

其次,学生是劳动安全的另一责任人。学生在劳动期间也要对自己的劳动安全负有一定的责任,在受教育期间需努力完成实习、见习,严格遵守校纪校规,熟悉操作规范,尽量规避各种劳动风险。

2. 妥当布置,知人善任

在布置任务时要将工作明确到个人。了解每一名学生的具体情况,因人置事,充分调动其劳动的积极性和创造性,吸引那些不爱劳动的同学主动参加劳动。

3. 多轮检查,及时纠正

指导教师应严格要求,及时检查任务完成情况,对未达标的劳动成果,责其返工,并检查返工的结果,直到合格为止,以达到端正学生劳动态度的教育目的。

4. 奖罚分明,积极调动

大学生自尊心强,经常不断反思自我,通过利用这种心理开展劳动竞赛,掌握尺度,实施明确的奖励和惩罚制度,对其有很大的激励作用。

5. 过程教育,教导引导

实验、实践、实习、见习期间必须确保学生的安全。这四类劳动教育课程主要的教学方式是让学生自我实践,对于医学生来说,劳动过程所涉及的材料、工具、设备等可能存在不安全因素。因此,要明确操作程序和安全规程,并制定必要的安全检查制度与措施。每类劳动教育课程都应落实学生安全教育,树立劳动安全意识、自我保护意识和环境保护意识;了解安全知识,例如,如何正确使用工具、设备,穿戴必需的劳动保护用品;熟悉安全规章制度,严格遵守,自觉执行。

四、完善劳动安全预警

安全工作是重中之重,在加强日常安全教育与督查的基础上,应做好事故应急的准备,一旦发生事故,应果断地采取有效措施,尽量把事故产生的危害降到最低程度。首先我们要熟悉劳动安全应急预案。

何谓应急预案?应急预案指面对突发事件如自然灾害、重特大事故、环境公害及人为破坏时的应急管理、指挥、救援计划等。它一般应建立在综合防灾规划上,主要包括以下几个方面的内容:完善的应急组织管理指挥系统;强有力的应急工程救援保障体系;综合协调、应对自如的相互支持系统;充分备灾的保障供应体系;体现综合救援的应急队伍等。

完善的劳动安全应急预案是人们处理突发事故的"说明书",为人们在事故发生时提供合理的应对措施,降低事故造成的伤害程度。

阅读材料8-6　学生社会实践活动安全应急预案示例

一、学生外出活动应急工作机构

1. 学生外出活动应急工作领导小组名单

组长：

常务副组长：

副组长：

组员：

2. 学生外出应急工作领导小组职责

(1) 外出活动前周密筹划，制订详细方案，尽量充分考虑活动路途及目的地的安全因素，做好突发事件的应急准备。

(2) 突发事件时，领导小组要在最短的时间做出决策，采取相应措施。

(3) 突发事件后，及时向上级部门汇报并做好各项善后工作。

二、学生外出活动紧急情况应急预案

1. 针对学生外出活动中师生突发病情的紧急预案

(1) 教师突发病情，先及时救助，然后安排其他教师组织学生，再与其亲属联系。

(2) 学生突发病情，先及时救助，再与其监护人联系。

2. 针对学生外出活动中遇到天气突变(雨、雪、风、雾等)的应急预案

应急工作领导小组要在最短时间做出决策，组织教师带领学生采取乘车返回、就地避险等措施。

3. 针对学生外出活动中突发事故的应急预案

(1) 外出活动中，全体领导和教职工均要以高度的责任心对每个学生的安全负责。

(2) 所有带队教师要坚守自己的岗位，确保安全第一，不得擅自离岗。

(3) 对外出活动前后出现的问题，要及时和学校联系，不能违反规定擅自处理。活动中，学生如出现身体不适或体伤事故，带班教师应先及时救护学生，并尽快与家长取得联系。

(4) 突发事件时，领导小组要在最短的时间做出决策，采取相应措施，必要时拨打120、110等求救电话。

(5) 突发事件后，教师及时向上级部门汇报并做好各项善后工作。

特别提醒：学生上下车时，教师要清点学生人数！

资料来源：根据互联网信息整理而成。

第二节 劳动保护

一、劳动保护的基本内容

（一）劳动保护的概念

劳动保护，就是保护劳动者在生产劳动过程中的安全与健康。在社会主义制度下，国家对劳动者的保护是多方面的，凡是关系到劳动者权利和利益的事情，国家都要加以保护。这里所讲的劳动保护，主要是指劳动者在生产劳动过程中的安全和健康的保护。

（二）劳动保护的内容

具体来说，劳动保护的工作内容主要有四个方面：

一是劳动安全。是指为了消除各种伤害事故、保证安全生产所采取的各种措施。

二是劳动卫生。是指为了保障职工的身体健康，预防职业病、职业中毒和职业危害所采取的一整套措施。

三是工作时间和休息、休假。根据法律、法规的规定，企业有权合理组织劳动者的劳动、休息、休假，有义务按规定发放给劳动者应有的报酬，劳动者有义务遵守企业劳动纪律等规章制度。

四是女职工和未成年工特殊保护。女职工有其生理特点及哺育下一代的责任，未成年人有其生长发育中的特殊性，根据法律、法规的规定，企事业单位应该依法采取各种措施对他们实行特殊保护。

（三）劳动保护的目的和意义

劳动保护的目的是保障劳动者在生产劳动过程中的生命安全和身体健康，保持劳动者持久的劳动能力，促进劳动生产率和经济效益的不断提高。

在社会主义市场经济条件下，在所有企业的生产经营活动中，都必须注意保障劳动者的安全健康。因此，做好劳动保护，具有非常重要的意义，主要有以下几点：

（1）劳动保护是我们党和国家的一项重要政策。

(2) 劳动保护是促进经济发展的重要条件。
(3) 劳动保护是保障高经济效益的重要基础。
(4) 劳动保护可以维持社会稳定和家庭幸福。

因此,保护劳动者的安全和健康是必要的,而且绝不能掉以轻心。

二、劳动安全法规与劳动纪律

(一)劳动安全法规概念

劳动安全法规,从广义上说,包括劳动法的全部内容,因为这些法规都是为了保护劳动者的根本利益和切身利益而制定的。从狭义上说,它是指保护劳动者在职业活动中安全与健康的法律和规程。我国的劳动保护法规,正是根据党和国家的安全生产、劳动保护方针政策,根据宪法的规定总结了实际的经验教训,按照安全生产和文明生产的需要,尊重自然规律,并经过实践的检验制定出来的。

阅读材料 8-7　劳动安全法规的形式

> 目前劳动保护法规,主要有以下几种形式:
> (1) 有关劳动保护的各种法律。由国家立法机构以法律形式颁布实施。如《中华人民共和国劳动法》《中华人民共和国全民所有制工业企业法》《中华人民共和国刑法》等法律中,都有关于改善劳动条件、加强劳动保护的条款。
> (2) 由国家或国务院有关部门以行政法规的形式发布的有关制度和规定。如"国务院第75号令"和"第34号令"等。
> (3) 安全技术法规。它们由政府主管标准化工作的机构批准,并以特定的形式发布。其中规定的各种标准,都与保障劳动者在生产过程中的安全健康、预防和消除事故有关,如安全技术标准和工业卫生标准。
>
> 资料来源:浅谈劳动者权益的法律保护[EB/OL].(2018-12-31).https://www.docin.com/p-2163885023.html.

(二)劳动纪律、规章制度与劳动保护法律的关系

劳动纪律、规章制度、劳动保护法律都是为了规范企业单位和劳动者的行为准则和秩序而制定的,三者是密切相连的,但层次有所不同,要求也不一样。

劳动纪律、规章制度是企业根据有关劳动保护法律、法规的原则制定的本单位

的行为规范。它是有关法律、法规的具体化,是法律、法规的一种延伸。它所制定的要求不能超越法律法规的规定范围。劳动纪律、规章制度与劳动保护法律的另一联系是劳动纪律和规章制度也是劳动保护法律的佐证,如"违章作业、违法指挥",在法庭上需要追究刑事责任,这时劳动纪律和规章制度就产生法律效力作用。

因此,劳动保护法律、法规应是制定企业规章制度和劳动纪律的法律依据,但法律也要根据规章制度的不断修改、提高来健全和完善自己。只有这样,才能做到从企业到社会"人人有专责、事事有准则",以维护正常生产秩序,保障劳动者的安全和健康。

阅读材料 8-8　我国宪法、刑法和劳动法中适用于劳动保护的规定

1.《中华人民共和国宪法》适用于医务劳动保护的规定

第 42 条:中华人民共和国公民有劳动的权利和义务。国家通过各种途径,创造劳动就业条件,加强劳动保护,改善劳动条件,并在发展生产的基础上,提高劳动报酬和福利待遇。

2.《中华人民共和国刑法》关于劳动保护及安全生产的规定

1997 年 3 月 14 日,第八届全国人民代表大会第五次会议修订了《中华人民共和国刑法》,有如下条文适用于医务劳动保护及安全生产。

(1) 危害公共安全罪

第一百三十五条　工厂、矿山、林场、建筑企业或者其他企业、事业单位的劳动安全卫生设施不符合国家规定,经有关部门或者单位职工提出后,对事故隐患仍不采取措施,因而发生重大伤亡事故或者造成其他严重后果的,处三年以下有期徒刑或者拘役;情节特别恶劣的,处三年以上七年以下有期徒刑。

第一百三十六条　违反爆炸性、易燃性、放射性、毒害性、腐蚀性物品的管理规定,在生产、储存、运输、使用中发生重大事故,造成严重后果的,处三年以下有期徒刑或者拘役;后果特别严重的,处三年以上七年以下有期徒刑。

(2) 生产、销售伪劣商品罪

第一百四十六条　生产不符合保障人身、财产安全的国家标准、行业标准的电器、压力容器、易燃易爆产品或者其他不符合保障人身、财产安全的国家标准、行业标准的产品,或者销售明知是以上不符合保障人身、财产安全的国家标准、行业标准的产品,造成严重后果的,处五年以下有期徒刑,并处销售金额百分之五十以上二倍以下罚金;后果特别严重的,处五年以上有期徒刑,并处销售金额百分之五十以上二倍以下罚金。

3. 《中华人民共和国劳动法》有关劳动保护的规定

(1) 第52条至第54条要求用人单位：① 必须建立、健全劳动安全卫生制度，严格执行国家劳动安全卫生规程和标准，对劳动者进行劳动安全卫生教育，防止劳动过程中的事故，减少职业危害。② 劳动安全卫生设施必须符合国家规定的标准。新建、改建、扩建工程的劳动安全卫生设施必须与主体工程同时设计、同时施工、同时投入生产和使用。③ 必须为劳动者提供符合国家规定的劳动安全卫生条件和必要的劳动防护用品，对从事有职业危害作业的劳动者应当定期进行健康检查。

(2) 第55条和第56条要求劳动者：① 从事特种作业的，必须经过专门培训并取得特种作业资格。② 在劳动过程中必须严格遵守安全操作规程。对用人单位管理人员违章指挥、强令冒险作业，有权拒绝执行；对危害生命安全和身体健康的行为，有权提出批评、检举和控告。

(3) 第57条要求县以上各级人民政府劳动行政部门、有关部门和用人单位，应依法对劳动者在劳动过程中发生的伤亡事故和职业病的状况进行统计、报告和处理。

(4) 第58条至第65条适用于女医务职工特殊劳动保护：① 不得安排女职工在怀孕期间从事国家规定的第三级体力劳动强度的劳动和孕期禁忌从事的劳动。对怀孕7个月以上的女职工，不得安排其延长工作时间和夜班劳动。② 女职工生育享受不少于90天的产假。③ 不得安排女职工在哺乳未满一周岁的婴儿期间从事国家规定的第三级体力劳动强度的劳动和哺乳期禁止从事的其他劳动，不得安排其延长工作时间和夜班劳动。

（三）劳动保护法规的作用

我国劳动保护法规的作用就是调整社会主义现代化建设过程中人与人之间、人与自然之间的关系。通过法律的形式，使这些关系具体化、条文化、规范化。

1. 劳动保护法规是贯彻安全生产方针、政策的有效保障

因此，为了认真贯彻"安全第一，预防为主"的方针，就必须制定和完善劳动保护规章制度与操作标准。采取有效的预防措施，建立正常的生产秩序，运用科学的管理方法，使劳动保护管理制度化、标准化、系统化。

2. 劳动保护法规是保护劳动者安全和健康的重要手段

国家机关在改善劳动条件、保障安全生产的各种规章制度的基础上，制定出完整、系统和统一的劳动保护法规。这些法规有强制性，具备法律效力，它们通过法律形式规定劳动者在生产劳动过程中的行为规范，并实行监察、监督检查制度。劳动保护法规还要求树立法制观念，这样才能切实保障劳动者的安全和健康。

3. 劳动保护法规是实现安全劳动的技术保证

劳动保护法规包括各类操作标准与安全标准，是通过法律形式制定和贯彻的。它们以科学技术的新成果和实践中的先进经验为基础，不但切实可行，而且具有先进性、科学性和指导意义。这些法规与标准不仅要求按规定生产、维修、使用、管理，使得各部门和各类人员都按照科学的程序办事，而且是提高产品质量和人员安全、健康的保证。

三、劳动权益与维护

开始接受高等教育，意味着大学生第一次真正成为独立的社会个体，校内外勤工俭学一方面增加了大学生的收入，另一方面开拓了大学生的眼界，为未来就业以及进入社会积累了必要的经验。但我们发现，在学生外出兼职的过程中，鉴于学生身份等因素，学生劳动权益被侵犯的现象也是客观存在的。

（一）大学生劳动权性质和属性的界定

1. 大学生是法律意义上的劳动者

"劳动者"这一概念具有丰富的内涵。一方面，从法律意义上来看，劳动者是一种法律主体，是具有法律赋予的劳动权利与义务的自然人。另一方面，劳动者也是一个政治概念，它是与剥削阶级相对应的阶级群体。《中华人民共和国劳动法》（以下简称《劳动法》）规定，在中华人民共和国境内的企业、个体经济组织（以下统称用人单位）和与之形成劳动关系的劳动者，适用本法，说明了《劳动法》所调节的对象。

我国的法律体系"人格从属说"是指劳动者在雇主的指令下提供劳动力，劳动者进入生产单位，雇主可以对其拥有一定的指示权，并可以确定工作地点、时间、具体任务，劳动者暂时丧失劳动处分的可能性。因此，劳动者是指"一个人基于私法契约，在他人指示下提供具有人格从属性劳务的自然人"。

综上所述，我国在校兼职大学生是满足上述条件的，是《劳动法》意义上的劳动者。

2. 大学生是否为劳动关系的主体？

《劳动法》第一章第二条规定，在中华人民共和国境内的企业、个体经济组织

（统称用人单位）和与之形成劳动关系的劳动者，适用本法。即劳动者和国内企业、个体经济组织等相关企事业建立的关系称为劳动关系。根据《劳动法》的相关规定，只要是中华人民共和国公民，与国内相关企事业单位建立劳动关系，即可以成为劳动关系的主体。大学生作为社会的一员，只要与企事业单位建立了相关的劳动关系即成为了法律意义上的劳动者，双方也应该成为合法的劳动关系。

3．大学生是否有权利签订劳动合同？

劳动合同是指"劳动者与用人单位确立劳动关系，明确双方权利和义务的协议"。劳动合同的内容主要有工作内容、劳动保护、合同期限、劳动条件、劳动报酬、劳动合同终止的条件、劳动纪律以及违反劳动合同的责任。简而言之，劳动合同就是用人单位和劳动者达成的一种契约关系。因此，兼职大学生满足了劳动者和劳动关系主体两个条件，应保护兼职大学生的劳动权利。由于劳动合同具有法律效力，有利于保护大学生合法权益不受侵害。所以，大学生在校外兼职时应该积极地与用人单位签订劳动合同。

阅读材料8-9　医学生的劳动权益被侵犯的主要原因

首先，大学生尤其是医学生的法律观念有待提高，自我维权意识和保护能力不足，实习、勤工俭学过程中合法权益容易受损。因为大学生劳动经验和劳动技术能力不足，尤其是医学生在实习见习过程中为了获得更多的知识和技能，且因为课业负担重，较少涉猎法律法规，所以有一部分大学生在劳动过程中受到侵害时，并未意识到或者不敢通过合法途径维护自己的权益，甚至有的学生根本就没有意识到自己的权益已经受到侵犯。从法律的角度来说，大学生已经年满18周岁，是可以负民事责任和刑事责任的成年人，但社会经验不足，缺乏必要的经验使他们无法正确地应对各种突发事件。并且自我维权意识缺乏和自我保护能力较弱，更使得大学生在劳动权益受损时，无法自我维权。这些都是大学生劳动权益无法保障的主观原因。

其次，学校的有关制度还不够健全。学校关于大学生兼职、实习管理和指导等制度不健全，社会实践指导教师不足，培训组织制度不完善等，缺少足够的、详尽的、有针对性的培训教育。

最后，目前中国的高等教育已进入大众化阶段，高校的毕业生数量急剧增加，就业压力逐渐增大。劳动力市场供大于求，大学生从"买方市场"变成"卖方市场"，因此用人单位、实习单位对大学生的要求逐渐提高。加上用人单位为了赢得市场竞争，为了提高生产效率，不得不减少生产成本；同时大学生因为就业压力大，不断地降低自己的求职要求，所以大学生的工资和福利在一定程度上得不到充分的保障。

资料来源:刘松林,霍江华,王瑞兰.新时代高校劳动教育理论与实践教程[M].长春:东北师范大学出版社,2020.

(二)大学生劳动权益的保护

1. 国家完善相关法律法规

新时代,我国劳动法律法规体系不断完善,正在逐步提高全社会对大学生劳动权益的重视。在劳动法律法规中明确大学生劳动者身份具有重要的意义:第一,从法律层面减少用人单位对大学生随意侵权的可能性。明确兼职大学生劳动者的身份,那么大学生就可以享有合法地和用人单位签订劳动合同的权利。从某种角度看,劳动合同从内容和形式上都比协议书更加详细和规范。更重要的是,劳动合同具有法律效力,对于企业来说,若侵害大学生的合法权益,其支出成本将会越来越大。第二,可以使大学生在权益受到侵害时,找到合理的救济途径。如果用人单位克扣、拖欠支付劳动大学生的应有劳动报酬等,大学生可以向有关劳动仲裁的部门提出仲裁。第三,有关劳动部门也因此更加重视大学生的劳动权益。作为处理劳动纠纷的劳动监察部门和劳动仲裁委员会,对大学生的劳动侵权纠纷的重视逐年提高,为解决大学生合法劳动权益被侵害的情况支持愈发有力。

2. 学校建立相关援助制度

大学生维权意识不足最重要的原因是受阻于高昂的诉讼费。学校应该鼓励并指导权益遭受侵害的学生通过法律途径维护自己的权益。例如,学校可以制定相关法律援助制度,成立公益性组织并拨付一定的资金,为劳动权益受到侵犯的学生提供帮助。

3. 学生提高自身鉴别能力

当前侵犯大学生权益事件的发生一定程度上也与学生自身有关。第一,他们缺少相关的法律法规知识。比如有些企业没有营业执照或者营业执照是伪造的,很多大学生由于缺乏鉴别能力,不能及时发现这种情况,为后期维权埋下了隐患。第二,不重视劳动协议书,这要求大学生在签订就业协议书时必须多加注意。第三,大学生在工作的时候要注意收集发票等相关材料,以便在劳动纠纷发生时,可以提供确凿的证据。因此,大学生需要提高自身的鉴别能力,如可以事前去相关部门查询企业是否具有相关资质、是否合法、协议书是否存在问题,从而避免侵权事件的发生。

此外,学校相关部门可事前加以宣传和讲解,帮助大学生事前了解相关问题和明确问题发生后的处理途径。

阅读材料8-10　暖心:潍坊医学院为被骗大学生讨薪

某日,潍坊医学院多名在校大学生称自己在校内某商铺勤工俭学,辛辛苦苦干了几个月,到发工资时老板跑路了。

次日,记者来到现场发现,这家名为"绿豆情缘"的奶茶店还在正常营业,但是已经转让给新租户运营。多名受骗学生告诉记者,她们由于家庭贫困利用课余时间勤工俭学来贴补生活开销,十一放假归来却突然发现原店主凭空消失,工资无处讨要。"虽然钱不多,只有几千块钱,但是对我们学生来说那就是几个月的生活费啊。"学生们告诉记者:"这么多天我们通过各种方式联络原店主,对方手机不接、微信不回、不理不睬。"

记者将该情况反映给潍坊医学院后勤管理处,其相关负责人表示:该店存在违规转包的情况,学校将予以彻查。校方会出面帮学生讨要欠薪,本着对学生关心和负责的态度,郑重表态:即使讨薪不成,学校也会通过其他方式补贴学生损失。总之,不能让贫困学生吃亏。

对于学校的这种暖心行为,受骗学生非常感动,特别感谢学校和媒体对他们的帮助。

资料来源:搜狐网.暖心:潍坊医学院为被骗大学生讨薪[EB/OL].(2018-10-18). https://www.sohu.com/a/260217808_100023701.

课堂讨论

(1) 谈一谈我国的劳动安全现状。
(2) 高校开展劳动安全教育的原因和途径分别有哪些?
(3) 当你的劳动权益受到侵犯时,你可以通过哪些途径维护合法的权利?
(4) 劳动保护的内容有哪些?
(5) 如何保护大学生劳动权益?

(谢玉娣)

实践篇

专题一 校园劳动

一、美化校园环境——绿色校园，从我做起

教学目标	(1) 宣传人文校园活动理念，为全校师生提供一个干净整洁、温馨美好的教学和学习环境。 (2) 激发学生自觉维护教学楼卫生的热情，培养学生公共卫生意识，承担共同建设、保护美丽教学楼的责任。 (3) 在清扫活动中，体验劳动的光荣，提高学生的团结精神和奉献精神，增强学生服务同学、服务校园的意识。
基础知识	(1) 教学楼是学生日常学习的主要场所，教学楼内环境的整洁性、舒适性对学生的身心健康及学习效率有很大的影响，创建整洁优美的教学环境是每个学生应尽的义务。 (2) 教学楼的卫生打扫主要包括教室内卫生和教室外卫生的打扫，学生的卫生打扫活动主要指教室外公共区域的卫生打扫。 (3) 教室外卫生区的清洁要做到"三净""四无"。"三净"即楼梯楼道拖得净、扫得净，楼区内的门窗、玻璃、墙裙、楼梯扶手及摆挂物件等擦得净；"四无"指无垃圾物(纸屑、果皮、烟头、食物及食品包装等)、无砖石块、无树叶等落物、无坑洼死角。
工具使用	扫帚、垃圾袋、簸箕、垃圾桶、抹布、拖把、黑板擦等。
参加人员	全体学生。
活动设计	1. 准备阶段 (1) 线上宣传。利用微信公众号、线上通知等方式进行宣传，全面部署、广泛动员，充分调动在校学生的积极性。 (2) 线下宣传。召开相关主题班会，在餐厅门口张贴条幅进行宣传。设计主题宣传海报，并张贴于教学楼、宿舍楼等处，呼吁在校学生积极参加卫生打扫活动。 2. 启动阶段 (1) 由学生自行组队并选出队长，在规定时间内上交报名表，队伍人数为5~7人。 (2) 由相关部门统计报名人数，并划分相关队伍负责区域及选择工作人员。将结果进行公示，公示期为1天，无异议后开始活动。

续表

活动设计	注：每支队伍的负责区域应根据人数及负责地点做到相对公正划分；工作人员指学校物业人员，需公正且每支队伍配备1人，并与队伍内的其他人员无相似现象。 3. 实施阶段 (1) 队伍内部自行选择活动时间，在早上第一节课前、午休、晚饭时间或晚自习下课后进行活动，每天至少打扫卫生两次且需工作人员陪同。 (2) 若活动期间有人请假，需向工作人员说明并做好记录。 (3) 每次活动后，由工作人员进行打分（1~10分）并记录扣分原因。 4. 总结阶段 (1) 小组内成员每人写一份工作记录及劳动体会。 (2) 工作人员将本次活动请假记录及打分记录向组内成员进行公示并使双方达成一致意见，若过程中存在无法协调问题，则请求活动主办方相关人士进行公证。 (3) 各学院组织队长为该学院的小组进行活动展示，通过PPT答辩，以达到相互学习，共同促进的目的。
安全保护	(1) 人身安全保护。应保证劳动过程中禁止团队成员用器具打闹，以免误伤自己及他人；在进行擦窗户等危险劳动时应有人员陪同并注意自身安全。 (2) 器具安全保护。如果有人故意损坏器具，应照价赔偿并取消优秀个人评选资格；若器具因老旧等其他原因而损坏，应及时报备更换。
考核评价	(1) 优秀个人评选。活动中无不良记录的人员可参加优秀个人评选，优秀个人由组内成员投票并根据工作人员活动期间的相关记录选出。 (2) 优秀团队评选。在院内PPT答辩时进行小组间投票，并结合相关工作人员记录的工作时长及打分选出优秀团队（优秀团队个数 = $\frac{应选团队个数}{参展团队个数} \times$ 该学院团队个数×2）。所有院优秀团队进行PPT活动展示，由所有团队及教师进行投票，选出最终的优秀团队并进行公示，1天后无异议，即为本次活动优秀团队。

二、提升宿舍环境——温馨宿舍，定时大扫除

教学目标	(1) 宣传"宿舍为家"的理念，让全校学生拥有一个干净整洁、温馨舒适的休息环境。 (2) 督促学生养成自觉维护、打扫宿舍卫生的习惯，树立宿舍主人翁意识。 (3) 培养学生树立合作、团结意识。
基础知识	(1) 宿舍楼是学生的休息场所，是集体生活场所。维持良好的宿舍内务卫生，有利于将文明创建与养成教育、学风建设相结合，既督促学生营造舒适整洁的学习生活环境，也帮助学生养成良好的生活作息习惯，强化劳动观念。 (2) 宿舍卫生包括宿舍内卫生和宿舍外卫生，本次活动主要指宿舍内卫生。 (3) 宿舍内卫生主要包括整体布置、墙面、床面、桌面、地面等。
工具使用	扫帚、垃圾袋、簸箕、垃圾桶、抹布、拖把、消毒液等。

续表

参加人员	全体学生。
活动设计	1. 前期准备 (1) 修改并完善宿舍卫生标准方案,确定卫生清洁日期。 (2) 下发通知,召开舍长会议,布置卫生打扫事宜,对卫生检查标准进行详细讲解。 (3) 舍长为舍员分配宿舍打扫任务。 (4) 准备相关清洁工具。 2. 活动实施 (1) 由舍长带领宿舍成员领取清洁工具,按照宿舍卫生标准方案打扫宿舍及宿舍楼公共区域。 (2) 舍长及宿舍成员共同检查宿舍是否存在安全隐患问题。 (3) 卫生打扫结束后,由指导教师、宿舍管理员、学生会成员代表、各舍长进行审核检查。 3. 活动总结 (1) 每个宿舍完成一份打扫记录及劳动体会。 (2) 由指导教师或宿舍管理员召开舍长会议进行整体总结,呼吁全体同学保持干净整洁、美好温馨的宿舍环境。
安全保护	保证活动过程中从事整理上铺、擦玻璃等危险活动的人的人身安全;注意用电安全,要求打扫卫生前全部断电。
考核评价	考核评价要公平公正,提前确定宿舍卫生考核小组,人员组成应包括学院领导、宿舍管理员、学生会成员、普通学生等,对床铺、书桌、地面、卫生间、阳台等进行检查打分,统计数据,取总成绩的平均值,分数最高的宿舍可以获"优秀宿舍"荣誉称号,相应人员可获得"劳动优等"评价。

三、垃圾分类——践行垃圾分类,养成良好习惯

教学目标	(1) 规范生活垃圾分类投放收集储存工作。 (2) 养成垃圾分类习惯,促进资源回收利用,改善城乡环境。 (3) 倡导简约适度、绿色低碳的生活方式,创建生态、美丽的校园环境。 (4) 强化实践体验,增强对劳动人民的感情。 (5) 体会劳动创造美好生活,认识劳动不分贵贱。
基础知识	生活中的垃圾主要分为可回收垃圾、有害垃圾、厨余垃圾、其他垃圾四类。 (1) 可回收垃圾是再生资源,是指生活垃圾中未经污染、适宜回收循环利用的废物。可回收垃圾主要包括:纸类(报纸、传单、杂志、旧书、纸板箱及其他未受污染的纸制品等)、金属(铁、铜、铝等制品)、玻璃(玻璃瓶罐、平板玻璃及其他玻璃制品)、除塑料袋以外的塑料制品(泡沫塑料、塑料瓶、硬塑料等)、橡胶及橡胶制品、牛奶盒等包装、饮料瓶(可乐瓶、塑料饮料瓶、啤酒瓶)等。

续表

基础知识	(2) 有害垃圾是指对人体健康有害的重金属、有毒物质,对环境造成现实危害或潜在危害的废弃物。有害垃圾主要包括:电池(蓄电池、纽扣电池等)、废旧电子产品、废旧灯管灯泡、过期药品、过期日用化妆品、染发剂、杀虫剂容器、除草剂容器、废弃水银温度计、废弃漆桶、废打印机墨盒、硒鼓等。 (3) 厨余垃圾是指食材废料、剩菜剩饭、瓜皮果核、中药药渣等易腐的生物质生活废弃物。厨余垃圾主要包括:剩菜剩饭与西餐糕点等食物残余、菜梗菜叶、动物骨骼内脏、茶叶渣、水果残余、果壳瓜皮、盆景等植物的残枝落叶以及废弃食用油等。 (4) 其他垃圾指除可回收垃圾、有害垃圾、厨余垃圾以外的其他生活废弃物。这类垃圾不会腐烂,危害较小,但无再次利用价值。其他垃圾主要包括:受污染与无法再生的纸张(纸杯、照片、复写纸、收据用纸、明信片、相册、卫生纸、尿片等)、受污染或其他不可回收的玻璃、塑料袋与其他受污染的塑料制品、废旧衣物与其他纺织破旧陶瓷品、一次性餐具、烟头等。
基本技能	(1) 处理垃圾能力,如报纸、书本等废纸类垃圾应叠放整齐再分类丢弃,纸箱等应拆解并压扁捆绑,饮料、奶茶包装盒应抽出吸管,倒掉厨余液体后再集中投放。 (2) 要具备一定的发明创造能力,能将可回收垃圾循环利用,做到物尽其用。 (3) 要有良好的沟通能力,遇见特殊情况能顺利与他人进行沟通,解决问题。
工具使用	四色垃圾袋、卫生工具、一次性手套、口罩、美工刀、固体胶、透明胶等。
参加人员	全体学生。
活动设计	(1) 在活动开始前,由活动负责人介绍活动的目的、意义、具体活动内容和相关要求,提醒参与人员做好个人防护。 (2) 参与人员在活动开始时,先将宿舍内的生活垃圾进行分类,分别装入四色垃圾袋内,然后将可回收垃圾储备好,以便进行手工制作,最后将其他垃圾放到指定位置。 (3) 负责人为每组成员准备好四色垃圾袋、一次性手套、口罩、卫生工具等,每组成员到学校指定地点(餐厅、公寓楼下垃圾桶旁边、道路旁边、绿化林等)捡拾垃圾并分类放置四色垃圾袋内,在捡拾垃圾过程中,遇到乱扔垃圾行为应及时进行劝阻。负责人根据垃圾分类准确度进行评分。 (4) 将收集的可回收垃圾回收利用,进行工艺品制作、发明创造等,每组完成一个作品即可,负责人依据作品制作情况进行评分。 (5) 将未进行工艺品制作的可回收垃圾(废料制品、包装瓶、废纸屑等)出售给废品回收站,并将钱捐给公益组织。 (6) 由负责人召集小组成员进行分享讨论,谈收获、话感受,达成共识,认识此次劳动教育活动的意义。
安全保护	(1) 捡拾垃圾时注意卫生安全,戴好口罩、一次性手套,使用规定的卫生工具。 (2) 使用完卫生工具及时归还。 (3) 对不认识不了解的实验垃圾、医疗垃圾不随意捡拾,由专业人员处理。 (4) 整理完垃圾以后注意洗手消毒。

续表

考核评价	考核采取负责人评分制,分数划分为 4 个等级:优秀(90～100 分)、良好(75～89 分)、合格(60～74 分)、不合格(60 分以下)。基础分为 60 分。 1. 加分项 (1) 有强烈的社会责任感和敬业精神,在日常生活中坚持环保理念,践行环保行动。 (2) 能准确进行垃圾分类并有良好的垃圾分类习惯。 (3) 积极主动参加回收利用废品的制作、发明活动并取得良好效果。 负责人根据以上几点情况进行加分。 2. 减分项 (1) 未正确进行垃圾分类,且未将分类好的垃圾放到指定位置,扣 10 分。 (2) 破坏卫生工具材料,扣 10 分。 (3) 在实践过程中不听从负责人的安排,私自离开队伍,扣 20 分。

四、勤工助学——食堂劳动,体验生产知识

教学目标	(1) 通过提供勤工助学岗位,帮助家庭困难的学生完成学业。 (2) 通过参与食堂卫生清理及检查劳动,使学生深入了解食堂运转机制,帮助学生将理论知识与生产劳动相结合,更好地适应社会生活。 (3) 学生通过参加食堂劳动工作,获得一定的生产知识及相应的技能,体验不一样的劳动生活,从而养成勤俭节约的良好习惯。 (4) 搭建学生与食堂服务工作之间的沟通桥梁,发挥学生自我教育、自我管理、自我服务优势,进一步保障学生就餐权益,改善学生就餐体验,不断提升食堂服务工作质量。
基础知识	(1) 了解食品安全基础知识及各指标要求,面对可能出现的各种问题的处理方法。 (2) 对食堂工作内容要充分了解,做好应对工作的心理准备和服务技能准备。
基本技能	(1) 具备一定的食堂劳动工作能力。 (2) 掌握简单的卫生清理能力,能完成卫生打扫工作,在必要情况下掌握器具维修技能。 (3) 掌握基本的沟通能力,做好学校食堂后勤与同学之间的沟通工作。
参加人员	在校家庭经济困难的学生。
活动设计	1. 活动宣传 (1) 学期初,由学校向各学院下发本学期勤工助学岗位通知及岗位要求,学院向各专业班级学生传达。 (2) 负责教师介绍勤工助学岗位职责及人员要求。 2. 活动参与 (1) 学生本人填写"勤工助学申请书",学院根据实际情况审批,报勤工助学中心备案。

续表

活动设计	(2) 经批准参加勤工助学活动的学生,将资料录入勤工助学管理系统,并接受勤工助学中心统一组织的岗前培训,培训合格后发放勤工助学上岗证。 (3) 学生持勤工助学上岗证到指定岗位直接上岗或参加设岗部门组织的竞争上岗。 3. 岗位设置 招聘人数:根据岗位需要设定。 聘任时限:当前学期。 岗位种类:食堂健康安全检查岗、食堂后勤监督岗。 工作时段:6:00~7:00,19:00~20:00。 工资待遇: (1) 参照学校勤工助学标准发放工资。 (2) 聘期结束后,对考核合格者,学校出具证明。 4. 岗位职责要求 (1) 要求责任心强,工作踏实仔细,能够很好地完成交付的各项工作任务。 (2) 热爱后勤服务工作,树立全心全意为师生员工服务的思想,态度和蔼,服务热情;协助食堂经理维护进餐秩序,督促保洁员做好大厅卫生。 (3) 做好学生食堂现场值班工作,及时处理进餐学生的现场投诉,将处理不了的问题及时上报食堂经理。 (4) 检查餐厅各窗口是否存在收取现金行为,就餐人员是否有把校内餐具带出食堂的行为。 (5) 加强与进餐学生的沟通,在食堂经理指导下回复食堂意见本上进餐师生反映的意见,并将好的建议收集整理成文字材料后汇报给食堂经理。 (6) 完成食堂经理临时交办的其他工作。 5. 活动注意事项 (1) 在同一时期内,每名学生只能申请一个勤工助学岗位。 (2) 勤工助学学生如果中途退岗,必须提前一周向本部门的勤工助学指导教师递交离岗申请。
安全保护	(1) 做好预备功课,了解情况,对工作内容做到大致了解,以免出现问题。 (2) 做好食堂安全保卫工作,加强防火安全意识,在工作场所内除工作用电外,严禁其他个人用电、明火等,以免出现安全隐患。 (3) 负责教师悉心组织、领导学生完成各项工作,完善岗位机制,培养学生负责任、勇担当的意识。
考核评价	(1) 由食堂指导教师负责进行勤工助学学生的考核评价,评定是否合格,是否按期正常发放勤工助学工资。 (2) 若出现以下情况,食堂指导教师可根据个人表现情况相应扣除部分工资: ① 工作不配合或不认真,对学生工作造成严重影响; ② 私自占有或损坏食堂公共财物; ③ 对工作情况汇报不属实。

续表

考核评价	(3) 以一周为实习期,一周后方可转正(实习期工资照常发放)。对不能履行工作职责的学生,相关单位将进行警告批评。工作仍无改进,不能达到要求者,勤工助学监督小组可予以辞退。 (4) 学生在勤工助学岗位期间因学习、生活、身体等原因不能继续参加原项目工作的,经相关单位批准,可办理辞职手续。

专题二　志　愿　服　务

一、医院导诊服务——走进医院,发挥专业优势

教学目标	(1) 培养学生的实践能力、服务意识,发挥学生的知识技能优势,锻炼学生的意志,提升学生的素质。 (2) 鼓励学生参加社会实践活动,在医院导诊活动中体会帮助他人的快乐,体味劳动精神。 (3) 培养学生用所学知识服务社会,回报祖国,实现自我价值和社会价值。通过医院导诊服务的体验,学会面对各种困难、磨炼意志,在艰苦的环境中锤炼自我、净化心灵、升华人格。
基础知识	(1) 导医服务是医学专业人才培养过程中重要的一个实践性教学环节,通过导医服务可以进一步培养与锻炼学生理论联系实际和分析问题、解决问题的能力,培养与锻炼学生从事医学工作的能力,并加深和巩固学生的专业思想。 (2) 导医服务是引导患者到相关科室就医的服务。导医是患者对医院的第一印象,其言谈举止、服务态度和工作表现直接影响患者对医院的总体评价。导医要以天使般的微笑、空姐般的规范化服务、宾馆式服务的热情、精湛的专业知识和技术,全程为患者服务。导医的宗旨是以病人为中心,以真情换理解,以微笑亮窗口,以服务赢声誉。
工具使用	工作服、服务标志牌。
参加人员	全体学生。
活动设计	1. 前期准备 (1) 与医院负责人取得联系,说明来意并征得同意后确定活动时间。 (2) 在达成合作后,通过活动课、动员会等形式让大家了解此次导医服务的目的、内容和意义,鼓励大家积极参与,展现劳动精神。 2. 启动阶段 (1) 选拔分组。根据意向同学的相关情况进行选拔并分组,分配到各个合作医院。 (2) 邀请医院的工作人员提前对学生进行相关培训,明确导医的基本服务内容以及服务规范和技巧。 3. 具体服务形式

续表

活动设计	(1) 接待咨询患者。做好患者接待工作需要主动热情、微笑服务，认真听来者述说或询问；根据患者的需要，耐心答复指导，对不能解答的问题转送到相关科室，请求专家、专科协商解决，禁止说不知道、不认识，不负责任地乱讲话，或不理不睬，冷漠处之。 (2) 引导患者就诊。做到正确分诊，分诊合理，分科准确。了解每个医生的专业特长和接诊特点，疾病对口，患者特点与医生特点要对应。引导患者挂号、候诊检查。对急救、重症、老弱、行动不便又无陪伴的患者，快速用平车（轮椅）或搀扶至相关科室，同时全程陪同就诊，帮助患者交费刷卡、取药。导医接待患者应按患者疾病的轻、重、缓、急及病种有序地挂号分诊。对待残疾、高龄、身体虚弱的患者应主动接待，应合理安排就诊，优先安排检查、治疗。对行动不便的患者应主动上前搀扶，为其挂号并引导至就诊科室或交给下一位导医引导至就诊科室。对用担架抬来的急危病人，应立即协助送急诊科处理。 (3) 离院患者送别。患者离院前给予相应的健康指导，耐心回答提问；介绍医院的诊疗时间、咨询电话、急诊电话和便民优惠措施；征求患者对医院的诊疗水平、服务态度、医疗收费、就医环境、服务理念、推介程度等有何意见和建议，并向有关部门汇报；对有意见、误解、抱怨的患者，立即给予耐心解释并采取补救措施，消除不良影响。
安全保护	(1) "十不准"。不准吃零食、干私事；不准闲聊、打闹、高声喧哗；不准看书、看报、看电视；不准约会私人客人；不准对病人不理不睬；不准索收病人礼物；不准与病人顶撞吵架；不准擅自离岗串岗；不准迟到早退；不准私自推销兜售私人或外单位的药品、保健品。 (2) 看病过程中，人员众多，程序复杂，遇到一些急躁患者要注意安抚患者情绪，避免和患者发生冲突。
考核评价	(1) 组内评价。各个医院小组在组内对此次活动进行自我评价、成员间互相评价，各组评选出在导医服务中表现最优秀的同学。 (2) 医院评价。制定评价表并交给各个医院的工作人员，让他们对学校此次的实践活动进行评价。 (3) 学校评价。将导医服务的实践报告汇总后上交给学校，由学校从实践报告中选出优秀实践报告并进行评价。 (4) 综合评价。综合组内评价、医院评价和学校评价，选出优秀个人。

二、公共卫生调查——走进群众，关注公共卫生

教学目标	(1) 进一步了解城市周边公共卫生服务项目实施现状，分析存在的问题，提出对策，为今后进一步规范开展项目工作提供科学依据。 (2) 进一步了解居民对公共卫生的了解情况和参与程度，让学生将参加社会调查当作"第二课堂"的学习，在社会大环境中实践自己的专业技能。

续表

教学目标	(3) 学生一方面可以把学到的理论知识应用到实践中去,提高各方面的能力;另一方面可以积累工作经验,对日后的就业大有裨益。
基础知识	公共卫生是关系一国或一个地区人民大众健康的公共事业。公共卫生是按照"预防为主"的卫生工作方针,从群体的角度探索与人类疾病和健康相关的问题(如社会、心理、环境等因素与疾病和健康的关系),预防疾病的发生,控制疾病的发展及促进健康的一门科学。伴随"大卫生、大健康"观念的提出,社会对公共卫生服务的需求量和质量提出了更高的要求,需要大量具备公共卫生知识的专业人才。
工具使用	工作服、纸质问卷、黑色签字笔等。
参加人员	全体学生。
活动设计	1. 准备阶段 教研活动确定公共卫生调查的意义、内容、方式和对象,以"爱与健康"为主题,由各个班级形成小组并选出每组负责人,各组成员需结合课程、学生实际,公共卫生系发展需要,确定调查内容,并合理设计调查问卷,问卷内容努力做到贴近居民生活,贴近社会需要。调查活动为期四周。 2. 调查阶段 (1) 小区访谈。该活动由一组成员全权负责,针对社区各个阶层、各个年龄段人员做抽样调查,询问不同阶层人员对公共卫生知识的了解程度,调查人员应做好记录并向小组负责人及时汇报。根据实际抽样调查结果,修改和完善调研问卷。 (2) 问卷调研。各小组的负责人带领各组成员利用周末到城市及周边地区的社区卫生服务中心、社区居委会和养老院开展调查活动,小组成员要与被调查者进行细致的沟通和交流,仔细询问记录调查问卷的内容,并对居民感兴趣的疾病预防知识等进行认真解答,调查范围也可扩大到周边城市。 3. 分析总结阶段 收集整理调查问卷,任课教师审核问卷内容,统计问卷数据。各小组根据问卷调查反馈的内容,分析汇总形成初期调查报告。
安全保护	(1) 乘车安全。各小组在前往目标地点时要注意人身安全,乘坐正规车辆,必要时要准备好晕车药。 (2) 人身安全。提前安排行程负责人,在整个社区基层锻炼过程中要落实到位,做到行动一致,防止掉队或离队。
考核评价	(1) 学校小组对各组的实践调查报告进行评选,评出优秀报告小组和优秀个人,并给予学分及证书奖励,以此鼓舞更多的学生参与到公共卫生调查实践活动中。 (2) 评选后,由相关同学进行汇总并以微信公众号等形式进行宣传,鼓励大家践行劳动精神。

三、卫生知识普及——普及卫生知识,关爱中小学生

教学目标	(1) 深入乡镇中小学,打造公共卫生知识普及课堂,为中小学生提供疾病预防和健康促进知识的学习服务,以此来锻炼大学生参与劳动活动的能力,培养大学生的合作探究能力和与人交往沟通的能力。 (2) 提高在校学生的社会责任感和团队精神,增强大学生服务他人、服务社会的意识。
基础知识	(1) 卫生知识普及进校园是贯彻教育部《中小学健康教育指导纲要》精神、加强学校卫生安全教育、推动学生健康发展的公益活动形式之一。 (2) 卫生知识普及能够增强学生们对健康知识的了解,提高学生们的自我健康保护意识。
工具使用	计算机、投影仪、教材、备课本等教学用具。
参加人员	全体学生。
活动设计	1. 前期准备 (1) 教案的基本内容包括授课时间、年级、授课学生、课堂主题和目的、具体流程。 (2) 所收集的材料不能仅仅是资料的堆积,要形成一定的系统,并且自己对这些资料也须完全熟悉并在课堂上灵活应用。 (3) 在写教案时,要根据不同年龄段、不同年级学生的接受程度来设计,对于低年级的学生,卫生知识的普及可以偏向于各种卫生健康小常识,比如如何预防春季常见的传染病,以及正确的洗手方法;对于高年级的学生,可以为学生提供青春期生理卫生的健康知识,引导学生建立积极、健康的自我意识及和谐的人际关系。 (4) 教案要尽可能详细,课题的每个环节都要显示出来,同时要安排好时间,教学内容要将思想性、知识性和趣味性相结合。 2. 教学形式 卫生知识普及进校园,区别于一般的课堂教学,形式灵活,内容丰富。 (1) 形式一:举办专题讲座 对学校常见的传染病进行授课,从常见传染病的种类、临床表现、传染源、传播途径等方面,丰富师生防控传染病的知识。同时针对每一种传染病提出相应的防控措施和处置建议。 (2) 形式二:开展现场培训 组织开展心肺复苏现场培训,讲解心肺复苏的动作要领,并通过技能演示和组织学生现场体验,让参与学习的每位师生真正掌握心肺复苏的操作要领与注意事项,进一步提高应急救援能力。 (3) 形式三:心理健康测评 发放调查问卷,采取随机调查的方式对各年级学生的心理健康水平进行测评,重点了解学校心理健康教育课程是否落实,形成调查报告。 (4) 形式四:观看健康知识宣传片 比如,组织低年级小学生观看口腔健康知识宣传片,帮助学生了解护齿保健知识,

续表

活动设计	同时强化个人口腔健康意识，随后依次有序对各班学生进行口腔健康检查，让学生们养成爱牙护牙的好习惯。 3. 活动总结 参与卫生知识普及进校园的学生，进行每日教学日志记录，每周进行总结，在活动结束后形成完整的汇报文稿。
安全保护	(1) 及时对学生出现的心理异常情况进行疏导。引导学生写出所思所想，或者说出自己的感受，用行动关心留守儿童，及时缓解其心理困惑。 (2) 发现课程安排不符合客观情况时要及时调整教学安排，不打扰学校正常上课秩序；在户外进行第二课堂教学时，注意当天天气并做好防护措施。 (3) 为了保证队伍的纪律与安全，外出前，每位志愿者认真阅读安全协议，确认无误后签署"安全协议书"。
考核评价	(1) 卫生知识普及进校园结束后，与当地校方联系，听取校方意见及做好学生和家长的意见反馈工作。 (2) 召开负责人会议，对此次活动进行总结，查漏补缺，做好汇报工作，主要总结本次卫生知识普及活动的经验和不足，使下次普及活动得到改进和完善。 (3) 小组成员完成活动总结及活动后期短片制作等。

四、社区卫生服务——走进社区卫生服务，感受劳动精神

教学目标	(1) 走入社区，增进对社会的了解与认识，理解个体与社会的关系。 (2) 关心社会现实，主动探究社会问题，积极参与力所能及的社区卫生服务活动，服务社会，发展社会实践能力。 (3) 了解与认识社区卫生服务及相关流程，端正劳动态度，形成良好的劳动习惯。 (4) 遵守社会行为规范，养成社会交往能力，关心他人，关心社会，树立服务社会的意识和对社会负责的态度。 (5) 开展问题探究，体验探究过程，对在社区卫生服务中发现的社会问题和自我问题进行深度探究，养成主动探究的习惯，形成问题意识，发展探究能力和创新精神。
基础知识	(1) 社区卫生服务是社区建设的重要组成部分，是在政府领导、社区参与、上级卫生机构指导下，以基层卫生机构为主体，全科医师为骨干，合理使用社区资源和适宜技术，以人的健康为中心、家庭为单位、社区为范围、需求为导向，以妇女、儿童、老年人、慢性病人、残疾人、贫困居民等为服务重点，以解决社区主要卫生问题、满足基本卫生服务需求为目的，融预防、医疗、保健、康复、健康教育、计划生育技术服务功能等为一体的，有效、经济、方便、综合、连续的基层卫生服务。 (2) 社区卫生服务的内容非常丰富，充分利用社区卫生服务的广阔平台是学生实践与锻炼的最佳途径。

续表

工具使用	工作服、笔、笔记本、小型麦克风。
参加人员	全体学生。
活动设计	1. 前期宣传 组织发动以"参与社区卫生服务,感受劳动精神"为主题的活动课,让学生了解此次活动的目的、内容及意义,让学生更好地融入社区、了解社区、服务社区,增进对社会的了解,把握个体与社会的关系,使自己将来更容易融入社会。 2. 成立小组 在活动前成立各个小组,确立各小组组长。各小组根据此次活动的目的及时讨论并研究出具体的行动方案,明确各个成员的任务,做到行动明确、迅速,展现当代学生的精气神。 3. 具体活动形式 (1) 预防服务。预防主要是如何防止疾病或伤害的发生,如早期对健康人群的体检,或对某些疾病提供康复措施,比如向慢性病病人、残疾人提供康复服务。同时有针对性地开展慢性非传染性疾病、地方病与寄生虫病的健康指导、行为干预和筛查,以及高危人群监测和规范管理工作。 (2) 社区卫生服务建设。一是负责辖区内社区卫生服务信息资料的收集、整理、统计、分析与上报;二是协助社区管理部门不断拓展社区服务,比如安排社区成员参与有益健康的活动,如健身操、饮食营养指导、良好卫生习惯宣教等;三是协助社区管理部门繁荣社区文化,美化社区环境,共同营造健康向上、文明和谐的社区氛围。 4. 活动总结 活动结束后开展"服务社区心得体会"共享课。每名成员都可以分享此次活动的心得体会,并把此次心得体会整理成文字稿件。在分享此次活动心得体会的同时,要找出此次活动的不足之处,在以后的实践活动中不断吸取经验提升自己。
安全保护	(1) 乘车安全。做到上、下车安全有序,不拥不挤。遵守乘车秩序,不将身体任一部位伸出车外。 (2) 人身安全。各小组组长要求落实到位,做到行动一致,防止掉队或离队。准备医疗包一个,以备不时之需。
考核评价	将自己的活动照片及心得体会做成一份实践报告,小组内人员做一份小组整体的实践报告并上交组织,经组织筛选后上交学校,由学校选出优秀个人及优秀团体,给予学分及证书奖励,以此鼓舞更多的学生参与到社区卫生服务实践活动中。

专题三 常见急救

一、心脏复苏术

教学目标	(1) 帮助同学明确心肺复苏术(CPR)对于抢救危重病人尤其是在突发事件(如溺水、急性心肌梗死、挤压伤、电击伤等)中呼吸心跳停止的急症危重病人的重要性。 (2) 帮助学生掌握CPR的步骤方法。 (3) 在突发事件发生后,能运用所学的CPR及时抢救病人。培养学生的突发事件意识,以及提高学生在发生突发事件时的应变能力,并在急救中体悟医者大爱。
基础知识	现代医学科学告诉我们,严重创伤者抢救的黄金时间是在受伤后1小时以内,心脏呼吸骤停抢救的最佳时间则是最初的4分钟。在常温情况下,心脏停搏3秒,病人就感到头晕;10秒即出现昏厥;30~40秒后瞳孔散大;60秒后呼吸停止、大小便失禁;4~6分钟后大脑发生不可逆的损伤。因此,对呼吸心跳停止病人的抢救应当在4分钟内进行CPR,开始复苏的时间越早,成活率越高。针对心脏跳动停止者,如在4分钟内实施初步的CPR,生存的可能性最大,因此时间就是生命,速度是关键。
工具使用	心脏复苏模拟人、纱布、手电筒、血压计、听诊器、简易呼吸器(应急状态)、氧气装置、复苏板、快速手消毒液。
参加人员	全体学生。
活动设计 (CPR操作模拟)	1. 前期准备 (1) 与医院负责人取得联系,说明来意并征得同意后确定活动时间。 (2) 在达成合作后,通过课外实践活动课的形式让大家了解此次CPR操作模拟的目的、内容和意义,引导大家积极参与,展现劳动精神。 2. 实施阶段 (1) 医院的工作人员先对学生进行相关理论知识的传授,包括判断病人的方法、CPR操作流程、各种突发状况、注意事项等。 (2) 学生们分成各个小组,分别进行CPR模拟,每人实际操作3分钟,内容包括判断病人情况、畅通呼吸道、人工呼吸、胸外心脏按压、开放气道等操作流程。

续表

操作步骤	(1) 判断。心脏骤停的判断:意识丧失(轻拍并大声呼叫患者,禁忌摇晃患者肩部),呼吸停止(呼吸停止或喘息性呼吸),颈动脉搏动消失(触摸喉结旁开1~2 cm,胸锁乳突肌前缘凹陷处)。 (2) 呼救。立即呼叫附近他人参与急救,帮助拨打当地的急救电话,启动急救医疗服务体系(院前急救、院内急诊科、重症监护病房救治和各专科的急救网络)。 (3) 摆好体位。患者仰卧于硬板床或地上,睡在软床上的患者,在其肩背下垫一心脏按压板,解开患者的领口、领带及腰带,去枕仰卧位,头略低。 (4) 胸外心脏按压。按压胸骨下段,可间接压迫左、右心室,以代替心脏的自主收缩,使血液流入肺动脉和主动脉,建立有效的体循环和肺循环。 ① 按压部位:两乳头连线与胸骨的交界处。 ② 按压姿势与手法:抢救者站或跪于患者一侧,一掌根置胸壁,另掌交叉重叠,手指翘起,肘关节伸直,双肩双臂与胸骨垂直,利用上身重量垂直下压,而后迅速放松,使胸廓迅速回弹,放松时手不离开胸壁。 ③ 按压深度:成人按压幅度≥5 cm,儿童按压幅度为4~5 cm。 ④ 按压频率:按压频率≥100次/分,按压与放松时间为1∶1。 ⑤ 配合人工呼吸:进行胸外心脏按压与人工呼吸之比为30∶2,进行人工呼吸时胸外心脏按压需停止。操作中途换人时,尽量在5秒内完成。 (5) 开放气道。首先清除口腔、气道内分泌物,取下活动义齿,然后根据患者的病情采取不同的开放气道方法。 ① 抬颈仰面法:抢救者一只手抬起患者的颈部,另一只手以小鱼际侧下按患者前额,使其头后仰,颈部抬起。用于颈部无外伤时。 ② 仰面抬颏法:抢救者一只手置于患者前额手掌向后施力,使其头部后仰,另一只手食指中指放在下颌骨下方,将颏部向前抬起,拉开颈部。 ③ 托双下颌法:抢救者将其肘部放在患者头部两侧,用双手同时将左右下颌角托起,使头后仰,同时将下颌骨前移。适用于颈部有或疑有损伤时。 (6) 人工呼吸。抢救者以保持患者头后仰的拇指和食指捏住患者鼻孔。深吸一口气,屏气双唇包绕患者口部形成一个封闭腔,用力吹气,使胸廓扩张,要确保胸部升起并维持,吹气毕,松开口鼻。放开捏鼻孔的手,使患者的肺和胸廓自行回缩。抢救者头稍抬起,侧转换气,观察胸部复原情况。呼吸频率:成人10~12次/分钟,儿童及婴幼儿12~20次/分钟。吹气时间占1次呼吸周期的1/3。 (7) 判断效果。观察心肺复苏是否有效,2分钟做5个循环的胸外按压和人工呼吸,对复苏效果进行判断,有效指征如下:① 心跳、呼吸恢复;② 大动脉搏动恢复;③ 收缩压在60 mmHg以上;④ 皮肤、黏膜色泽转为红润;⑤ 意识逐渐恢复,可出现反射或挣扎;⑥ 散大的瞳孔开始缩小。如已恢复,实施进一步生命支持,必要时应用人工呼吸器。
注意事项	(1) 口对口吹气量不宜过大,一般不超过1200 mL,胸廓稍起伏即可。吹气时间不宜过长,过长会引起急性胃扩张、胃胀气和呕吐。吹气过程要注意观察患(伤)者气道是否通畅,胸廓是否被吹起。 (2) 胸外心脏按压术只能在患(伤)者心脏停止跳动下才能施行。

续表

注意事项	（3）口对口吹气和胸外心脏按压应同时进行，严格按吹气和按压的比例操作，吹气和按压的次数过多和过少均会影响复苏的成败。 （4）胸外心脏按压的位置必须准确，不准确容易损伤其他脏器。按压应确保足够的速度与深度，尽量减少中断。按压的力度要适宜，过大过猛容易使胸骨骨折，引起气胸血胸；按压的力度过轻，胸腔压力小，不足以推动血液循环。 （5）施行心肺复苏术时应将患（伤）者的衣扣及裤带解松，以免引起内脏损伤。施救者应避免在按压间隙倚靠在患者胸上，以便每次按压后使胸廓充分回弹。 （6）若患者没有人工气道，吹气时稍停按压；如患者插有人工气道，吹气时可不暂停按压。
考核评价	（1）组内评价。学生对此次活动进行自我评价、成员间互相评价，各组评选出在CPR操作中表现最优秀的同学。 （2）老师评价。老师采用CPR操作流程质量标准对学生的操作进行打分，并指出学生在实际操作过程中出现的问题。

二、自动体外除颤器

教学目标	（1）帮助同学明确自动体外除颤器（AED）对于公共空间现场急救，如恶性心律失常（如室颤室扑）和心跳骤停患者等无法恢复自主心率的重要性。 （2）帮助学生掌握AED的步骤方法。 （3）在公共场所遇到突发的急性心脏病人后，能运用所学的AED及时抢救病人，提高学生在发生突发事件时的应变能力，并在急救中体悟医者大爱。
基础知识	我国每年心源性猝死者高达55万，而我国心脏骤停的抢救成功率却不到1%，平均每分钟就有1人死于心源性猝死。心脏骤停可能发生于任何时间、任何地点、任何人！在正常室温下，心脏骤停4分钟后脑细胞就会出现不可逆转的损害，如果心脏骤停时间在10分钟以上，即使病人抢救过来，也可能是脑死亡，即植物人。所以在心源性猝死急救上有"黄金四分钟"之说。因此，对于心脏骤停的治疗，大部分的注意力都聚焦于如何提供快速的电除颤。抢救猝死患者最关键的方法是尽早给予电除颤治疗，而AED恰恰是能起急救作用的设备，非医护人员也能使用，它的出现大大提高了猝死抢救的成功率。
工具使用	AED设备。
参加人员	全体学生。
活动设计 （AED操作模拟）	1. 前期准备 （1）与医院负责人取得联系，说明来意并征得同意后确定活动时间。 （2）在达成合作后，通过实践活动课的形式让大家了解此次AED操作模拟的目的、内容和意义，引导大家积极参与，展现劳动精神。

	续表
活动设计 （AED操 作模拟）	2. 实践阶段 (1) 医院的工作人员对学生进行相关理论知识的传授,包括AED的操作步骤及注意事项等。 (2) 学生们分成各个小组,分别进行AED模拟,内容包括接通AED、给患者贴电极板、分析心律、除颤等操作流程。
操作步骤	(1) 开启AED,打开AED的盖子,依据视觉和声音的提示操作(有些型号需要先按下电源)。 (2) 给患者贴电极,在患者胸部适当的位置上,紧密地贴上电极。通常两块电极板分别贴在右胸上部和左胸左乳头外侧,具体位置可以参考AED机壳上的图样和电极板上的图片说明。 (3) 将电极板插头插入AED主机插孔。 (4) 开始分析心律,在必要时除颤,按下分析键(有些型号在插入电极板后会发出语音提示,并自动开始分析心率,在此过程中请不要接触患者,即使是轻微的触动都有可能影响AED的分析),AED将会开始分析心率。分析完毕后,AED将会发出是否进行除颤的建议,当有除颤指征时,不要与患者接触,同时告诉附近的其他任何人远离患者,由操作者按下"放电"键除颤。 (5) 一次除颤后未恢复有效灌注心律,进行5个周期CPR。除颤结束后,AED会再次分析心律,若未恢复有效灌注心律,操作者应再进行5个周期CPR,后分析心律。除颤,CPR,……,如此反复直至急救人员到来。
注意事项	(1) AED瞬间可以达到200 J的能量,在给病人施救过程中,请在按下通电按钮后立刻远离患者,并告诫身边任何人不得靠近患者。 (2) 患者在水中不能使用AED,患者胸部如有汗水需要快速擦干,因为水会降低AED功效。 (3) 如果在使用完AED后,患者没有任何生命特征(没有呼吸心跳)需要马上送医院救治。
考核评价	1. 组内评价。学生对此次活动进行自我评价、成员间互相评价,各组评选出在AED操作中表现最优秀的同学。 2. 老师评价。老师对学生们的AED操作进行评价,指出学生在实际操作过程中出现的问题。

三、海姆立克急救法

教学目标	(1) 帮助同学明确海姆立克急救法对于有呛咳和呼吸困难表现(气道异物阻塞引起窒息、溺水窒息等)的人实施急救的重要性。 (2) 帮助学生掌握海姆立克急救法的步骤方法。

续表

教学目标	(3) 在突发事件发生后，能运用所学的海姆立克急救法及时抢救气道被堵塞的人。培养学生的突发事件意识，以及提高学生在发生突发事件时的应变能力，并在急救中体悟医者大爱。
基础知识	生活中呼吸道被异物堵塞的情况并不少见，尤其是家里有小孩的家庭，经常吃东西被呛到，有时候甚至情况紧急，威胁生命。当气道完全被阻塞后，人会无法呼吸或者出现呼吸极其费力、无法正常咳嗽、会因缺氧而脸色变紫的情况。反之，如果呼吸正常、还能咳嗽，就说明气道没有被完全阻塞。如果气道没有完全阻塞，可以鼓励窒息者通过咳嗽排出异物；如果发现气道已经完全阻塞了（呼吸困难、不咳嗽、脸色变紫等），就需要采取海姆立克急救法。海姆立克是一名美国的外科医生，他发明的这种急救方法被证明对于气道阻塞很有效，因此被广泛应用。它的原理是增加腹部和胸部的压力，从而将进入气道的物体挤出。
工具使用	海姆立克急救操作模拟装置。
参加人员	全体学生。
活动设计（海姆立克急救法操作模拟）	1. 前期准备 (1) 与医院负责人取得联系，说明来意并征得同意后确定活动时间。 (2) 在达成合作后，通过实践活动课的形式让大家了解此次海姆立克急救法模拟的目的、内容和意义，引导大家积极参与，展现劳动精神。 2. 实践阶段 (1) 邀请医院的工作人员对学生进行相关理论知识的传授，包括海姆立克急救法及注意事项等。 (2) 学生们分成各个小组，分别进行海姆立克急救法模拟。
操作步骤	(1) 1岁以内婴儿。这个时期的婴儿如果发生窒息，应先将婴儿面朝下放置在手臂上，手臂贴着前胸，大拇指和其余四指分别卡在下颌骨位置，另一只手在婴儿背上肩胛骨中间拍5次，然后观察异物有没有被吐出。如果没有吐出，立刻将婴儿翻过来，头冲下脚冲上，面对面放置在大腿上。一只手固定在婴儿头颈位置，一只手伸出食指中指，快速压迫婴儿胸廓中间位置，重复5次之后将孩子翻过来重复上述步骤，直至将异物排出为止。 (2) 1岁以上儿童及成年人。施救者站在被救者身后，两手臂从身后绕过伸到肚脐与肋骨中间的地方，一只手握成拳，另一只手包住拳头，然后快速有力地向内上方冲击，直至将异物排出。 (3) 自救。自己一只手握成拳，另一只手包裹住，快速向内向上冲击肚脐与肋骨中间的位置，直到将异物排出为止。如果自己的力气不够，那么迅速寻找一把带靠背的椅子或者桌子，然后将自己的腹部按压在桌角、椅角或者其他坚硬的物体上向内、向上冲击，一定要快、准，反复冲击几次，异物便会排出。
注意事项	海姆立克急救法虽然有一定的效果，但也可能带来一定的危害，尤其对老年人，因其胸腹部组织的弹性及顺应性差，故容易导致损伤，如腹部或胸腔内脏的破裂、撕裂及出血、肋骨骨折等，故发生呼吸道堵塞时，应首先采用其他方法排除异物，在其他方法无效且患者情况紧急时才能使用该法，需要注意控制好合适的力度。

续表

考核评价	(1) 组内评价。学生对此次活动进行自我评价、成员间互相评价,各组评选出在海姆立克急救法操作中表现最优秀的同学。 (2) 老师评价。老师对学生们的海姆立克急救法操作进行评价,指出学生在实际操作过程中出现的问题。

政策篇

《关于全面加强新时代大中小学劳动教育的意见》

为构建德智体美劳全面培养的教育体系,中共中央、国务院就加强新时代大中小学劳动教育提出如下意见。

一、充分认识新时代培养社会主义建设者和接班人对加强劳动教育的新要求

（一）重大意义

劳动教育是中国特色社会主义教育制度的重要内容,直接决定社会主义建设者和接班人的劳动精神面貌、劳动价值取向和劳动技能水平。长期以来,各地区和学校坚持教育与生产劳动相结合,在实践育人方面取得了一定成效。同时也要看到,近年来一些青少年中出现了不珍惜劳动成果、不想劳动、不会劳动的现象,劳动的独特育人价值在一定程度上被忽视,劳动教育正被淡化、弱化。对此,全党全社会必须高度重视,采取有效措施切实加强劳动教育。

（二）指导思想

以习近平新时代中国特色社会主义思想为指导,全面贯彻党的教育方针,落实全国教育大会精神,坚持立德树人,坚持培育和践行社会主义核心价值观,把劳动教育纳入人才培养全过程,贯通大中小学各学段,贯穿家庭、学校、社会各方面,与德育、智育、体育、美育相融合,紧密结合经济社会发展变化和学生生活实际,积极探索具有中国特色的劳动教育模式,创新体制机制,注重教育实效,实现知行合一,促进学生形成正确的世界观、人生观、价值观。

（三）基本原则

1. 把握育人导向

坚持党的领导，围绕培养担当民族复兴大任的时代新人，着力提升学生综合素质，促进学生全面发展、健康成长。把准劳动教育价值取向，引导学生树立正确的劳动观，崇尚劳动、尊重劳动，增强对劳动人民的感情，报效国家，奉献社会。

2. 遵循教育规律

符合学生年龄特点，以体力劳动为主，注意手脑并用、安全适度，强化实践体验，让学生亲历劳动过程，提升育人实效性。

3. 体现时代特征

适应科技发展和产业变革，针对劳动新形态，注重新兴技术支撑和社会服务新变化。深化产教融合，改进劳动教育方式。强化诚实合法劳动意识，培养科学精神，提高创造性劳动能力。

4. 强化综合实施

加强政府统筹，拓宽劳动教育途径，整合家庭、学校、社会各方面力量。家庭劳动教育要日常化，学校劳动教育要规范化，社会劳动教育要多样化，形成协同育人格局。

5. 坚持因地制宜

根据各地区和学校实际，结合当地在自然、经济、文化等方面条件，充分挖掘行业企业、职业院校等可利用资源，宜工则工、宜农则农，采取多种方式开展劳动教育，避免"一刀切"。

二、全面构建体现时代特征的劳动教育体系

（一）把握劳动教育基本内涵

劳动教育是国民教育体系的重要内容，是学生成长的必要途径，具有树德、增智、强体、育美的综合育人价值。实施劳动教育重点是在系统的文化知识学习之外，有目的、有计划地组织学生参加日常生活劳动、生产劳动和服务性劳动，让学生动手实践、出力流汗，接受锻炼、磨炼意志，培养学生正确劳动价值观和良好劳动品质。

（二）明确劳动教育总体目标

通过劳动教育，使学生能够理解和形成马克思主义劳动观，牢固树立劳动最光

荣、劳动最崇高、劳动最伟大、劳动最美丽的观念;体会劳动创造美好生活,体认劳动不分贵贱,热爱劳动,尊重普通劳动者,培养勤俭、奋斗、创新、奉献的劳动精神;具备满足生存发展需要的基本劳动能力,形成良好劳动习惯。

(三)设置劳动教育课程

整体优化学校课程设置,将劳动教育纳入中小学国家课程方案和职业院校、普通高等学校人才培养方案,形成具有综合性、实践性、开放性、针对性的劳动教育课程体系。

根据各学段特点,在大中小学设立劳动教育必修课程,系统加强劳动教育。中小学劳动教育课每周不少于 1 课时,学校要对学生每天课外校外劳动时间作出规定。职业院校以实习实训课为主要载体开展劳动教育,其中劳动精神、劳模精神、"工匠精神"专题教育不少于 16 学时。普通高等学校要明确劳动教育主要依托课程,其中本科阶段不少于 32 学时。除劳动教育必修课程外,其他课程结合学科、专业特点,有机融入劳动教育内容。大中小学每学年设立劳动周,可在学年内或寒暑假自主安排,以集体劳动为主。高等学校也可安排劳动月,集中落实各学年劳动周要求。

根据需要编写劳动实践指导手册,明确教学目标、活动设计、工具使用、考核评价、安全保护等劳动教育要求。

(四)确定劳动教育内容要求

根据教育目标,针对不同学段、类型学生特点,以日常生活劳动、生产劳动和服务性劳动为主要内容开展劳动教育。结合产业新业态、劳动新形态,注重选择新型服务性劳动的内容。

小学低年级要注重围绕劳动意识的启蒙,让学生学习日常生活自理,感知劳动乐趣,知道人人都要劳动。小学中高年级要注重围绕卫生、劳动习惯养成,让学生做好个人清洁卫生,主动分担家务,适当参加校内外公益劳动,学会与他人合作劳动,体会到劳动光荣。初中要注重围绕增加劳动知识、技能,加强家政学习,开展社区服务,适当参加生产劳动,使学生初步养成认真负责、吃苦耐劳的品质和职业意识。普通高中要注重围绕丰富职业体验,开展服务性劳动、参加生产劳动,使学生熟练掌握一定劳动技能,理解劳动创造价值,具有劳动自立意识和主动服务他人、服务社会的情怀。中等职业学校重点是结合专业人才培养,增强学生职业荣誉感,提高职业技能水平,培育学生精益求精的"工匠精神"和爱岗敬业的劳动态度。高等学校要注重围绕创新创业,结合学科和专业积极开展实习实训、专业服务、社会实践、勤工助学等,重视新知识、新技术、新工艺、新方法应用,创造性地解决实际问题,使学生增强诚实劳动意识,积累职业经验,提升就业创业能力,树立正确择业观,具有到艰苦地区和行业工作的奋斗精神,懂得空谈误国、实干兴邦的深刻道理;注重培育公共服务意识,使学生具有面对重大疫情、灾害等危机主动作为的奉献精神。

(五)健全劳动素养评价制度

将劳动素养纳入学生综合素质评价体系,制定评价标准,建立激励机制,组织开展劳动技能和劳动成果展示、劳动竞赛等活动,全面客观记录课内外劳动过程和结果,加强实际劳动技能和价值体认情况的考核。建立公示、审核制度,确保记录真实可靠。把劳动素养评价结果作为衡量学生全面发展情况的重要内容,作为评优评先的重要参考和毕业依据,作为高一级学校录取的重要参考或依据。

三、广泛开展劳动教育实践活动

(一)家庭要发挥在劳动教育中的基础作用

注重抓住衣食住行等日常生活中的劳动实践机会,鼓励孩子自觉参与、自己动手,随时随地、坚持不懈进行劳动,掌握洗衣做饭等必要的家务劳动技能,每年有针对性地学会1~2项生活技能。鼓励学校(家委会)和社区等组织开展学生生活技能展示活动。学生参加家务劳动和掌握生活技能的情况要按年度记入学生综合素质档案。鼓励孩子利用节假日参加各种社会劳动。家庭要树立崇尚劳动的良好家风,家长要通过日常生活的言传身教、潜移默化,让孩子养成从小爱劳动的好习惯。

(二)学校要发挥在劳动教育中的主导作用

学校要切实承担劳动教育主体责任,明确实施机构和人员,开齐开足劳动教育课程,不得挤占、挪用劳动实践时间。明确学校劳动教育要求,着重引导学生形成马克思主义劳动观,系统学习掌握必要的劳动技能。根据学生身体发育情况,科学设计课内外劳动项目,采取灵活多样形式,激发学生劳动的内在需求和动力。统筹安排课内外时间,可采用集中与分散相结合的方式。组织实施好劳动周,小学低中年级以校园劳动为主,小学高年级和中学可适当走向社会、参与集中劳动,高等学校要组织学生走向社会、以校外劳动锻炼为主。

（三）社会要发挥在劳动教育中的支持作用

充分利用社会各方面资源，为劳动教育提供必要保障。各级政府部门要积极协调和引导企业公司、工厂农场等组织履行社会责任，开放实践场所，支持学校组织学生参加力所能及的生产劳动、参与新型服务性劳动，使学生与普通劳动者一起经历劳动过程。鼓励高新企业为学生体验现代科技条件下劳动实践新形态、新方式提供支持。工会、共青团、妇联等群团组织以及各类公益基金会、社会福利组织要组织动员相关力量，搭建活动平台，共同支持学生深入城乡社区、福利院和公共场所等参加志愿服务，开展公益劳动，参与社区治理。

四、着力提升劳动教育支撑保障能力

（一）多渠道拓展实践场所

大力拓展实践场所，满足各级各类学校多样化劳动实践需求。充分利用现有综合实践基地、青少年校外活动场所、职业院校和普通高等学校劳动实践场所，建立健全开放共享机制。农村地区可安排相应土地、山林、草场等作为学农实践基地，城镇地区可确认一批企事业单位和社会机构，作为学生参加生产劳动、服务性劳动的实践场所。建立以县为主、政府统筹规划配置中小学（含中等职业学校）劳动教育资源的机制。进一步完善学校建设标准，学校逐步建好配齐劳动实践教室、实训基地。高等学校要充分发挥自身专业优势和服务社会功能，建立相对稳定的实习和劳动实践基地。

（二）多举措加强人才队伍建设

采取多种措施，建立专兼职相结合的劳动教育师资队伍。根据学校劳动教育需要，为学校配备必要的专任教师。高等学校要加强劳动教育师资培养，有条件的师范院校开设劳动教育相关专业。设立劳模工作室、技能大师工作室、荣誉教师岗位等，聘请相关行业专业人士担任劳动实践指导教师。把劳动教育纳入教师培训内容，开展全员培训，强化每位教师的劳动意识、劳动观念，提升实施劳动教育的自觉性，对承担劳动教育课程的教师进行专项培训，提高劳动教育专业化水平。建立健全劳动教育教师工作考核体系，分类完善评价标准。

（三）健全经费投入机制

各地区要统筹中央补助资金和自有财力，多种形式筹措资金，加快建设校内劳动教育场所和校外劳动教育实践基地,加强学校劳动教育设施标准化建设,建立学校劳动教育器材、耗材补充机制。学校可按照规定统筹安排公用经费等资金开展劳动教育。可采取政府购买服务方式,吸引社会力量提供劳动教育服务。

(四)多方面强化安全保障

各地区要建立政府负责、社会协同、有关部门共同参与的安全管控机制。建立政府、学校、家庭、社会共同参与的劳动教育风险分散机制,鼓励购买劳动教育相关保险,保障劳动教育正常开展。各学校要加强对师生的劳动安全教育,强化劳动风险意识,建立健全安全教育与管理并重的劳动安全保障体系。科学评估劳动实践活动的安全风险,认真排查、清除学生劳动实践中的各种隐患特别是辐射、疾病传染等,在场所设施选择、材料选用、工具设备和防护用品使用、活动流程等方面制定安全、科学的操作规范,强化对劳动过程每个岗位的管理,明确各方责任,防患于未然。制定劳动实践活动风险防控预案,完善应急与事故处理机制。

五、切实加强劳动教育的组织实施

(一)加强组织领导

在党委统一领导下,各级政府要把劳动教育摆上重要议事日程,出台相关政策措施,切实解决劳动教育实施过程中的重大问题,做好督促落实。省级政府要加强劳动教育工作的统筹协调,明确市地级、县级政府及有关部门加强劳动教育的职责,推动建立全面实施劳动教育的长效机制。

(二)强化督导检查

把劳动教育纳入教育督导体系,完善督导办法。对地方各级政府和有关部门保障劳动教育情况以及学校组织实施劳动教育情况进行督导,督导结果向社会公开,同时作为衡量区域教育质量和水平的重要指标,作为对被督导部门和学校及其主要负责人考核奖惩的依据。开展劳动教育质量监测,强化反馈和指导。

(三)加强宣传引导

引导家长树立正确劳动观念,支持配合学校开展劳动教育。加强劳动教育科学研究,宣传推广劳动教育典型经验。积极宣传企事业单位和社会机构提供劳动教育服务的先进事迹。注重挖掘在抗疫救灾等重大事件中涌现出来的典型人物和事迹,大力宣传不畏艰难、百折不挠、敢于担当的高尚品格。鼓励和支持创作更多以歌颂普通劳动者为主题的优秀作品,大力宣传辛勤劳动、诚实劳动、创造性劳动的典型人物和事迹,弘扬劳动光荣、创造伟大的主旋律,旗帜鲜明地反对一切不劳而获、贪图享乐、崇尚暴富的错误观念,营造全社会关心和支持劳动教育的良好氛围。

《大中小学劳动教育指导纲要(试行)》

为深入贯彻习近平总书记关于教育的重要论述,全面贯彻党的教育方针,落实《中共中央国务院关于全面加强新时代大中小学劳动教育的意见》,加快构建德智体美劳全面培养的教育体系,制定本指导纲要。

一、劳动教育性质和基本理念

(一)劳动教育性质

劳动是创造物质财富和精神财富的过程,是人类特有的基本社会实践活动。劳动教育是发挥劳动的育人功能,对学生进行热爱劳动、热爱劳动人民的教育活动。当前实施劳动教育的重点是在系统的文化知识学习之外,有目的、有计划地组织学生参加日常生活劳动、生产劳动和服务性劳动,让学生动手实践、出力流汗,接受锻炼、磨炼意志,培养学生正确劳动价值观和良好劳动品质。

劳动教育是新时代党对教育的新要求,是中国特色社会主义教育制度的重要内容,是全面发展教育体系的重要组成部分,是大中小学必须开展的教育活动。它具有鲜明的思想性,必须将马克思主义劳动观贯彻始终,强调劳动是一切财富、价值的源泉,劳动者是国家的主人,一切劳动和劳动者都应该得到鼓励和尊重;倡导通过诚实劳动创造美好生活、实现人生梦想,反对一切不劳而获、崇尚暴富、贪图享乐的错误思想。具有突出的社会性,必须加强学校教育与社会生活、生产实践的直接联系,发挥劳动在个人与社会之间的纽带作用,引导学生认识社会,增强社会责任感;同时注重让学生学会分工合作,体会社会主义社会平等、和谐的新型劳动关系。具有显著的实践性,必须面向真实的生活世界和职业世界,引导学生以动手实践为主要方式,在认识世界的基础上,获得有积极意义的价值体验,学会建设世界,塑造自己,实现树德、增智、强体、育美的目的。

(二) 劳动教育基本理念

1. 强化劳动观念,弘扬劳动精神

将劳动观念和劳动精神教育贯穿人才培养全过程,贯穿家庭、学校、社会各方面。注重让学生在学习和掌握基本劳动知识技能的过程中,领悟劳动的意义价值,形成勤俭、奋斗、创新、奉献的劳动精神。

2. 强调身心参与,注重手脑并用

把握劳动教育的根本特征,让学生面对真实的个人生活、生产和社会性服务任务情境,亲历实际的劳动过程,善于观察思考,注重运用所学知识解决实际问题,提高劳动质量和效率。

3. 继承优良传统,彰显时代特征

在充分发挥传统劳动、传统工艺项目育人功能的同时,紧跟科技发展和产业变革,准确把握新时代劳动工具、劳动技术、劳动形态的新变化,创新劳动教育内容、途径、方式,增强劳动教育的时代性。

4. 发挥主体作用,激发创新创造

关注学生劳动过程中的体验和感悟,引导学生感受劳动的艰辛和收获的快乐,增强获得感、成就感、荣誉感。鼓励学生在学习和借鉴他人丰富经验、技艺的基础上,尝试新方法、探索新技术,打破僵化思维方式,推陈出新。

二、劳动教育目标和内容

(一) 总体目标

准确把握社会主义建设者和接班人的劳动精神面貌、劳动价值取向和劳动技能水平的培养要求,全面提高学生劳动素养,使学生:

树立正确的劳动观念。正确理解劳动是人类发展和社会进步的根本力量,认识劳动创造人、劳动创造价值、创造财富、创造美好生活的道理,尊重劳动,尊重普通劳动者,牢固树立劳动最光荣、劳动最崇高、劳动最伟大、劳动最美丽的思想观念。

具有必备的劳动能力。掌握基本的劳动知识和技能,正确使用常见劳动工具,增强体力、智力和创造力,具备完成一定劳动任务所需要的设计、操作能力及团队合作能力。

培育积极的劳动精神。领会"幸福是奋斗出来的"内涵与意义,继承中华民族勤俭节约、敬业奉献的优良传统，弘扬开拓创新、砥砺奋进的时代精神。

养成良好的劳动习惯和品质。能够自觉自愿、认真负责、安全规范、坚持不懈地参与劳动，形成诚实守信、吃苦耐劳的品质。珍惜劳动成果，养成良好的消费习惯，杜绝浪费。

（二）主要内容

主要包括日常生活劳动、生产劳动和服务性劳动中的知识、技能与价值观。日常生活劳动教育立足个人生活事务处理，结合开展新时代校园爱国卫生运动，注重生活能力和良好卫生习惯培养，树立自立自强意识。生产劳动教育要让学生在工农业生产过程中直接经历物质财富的创造过程，体验从简单劳动、原始劳动向复杂劳动、创造性劳动的发展过程，学会使用工具，掌握相关技术，感受劳动创造价值，增强产品质量意识，体会平凡劳动中的伟大。服务性劳动教育让学生利用知识、技能等为他人和社会提供服务，在服务性岗位上见习实习，树立服务意识，实践服务技能；在公益劳动、志愿服务中强化社会责任感。

（三）学段要求

1. 小学

低年级：以个人生活起居为主要内容，开展劳动教育，注重培养劳动意识和劳动安全意识，使学生懂得人人都要劳动，感知劳动乐趣，爱惜劳动成果。指导学生：① 完成个人物品整理、清洗，进行简单的家庭清扫和垃圾分类等，树立自己的事情自己做的意识，提高生活自理能力；② 参与适当的班级集体劳动，主动维护教室内外环境卫生等，培养集体荣誉感；③ 进行简单手工制作，照顾身边的动植物，关爱生命，热爱自然。

中高年级：以校园劳动和家庭劳动为主要内容开展劳动教育，体会劳动光荣，尊重普通劳动者，初步养成热爱劳动、热爱生活的态度。指导学生：① 参与家居清洁、收纳整理，制作简单的家常餐等，每年学会1～2项生活技能，增强生活自理能力和勤俭节约意识，培养家庭责任感；② 参加校园卫生保洁、垃圾分类处理、绿化美化等，适当参加社区环保、公共卫生等力所能及的公益劳动，增强公共服务意识；③ 初步体验种植、养殖、手工制作等简单的生产劳动，初步学会与他人合作劳动，懂得生活用品、食品来之不易，珍惜劳动成果。

2. 初中

兼顾家政学习、校内外生产劳动、服务性劳动，安排劳动教育内容，开展职业启蒙教育，体会劳动创造美好生活，养成认真负责、吃苦耐劳的劳动品质和安全意识，增强公共服务意识和担当精神。让学生：① 承担一定的家庭日常清洁、烹饪、家居美化等劳动，进一步培养生活自理能力和习惯，增强家庭责任意识；② 定期开展校园包干区域保洁和美化，以及助残、敬老、扶弱等服务性劳动，初步形成对学校、社区负责任的态度和社会公德意识；③ 适当体验包括金工、木工、电工、陶艺、布艺等项目在内的劳动及传统工艺制作过程，尝试家用器具、家具、电器的简单修理，参与种植、养殖等生产活动，学习相关技术，获得初步的职业体验，形成初步的生涯规划意识。

3. 普通高中

注重围绕丰富职业体验，开展服务性劳动和生产劳动，理解劳动创造价值，接受锻炼、磨炼意志，具有劳动自立意识和主动服务他人、服务社会的情怀。指导学生：① 持续开展日常生活劳动，增强生活自理能力，固化良好劳动习惯；② 选择服务性岗位，经历真实的岗位工作过程，获得真切的职业体验，培养职业兴趣；积极参加大型赛事、社区建设、环境保护等公益活动、志愿服务，强化社会责任意识和奉献精神；③ 统筹劳动教育与通用技术课程相关内容，从工业、农业、现代服务业以及中华优秀传统文化特色项目中，自主选择1~2项生产劳动，经历完整的实践过程，提高创意物化能力，养成吃苦耐劳、精益求精的品质，增强生涯规划的意识和能力。

4. 职业院校

重点结合专业特点，增强职业荣誉感和责任感，提高职业劳动技能水平，培育积极向上的劳动精神和认真负责的劳动态度。组织学生：① 持续开展日常生活劳动，自我管理生活，提高劳动自立自强的意识和能力；② 定期开展校内外公益服务性劳动，做好校园环境秩序维护，运用专业技能为社会、为他人提供相关公益服务，培育社会公德，厚植爱国爱民的情怀；③ 依托实习实训，参与真实的生产劳动和服务性劳动，增强职业认同感和劳动自豪感，提升创意物化能力，培育不断探索、精益求精、追求卓越的"工匠精神"和爱岗敬业的劳动态度，坚信"三百六十行，行行出状元"，体认劳动不分贵贱，任何职业都很光荣，都能出彩。

5. 普通高等学校

强化马克思主义劳动观教育，注重围绕创新创业，结合学科专业开展生产劳动和服务性劳动，积累职业经验，培育创造性劳动能力和诚实守信的合法劳动意识。使学生：① 掌握通用劳动科学知识，深刻理解马克思主义劳动观和社会主义劳动关系，树立正确的择业就业创业观，具有到艰苦地区和行业工作的奋斗精神；② 巩固良好日常生活劳动习惯，自觉做好宿舍卫生保洁，独立处理个人生活事务，积极参加勤工助学活动，提高劳动自立自强能力；③ 强化服务性劳动，自觉参与教室、食堂、校园场所的卫生保洁、绿化美化和管理服务等，结合"三支一扶"、大学生志愿服务西部计划、"青年红色筑梦之旅"、"三下乡"等社会实践活动开展服务性劳动，强化公共服务意识和面对重大疫情、灾害等危机主动作为的奉献精神；④ 重视生产劳动锻炼，积极参加实习实训、专业服务和创新创业活动，重视新知识、新技术、新工艺、新方法的运用，提高在生产实践中发现问题和创造性解决问题的能力，在动手实践的过程中创造有价值的物化劳动成果。

三、劳动教育途径、关键环节和评价

（一）劳动教育途径

将劳动教育纳入人才培养全过程，丰富、拓展劳动教育实施途径。

1. 独立开设劳动教育必修课

在大中小学设立劳动教育必修课程。中小学劳动教育课平均每周不少于1课时，用于活动策划、技能指导、练习实践、总结交流等，与通用技术和地方课程、校本课程等有关内容进行必要统筹。职业院校开设劳动专题教育必修课，不少于16学时；主要围绕劳动精神、劳模精神、"工匠精神"、劳动组织、劳动安全和劳动法规等方面设计。普通高等学校要将劳动教育纳入专业人才培养方案，明确主要依托的课程，可在已有课程中专设劳动教育模块，也可专门开设劳动专题教育必修课，本科阶段不少于32学时；课程内容应加强马克思主义劳动观教育，普及与学生职业发展密切相关的通用劳动科学知识，并经历必要的实践体验。

2. 在学科专业中有机渗透劳动教育

中小学道德与法治（思想政治）、语文、历史、艺术等学科要有重点地纳入劳动创造人本身、劳动创造历史、劳动创造世界、劳动不分贵贱等马克思主义劳动观，纳入歌颂劳模、歌颂普通劳动者的选文选材，纳入阐释勤劳、节俭、艰苦奋斗等中华民族优良传统的内容，加强对学生辛勤劳动、诚实劳动、合法劳动等方面的教育。数学、科学、地理、技术、体育与健康等学科要注重培养学生劳动的科学态度、规范意识、效率观念和创新精神。

职业院校要将劳动教育全面融入公共基础课，要强化马克思主义劳动观、劳动安全、劳动法规教育。专业课在进行职业劳动知识技能教学的同时，注重培养"干一行爱一行"的敬业精神，吃苦耐劳、团结合作、严谨细致的工作态度。

普通高等学校要将劳动教育有机纳入专业教育、创新创业教育，不断深化产教融合，强化劳动锻炼要求，加强高等学校与行业骨干企业、高新企业、中小微企业紧密协同，推动人才培养模式改革。专业类课程主要与服务学习、实习实训、科学实验、社会实践、毕业设计等相结合开展各类劳动实践,注重分析相关劳动形态发展趋势,强化劳动品质培养。在公共必修课中,要进一步强化马克思主义劳动观教育、劳动相关法律法规与政策教育。

3. 在课外校外活动中安排劳动实践

将劳动教育与学生的个人生活、校园生活和社会生活有机结合起来,丰富劳动体验,提高劳动能力,深化对劳动价值的理解。

中小学每周课外活动和家庭生活中劳动时间,小学1~2年级不少于2小时,其他年级不少于3小时;职业院校和普通高等学校要明确生活中的劳动事项和时间,纳入学生日常管理工作。

大中小学每学年设立劳动周,采用专题讲座、主题演讲、劳动技能竞赛、劳动成果展示、劳动项目实践等形式进行。小学以校内为主,小学高年级可适当安排部分校外劳动;普通中学、职业院校和普通高等学校兼顾校内外,可在学年内或寒暑假安排,以集体劳动为主,由学校组织实施。高等学校也可安排劳动月,集中落实各学年劳动周要求。

4. 在校园文化建设中强化劳动文化

学校要将劳动习惯、劳动品质的养成教育融入校园文化建设之中。要通过制定劳动公约、每日劳动常规、学期劳动任务单,采取与劳动教育有关的兴趣小组、社团等组织形式,结合植树节、学雷锋纪念日、五一劳动节、农民丰收节、志愿者日等,开展丰富的劳动主题教育活动,营造劳动光荣、创造伟大的校园文化。

要举办"劳模大讲堂"、"大国工匠进校园"、优秀毕业生报告会等劳动榜样人物进校园活动,组织劳动技能和劳动成果展示,综合运用讲座、宣传栏、新媒体等,广泛宣传劳动榜样人物事迹,特别是身边的普通劳动者事迹,让师生在校园里近距离接触劳动模范,聆听劳模故事,观摩精湛技艺,感受并领悟勤勉敬业的劳动精神,争做新时代的奋斗者。

(二) 劳动教育关键环节

各地和学校要注重围绕劳动教育的目标和内容要求,从提高劳动教育的效果出发,把握劳动教育任务的特点,抓住关键环节,选择适宜的劳动教育方式。

1. 讲解说明

围绕劳动为什么、是什么问题,有重点地进行讲解,让学生懂得劳动的意义和价值。加强劳动观念、劳动纪律、劳动相关法律法规的正面引导,指明轻视劳动特别是轻视普通劳动的危害,让学生明辨是非。加强劳动知识技能的讲解,让学生认清事理,掌握实践操作的基本原理、程序、规则,正确使用工具的方法和技术。讲解要与启发思考、示范、练习等结合起来。

2. 淬炼操作

围绕如何做的问题，注重示范与练习，让学生会劳动。强化规范意识，注重从最基本的程序学起，严守规则，避免主观随意。强化质量意识，注重引导学生关注细节，每个步骤、环节都要精准到位。强化专注品质，注重引导学生对操作行为的评估与监控，做到眼到手到心到，有始有终。

3. 项目实践

围绕劳动能力的培养，让学生完成真实、综合任务，经历完整劳动过程。注重劳动价值体认，引导学生从现实生活中发现需求，选择和确定劳动项目。强化规划设计意识，充分发挥学生的主动性、积极性、创造性，引导学生对项目实践进行整体构思，综合运用所学知识、技术，不断优化行动方案。强化身体力行，锤炼意志品质，敢于在困难与挑战中完成行动任务。

4. 反思交流

围绕劳动价值意义的建构，引导学生总结、交流，促进学生形成反思交流习惯。指导学生思考劳动过程和结果与社会进步、个体成长的关联，避免停留在简单的苦乐体验上。组织学生交流分享劳动的体验和收获，肯定具有积极意义的认识，纠正观念上的偏差。将反思交流与改进结合起来，使学生在劳动中获得成长。

5. 榜样激励

围绕劳动的精神追求，树立典型，激发劳动热情。注意遴选、树立多类型榜样，不仅要有大国工匠、劳动模范，还要有身边劳动表现优异的普通劳动者和同学。指导学生从榜样的具体事迹中领悟他们的高尚精神和优良品质。明确要求学生在日常劳动实践中努力向榜样看齐。

（三）劳动教育评价

将劳动素养纳入学生综合素质评价体系。以劳动教育目标、内容要求为依据，将过程性评价和结果性评价结合起来，健全和完善学生劳动素养评价标准、程序和方法，鼓励、支持各地利用大数据、云平台、物联网等现代信息技术手段，开展劳动教育过程监测与记实评价，发挥评价的育人导向和反馈改进功能。

1. 平时表现评价

要在平时劳动教育实践活动中及时进行评价，以评价促进学生发展。要覆盖各类型劳动教育活动，明确学年劳动实践类型、次数、时间等考核要求。关注学生在劳动教育活动中的实际表现，注重从行为表现中分析把握劳动观念形成情况。以自我评价为主，辅以教师、同伴、家长、服务对象、用人单位等他评方式，指导学生进行反思改进。要指导学生如实记录劳动教育活动情况，收集整理相关制品、作品等，选择代表性的写实记录，纳入综合素质档案，作为学生学年评优评先的重要参考。

2. 学段综合评价

学段结束时，要依据学段目标和内容，结合综合素质档案分析，兼顾必修课学习和课外劳动实践，对劳动观念、劳动能力、劳动精神、劳动习惯和品质等劳动素养发展状况进行综合评定。建立诚信机制，实行写实记录抽查制度，对弄虚作假者在评优评先方面一票否决，性质严重的应依法依规严肃处理。在高中和大学开展志愿者星级认证。高中学校和高等学校要将考核结果作为毕业依据之一。推动将学段综合评价结果作为学生升学、就业的重要参考。

3. 开展学生劳动素养监测

将学生劳动素养监测纳入基础教育质量监测、职业院校教学质量评估和普通高等学校本科教学质量评估。可委托有关专业机构，定期组织开展关于学生劳动素养状况调查，注重学生劳动观念、劳动能力、劳动精神、劳动习惯和品质等的监测。发挥监测结果的示范引导、反馈改进等功能。

四、学校劳动教育的规划与实施

（一）整体规划劳动教育

学校是劳动教育的实施主体，应根据国家相关规定，结合当地和本校实际情况，对劳动教育进行整体设计、系统规划，形成劳动教育总体实施方案。方案要明确劳动教育目标内容、课时安排、主要劳动实践活动安排、劳动教育过程组织与指导及考核评价办法等。同时要基于学生的年段特征、阶段性教育要求，研究制定"学校学年（或学期）劳动教育计划"，对学年、学期劳动教育实践活动作出具体安排，特别是规划好劳动周等集中劳动，细化有关要求。使总体实施方案和学年（或学期）活动计划相互配套、衔接，形成可持续开展的劳动教育实施方案。

学校在劳动教育规划时要注意处理以下几个方面的关系：

1. 理论学习和实践锻炼的关系

理论学习和实践锻炼都是劳动教育的必要内容。理论学习重在让学生理解和掌握"劳动创造了人本身""劳动创造世界"等历史唯物主义基本理论主张以及劳动相关法律、法规、政策，作为行动的指南。实践锻炼重在将所学知识转化为真正有用的实际本领，形成良好的劳动习惯，弘扬劳动精神。规划劳动教育时，要两者兼顾，坚持以实践锻炼为主，切实保证每一个学生都有必要的劳动实践经历，不能只是口头上喊劳动、课堂上讲劳动。要通过学生实践前的计划构想、实践中的观察思考和实践后的反思交流，加深对有关思想理论、法规政策的理解，实现理论学习和实践锻炼的统一。

2. 劳动教育与其他教育活动的关系

在开足专门劳动教育必修课的同时，中小学劳动教育必修课实践环节中与综合实践活动的社会服务、设计制作、职业体验重叠部分，可整合实施。职业院校、普通高等学校劳动教育中学生生产劳动和服务性劳动可以通过专业实习、实训、创新创业等实践环节完成，日常生活劳动可以通过学生管理落实。

3. 劳动的传统形态与新形态的关系

将日常生活劳动教育贯穿大中小学始终。在安排生产劳动和服务性劳动项目时，中小学要以使用传统工具、传统工艺的劳动为主，引导学生体会劳动人民的艰辛与智慧，传承中华优秀传统文化，兼顾使用新知识、新技术、新工艺、新方法的劳动。职业院校、普通高等学校要注重结合产业新业态、劳动新形态，选择现代农业、工业、服务业项目，提升创造性劳动能力。

（二）劳动教育的组织实施

1. 实施机构和人员

学校要建立健全劳动教育组织实施的工作机制。明确主管校领导、设置机构或明确相关部门负责劳动教育的规划设计、组织协调、资源整合、师资培训、过程管理、总结评价等。

要建立专兼职相结合的劳动教育教师队伍。根据学校劳动教育需要，明确劳动教育责任人，进行劳动教育规划、组织实施、评价等，配齐劳动教育必修课教师，保持教师队伍的相对稳定性。要充分发挥教职员工特别是班主任、辅导员、导师的作用，利用少先队、共青团、党组织以及学生社团等各方面的力量，合力开展劳动教育实践活动。充分利用家长及当地人力资源，聘请相关行业专业人士担任劳动实践指导教师。

2. 劳动安全风险防范与管理

学校要把劳动安全教育与管理作为组织实施的必要内容，强化劳动安全意识，建立健全安全教育与管理并重的劳动安全保障体系。

要依据学生身心发育情况，适度安排劳动强度、时长，切实关注劳动任务及场所设施的适宜性。科学评估劳动实践活动的安全风险，认真排查、清除学生劳动实践中的各种隐患。在场所设施选择、材料选用、工具设备和防护用品使用、活动流程等方面制定安全、科学操作规范,强化劳动过程每个岗位的管理,明确各方责任,防患于未然。制定劳动实践活动风险防控预案,完善应急与事故处理机制。要特别关注劳动过程中的卫生隐患,按照疾控、卫生健康部门及行业有关规定,采取相应措施,切实保护学生的身心健康。鼓励购买劳动教育相关保险。

3. 建立协同实施机制

中小学要推动建立以学校为主导、家庭为基础、社区为依托的协同实施机制,形成共育合力。学校要通过家长会、家长学校、社区宣讲、网络媒体等途径,引导家长树立正确的劳动观;明确家长的劳动教育责任,让家长主动指导和督促孩子完成家庭、社区劳动任务;学校要与相关社会实践基地共同开发并实施劳动教育课程。

职业院校、普通高等学校要建立学校负责规划设计、行业企业社会机构主要负责业务指导、双方共同管理的劳动教育实施机制。通过建立劳模工作室、技能大师工作室,设置荣誉教师、实务导师岗位等,多渠道引入社会力量参与学校劳动教育。要联合社会力量,共建共享稳定的劳动实践基地、校外实习实训基地、各类型创新创业孵化平台,多渠道拓展劳动实践场所。

五、劳动教育条件保障与专业支持

地方教育行政部门要切实加强对劳动教育工作的组织领导,明确机构和人员承担区域推进劳动教育的职责任务,切实加强条件保障、专业支持和督导评估,整体提高大中小学劳动教育质量和水平。

(一)条件建设

1. 丰富和拓展劳动实践场所

地方教育行政部门要统筹规划和配置劳动教育实践资源,满足学校多样化劳动实践需求。充分利用现有综合实践基地、青少年校外活动场所、职业院校和普通高等学校劳动实践场所,建立健全开放共享机制,特别是充分利用职业院校实训实习场所、设施设备,为普通中小学和普通高等学校提供所需要的服务。可安排一批土地、山林、草场等作为学农实践基地,确认一批厂矿企业作为学工实践基地,认定一批城乡社区、福利院、医院、博物馆、科技馆、图书馆等事业单位、社会机构、公共场所作为服务性劳动基地。推动学校充分利用校内学习、生活有关场所,逐步建好配齐劳动技术实践教室、实训基地,丰富劳动教育资源。

2. 加强师资队伍建设

要明确劳动课教师管理要求,保障劳动课教师在绩效考核、职称评聘、评先评优、专业发展等方面与其他专任教师享受同等待遇。推动中小学、职业院校与普通高等学校建立师资交流共享机制，发挥职业院校教师的专业优势，承担普通学校劳动教育教学任务。建立劳动课教师特聘制度，为学校聘请具有实践经验的社会专业技术人员、劳动模范等担任兼职教师创造条件。

高等学校要加强劳动教育师资培养，有条件的院校开设劳动教育相关专业。把劳动教育纳入教育行政干部、校长、教师、辅导员培训内容，开展全员培训，强化劳动意识、劳动观念，提升劳动教育的自觉性。对承担劳动教育课程的教师进行专项培训，提高劳动育人意识和专业化水平。

3．健全经费投入机制

各地要统筹中央补助资金和自有财力，多种形式筹措资金，加快建设校内劳动教育场所和校外劳动教育实践基地，加强学校劳动教育设施建设，建立学校劳动教育器材、耗材补充机制。学校可按照规定统筹安排公用经费等资金开展劳动教育，可采取政府购买服务方式，吸引社会力量提供劳动教育服务。

（二）加强专业研究和指导

1．加强劳动教育研究与指导

在全国教育科学规划、教育部人文社会科学研究项目中支持劳动教育研究。地方教育行政部门鼓励和支持相关机构设立劳动教育研究项目。设立一批试验区或试验学校，注重开展跟踪研究、行动研究。举办论坛讲座，营造良好学术氛围。

各级中小学教研机构要配备劳动教育教研员，组织开展专题教研、区域教研、网络教研，通过协同创新、校际联动、区域推进，提高劳动教育整体实施水平。鼓励高等学校依托有关专业机构开展劳动教育教学研究。

2．组织开展劳动教育课程资源研发

基于劳动教育教学的实际需要，省级教育行政部门明确中小学劳动实践指导手册编写要求，体现"一纲多本"，满足不同地区学校的多样化需求，负责组织审查。职业院校可组织编写劳动精神、劳模精神、"工匠精神"专题读本，由编写院校或委托专业机构进行审查。鼓励学校、学术团体、专业机构等收集整理反映劳动先进人物事迹和精神的影视资料，组织研发展示劳动过程、劳动安全要求的数字资源，梳理遴选来自教学一线的典型案例和鲜活经验，形成分学段、分专题的劳动教育课程资源包，促进优质资源的共享与使用。

（三）督导评估与激励

1．加强对学校劳动教育实施情况的督查

把劳动教育纳入教育督导体系，完善督导办法。对地方各级人民政府和有关部门保障劳动教育情况进行督导。对学校劳动教育的开课率、学生劳动实践组织的有序性、教学指导的针对性、保障措施的有效性等进行督查和指导。督导结果要向社会公开,作为衡量区域教育质量和水平的重要指标,作为对被督导部门和学校及其主要负责人考核奖惩的依据。

2. 建立健全劳动教育激励机制

在国家级、省级教学成果奖励中,将劳动教育教学成果纳入评奖范围,对优秀成果予以奖励。依托有关专业组织、教科研机构等开展劳动教育经验交流和成果展示活动,激发广大教师实践创新的潜能和动力。积极协调新闻媒体传播劳动光荣、创造伟大思想,大力宣传劳动教育先进学校、先进个人。

附录　全国大学生学科竞赛(部分)

一、"互联网+"大学生创新创业大赛

赛事简介:"互联网+"大学生创新创业大赛是由教育部与政府、各高校共同主办的一项技能大赛。大赛旨在深化高等教育综合改革,激发大学生的创造力,培养造就"大众创业、万众创新"的主力军;推动赛事成果转化,促进"互联网+"新业态形成,服务经济提质增效升级;以创新引领创业、创业带动就业,推动高校毕业生更高质量创业就业。

报名官网:https://cy.ncss.org.cn/。

二、"挑战杯"全国大学生课外学术科技作品竞赛

赛事简介:"挑战杯"全国大学生课外学术科技作品竞赛是由共青团中央、中国科协、教育部、全国学联主办的大学生课外学术科技活动中一项具有导向性、示范性和群众性的竞赛活动。1989年开始举办,每两年举办一届。竞赛旨在引导和激励高校学生实事求是、刻苦钻研、勇于创新、多出成果、提高素质,培养学生创新精神和实践能力,并在此基础上促进高校学生课外学术科技活动的蓬勃开展,发现和培养一批在学术科技上有作为、有潜力的优秀人才。

报名官网:http://www.tiaozhanbei.net/。

三、"挑战杯"中国大学生创业计划竞赛

赛事简介:"挑战杯"中国大学生创业计划竞赛是由共青团中央、中国科协、教育部、全国学联主办的大学生课外科技文化活动中一项具有导向性、示范性和群众性的创新创业竞赛活动,每两年举办一届。根据参赛对象,分为普通高校、职业院

校两类。设科技创新和未来产业、乡村振兴和脱贫攻坚、城市治理和社会服务、生态环保和可持续发展、文化创意和区域合作五个组别。

报名官网：http://www.tiaozhanbei.net/。

四、全国高等医学院校大学生临床技能竞赛

赛事简介：为了进一步推动临床实践教学改革，创新实践教学体系，加强临床教师队伍建设，加强医学生人文关怀精神和临床基础理论、基本知识、基本技能的培养，提升医学生创新能力、实践能力和团队合作意识，全面提高医学生综合素质和人才培养质量，在教育部医学教育临床教学研究中心及教育部临床医学专业实践教学指导分委员的组织下，开展大学生临床技能竞赛。

报名官网：http://www.kmmc.cn/list1779.aspx。

五、全国大学生化学实验邀请赛

赛事简介：全国大学生化学实验邀请赛是我国高等学校化学学科最高级别赛事，由教育部高等学校化学教育研究中心主办。该赛事旨在推动我国高等学校化学实验教学模式、教学内容、教学方法的改革，探索培养创新型化学人才的思路、途径和方法，以提高我国化学实验教学总体水平。

报名官网：http://nuclt.fzu.edu.cn/html/。

六、全国大学生电子商务"创新、创意及创业"挑战赛

赛事简介：全国大学生电子商务"创新、创意及创业"挑战赛（简称"三创赛"）是由教育部高等学校电子商务专业教学指导委员会面向全国高校（含港澳台地区）举办的大学生竞赛项目，是教育部、财政部"高等学校本科教学质量与教学改革工程"重点支持项目。"三创赛"是激发大学生兴趣与潜能，培养大学生创新意识、创意思维、创业能力以及团队协同实战精神的学科性竞赛。

报名官网：http://www.3chuang.net/。

七、全国大学生节能减排社会实践与科技竞赛

赛事简介：全国大学生节能减排社会实践与科技竞赛充分体现"节能减排、绿色能源"的主题；紧密围绕国家能源与环境政策，结合国家重大需求；竞赛起点高、规模大、精品多、覆盖面广，是一项具有导向性、示范性和群众性的全国大学生竞赛，得到了各省教育厅、各高校的高度重视。通过竞赛增强大学生节能环保意识、科技创新意识和团队协作精神，扩大大学生科学视野，提高大学生创新设计能力、工程实践能力和社会调查能力。竞赛自2008年举办以来，每年举办一届。

报名官网：http://www.jienengjianpai.org/。

八、"外研社·国才杯"全国大学生英语系列赛

赛事简介："外研社·国才杯"全国大学生英语系列赛，是大学生呈现风采、实现自我的广阔舞台，也是外语教育领域体现智慧、展现创新的沟通平台。大赛以培养具有国际视野、创新意识、家国情怀、未来精神的国际化人才为目标，与新时代同向同行、共同前进，为大学生培根铸魂、启智润心，引导其深刻理解把握时代潮流和国家需要，追求卓越、永攀知识高峰，行胜于言、肩负时代责任，全面发展，成器成才。

报名官网：http://uchallenge.unipus.cn/。

九、全国大学生创新创业训练计划年会

赛事简介：教育部高等教育司从2008年起，委托高校举办全国大学生创新论坛（2012年更名为全国大学生创新创业年会）。年会遴选国家级大学生创新创业训练计划（以下简称"国创计划"）参与项目学生进行学术交流和成果推介。"国创计划"始终坚持"兴趣驱动、自主实践、重在过程"的理念，让更多大学生都有机会参与创新训练、创业训练和创业实践。"国创计划"的实施对教育思想观念转变，学生主体意识和创新意识的提升均发挥了重要作用。

报名官网：http://gjcxcy.bjtu.edu.cn/IndexCG.aspx。

十、中国大学生计算机设计大赛

赛事简介: 中国大学生计算机设计大赛由2018—2022年教育部大学计算机课程教学指导委员会、中国大学生计算机设计大赛组织委员会主办,由北京大学、中国人民大学、北京语言大学、清华大学承办。本赛事于2008年开赛,竞赛章程完备,操作规范,每届参赛指南由出版社正式出版。该赛事的目的是提高大学生综合素质,具体落实教育部高等学校计算机基础课程教学指导委员会编写的《高等学校计算机基础教学发展战略研究报告暨计算机基础课程教学基本要求》以及教育部高等学校文科计算机基础教学指导委员会编写的《文科类专业大学计算机教学要求》,进一步推动高校本科面向21世纪的计算机教学的知识体系、课程体系、教学内容和教学方法的改革,引导学生踊跃参加课外科技活动,激发学生学习计算机知识技能的兴趣和潜能,为培养德智体美全面发展、具有运用信息技术解决实际问题的综合实践能力、创新创业能力以及团队合作意识的人才服务。

报名官网: http://jsjds.ruc.edu.cn/Index.asp。

十一、全国大学生市场调查与分析大赛

赛事简介: 全国大学生市场调查与分析大赛(暨海峡两岸大学生市场调查与分析大赛大陆地区选拔赛)由中国商业统计学会、教育部高等学校统计学类专业教学指导委员会主办。大学生市场调查与分析大赛是基于大数据时代背景,以市场调查与分析为核心,以提高学生的组织、策划、调查实施和数据处理与分析等专业实战能力,培养学生的社会责任感、服务意识、市场敏锐度和团队协作精神为宗旨,将专业知识与思想政治内容紧密结合。大赛设置本科组和专科组两个竞赛组别,设知识赛和实践赛两个竞赛环节。知识赛主要考核学生对于基本理论和基础知识、技能的掌握程度。实践赛包含书面报告、现场答辩两部分,主要考查学生理论结合实际的能力、解决实际问题的能力。

报名官网: http://www.china-cssc.org/list-52-1.html。

十二、中国高校计算机大赛

赛事简介: 中国高校计算机大赛(China Collegiate Computing Contest,简称

C4)是由教育部高等学校计算机类专业教学指导委员会、教育部高等学校软件工程专业教学指导委员会、教育部高等学校大学计算机课程教学指导委员会和全国高等学校计算机教育研究会联合主办,面向高校学生的高水平计算机类系列竞赛,由清华大学、浙江大学、温州大学等高校承办,合作单位有腾讯、百度、网易、苹果、思科、快手、字节跳动等知名企业。

"大数据挑战赛"是以产学合作为主导,由清华大学联合企业承办,以企业真实场景和实际数据为基础,面向全球开放的高端算法竞赛。竞赛旨在提升高校学生对数据分析与处理的算法研究与技术应用能力,探索大数据的核心科学与技术问题,尝试创新大数据技术,推动大数据的产学研用。

"团体程序设计天梯赛"重点考查参赛队伍的基础程序设计能力、数据结构与算法应用能力,并通过团体成绩体现高校在程序设计教学方面的整体水平。竞赛题目均为在线编程题,由搭建在网易服务器上的 PAT 在线裁判系统自动评判。难度分 3 个梯级:基础级、进阶级、登顶级。以个人独立竞技、团体计分的方式进行排名。

"移动应用创新赛"旨在促进高校计算机课程教学内容和教学方法改革,激发学生创新意识,提升学生利用计算机分析问题、解决问题的能力,特别是移动应用的设计与开发能力,培养团队合作精神,提高高校移动应用开发类课程的教学水平,促进校际交流,丰富校园学术气氛。

"网络技术挑战赛"目的在于适应互联网技术与应用的发展,对接产业相关人才需求,体现新工科人才培养,提升在校大学生的网络技术应用与开发能力,培养学生创新精神和团队合作能力,提高大学生的综合素质,促进高等学校网络技术与网络工程相关课程的教学内容和教学方法改革,促进产教融合下的 IT 人才培养模式改革。

报名官网:http://www.c4best.cn/。

十三、全国大学生信息安全竞赛

赛事简介:全国大学生信息安全竞赛是一项公益性大学生科技活动,目的在于宣传信息安全知识;培养大学生的创新精神、团队合作意识;拓宽大学生的科学视野,提高大学生的创新设计能力、综合设计能力和信息安全意识;促进高等学校信息安全专业课程体系、教学内容和方法的改革;吸引广大大学生踊跃参加课外科技活动,为培养、选拔、推荐优秀信息安全专业人才创造条件。竞赛以信息安全技术与应用设计为主要内容,可涉及密码算法、安全芯片、防火墙、入侵检测系统、电子商务与电子政务系统安全、VPN、计算机病毒防护等,但不限于以上内容。竞赛题目一般是工程技术中适当简化过的实际问题,并考虑到目前教学的基本内容和学科前沿,同时对课程体系和教学内容改革起一定的引导作用。竞赛侧重考查参赛学生的创新能力,内容应既有理论性,也有工程实用性,从而可以全面检验和促进学生的信息安全理论素养和实际动手能力。

报名官网:http://www.ciscn.cn/。

十四、蓝桥杯全国软件和信息技术专业人才大赛

赛事简介:为了促进软件和信息领域专业技术人才培养,蓝桥杯全国软件和信息技术专业人才大赛由教育部就业指导中心支持,工业和信息化部人才交流中心主办。10年来,累计40万余名学子报名参赛,IBM、百度等知名企业全程参与,成为国内始终领跑的人才培养选拔模式并获得行业深度认可的IT类科技竞赛,取得了良好的社会效果。大赛分为个人赛和设计赛两大项。

报名官网:http://dasai.lanqiao.cn/。

十五、"中国软件杯"大学生软件设计大赛

赛事简介:为了科学引导高校学子参加科研活动,实现应用型人才培养和产业需求有效衔接,推动我国软件和信息技术服务业高质量发展,工业和信息化部、教育部、江苏省人民政府共同创办了面向中国高校在校学生的公益性软件设计大赛——"中国软件杯"大学生软件设计大赛。大赛秉承"政府指导,企业出题,高校参与,专家评审,育才选才"方针,以"催生多重效应,引领产业创新"为宗旨,在深化产教融合、产融对接,创新人才培养、激励人才创新,推动科研创新、成果转化等方面搭建了重要平台和有效途径。大赛举办7年来,已成为全国软件行业规格最高、最具影响力的顶级赛事。

报名官网:http://www.cnsoftbei.com/。

十六、全国高校商业精英挑战赛

赛事简介:品牌策划竞赛:采用方案陈述与现场答辩的方式进行,不仅考核参赛选手对企业品牌运营状况、品牌管理相关知识的掌握程度和水平,还考查参赛学

生的动手、品牌策划应用、创意策划以及与人沟通交流等方面的综合能力。

会展专业创新创业实践竞赛：是国内目前参与院校多、参加人数多、提交方案多的大规模会展专业竞赛之一。该项大赛主要针对会展专业的师生，其目的是让教师把握行业发展动态，促进产学融合；让同学们以赛促学，重点提升会展管理和策划实践能力。

国际贸易竞赛：是由中国国际贸易促进委员会商业行业委员会和中国国际商会商业行业商会牵头主办的国家级学科竞赛活动。经过多年培育，该项大赛业已发展成为我国国际经贸教育领域，基于校企合作的规模最大的综合实践平台和学科竞赛活动。竞赛分学生组和教师组。学生组设置国际贸易业务模拟竞赛、VLOG 创作竞赛两个竞赛类别；教师组设置国际贸易课程设计竞赛。

创新创业竞赛：为团体赛形式，设置创业组、创客组和国际组，各组别均设知识赛、全国预选赛和全国总决赛三个阶段，分别由赛区组委会和竞赛执委会组织进行。

报名官网：http://www.ccpitedu.org/。

十七、"学创杯"全国大学生创业综合模拟大赛

赛事简介："学创杯"全国大学生创业综合模拟大赛是由高等学校国家级实验教学示范中心联席会经济与管理学科组主办的一项传统赛事。大赛旨在激励大学生弘扬时代精神，培养创业意识，提高创业能力，促进高校就业创业教育的蓬勃开展，发现和培养一批具有创新思维和创业潜力的优秀人才，同时鼓励高校组建创业模拟实验实践平台，积极开展各类大学生创业竞赛。该项赛事主要采用"创业之星"软件作为竞赛平台，让学生体验企业若干轮虚拟年度的创业经营决策，从而了解企业管理过程中可能遇到的各种情况与决策内容，提高学生的实践动手能力、对企业的综合管理能力，以及分析问题、解决问题的能力。

报名官网：http://xcbds.com/cybs/index。

十八、全国高校 BIM 毕业设计创新大赛

赛事简介：全国高校 BIM 毕业设计创新大赛为 BIM 技术在高校落地应用探索提供了新的途径，为开设 BIM 相关课程和课题研究提供了思路，提高了学生的就业率和就业质量，有助于 BIM 师资团队的建设。大赛充分结合当前建筑行业

BIM全过程应用的实际情况,融合了各高校的教学特点,覆盖了工程造价、工程管理、土木工程、建筑工程技术、建设项目管理等相关专业。大赛还结合行业应用较为成熟的VR技术,为建筑全专业师生提供更专业的竞技平台。

报名官网:http://gxbsxs.glodonedu.com/。

十九、全国大学生生命科学竞赛

赛事简介:全国大学生生命科学竞赛(CULSC)在教育部高等学校大学生物学课程教学指导委员会、教育部高等学校生物科学类专业教学指导委员会、教育部高等学校生物技术与生物工程类专业教学指导委员会和《高校生物学教学研究(电子版)》杂志的共同倡议下,每年举办一届。

报名官网:https://www.culsc.cn/#/。

参 考 文 献

[1] 金泰廙.职业卫生与职业医学[M].6版.北京:人民卫生出版社,2007.

[2] 孙贵范.职业卫生与职业医学供预防医学类专业用[M].7版.北京:人民卫生出版社,2012.

[3] 郝文斌,冯丹娃,杜海军.劳动心理学[M].哈尔滨:东北林业大学出版社,2008.

[4] 金泰廙.职业卫生与职业医学[M].北京:人民卫生出版社,2003.

[5] 刘松林,霍江华,王瑞兰.新时代高校劳动教育理论与实践教程[M].长春:东北师范大学出版社,2020.

[6] 邬堂春.职业卫生与职业医学[M].8版.北京:人民卫生出版社,2017.

[7] 沈志义.劳动心理学[M].南昌:江西人民出版社,2006.

[8] 曾繁华,邹碧海.职业卫生[M].北京:中国质检出版社,2015.

[9] 李智民,李涛,杨径,等.现代职业卫生学[M].北京:人民卫生出版社,2018.

[10] 牛侨.职业卫生与职业医学[M].2版.北京:中国协和医科大学出版社,2007.

[11] 牛侨,张勤丽,田琳,等.职业卫生与职业医学[M].北京:中国协和医科大学出版社,2015.

[12] 梁友信.劳动卫生与职业病学[M].北京:人民卫生出版社,1981.

[13] 彭开良,杨磊.物理因素危害与控制[M].北京:化学工业出版社,2006.

[14] 金泰廙.现代职业卫生与职业医学[M].北京:人民卫生出版社,2011.

[15] 张杉杉.劳动心理学[M].北京:中国劳动社会保障出版社,2011.

[16] 国家安全生产监督管理总局职业安全健康监督管理司,中国安全生产科学研究院.职业卫生评价与检测[M].北京:煤炭工业出版社,2013.

[17] 许小东,孟晓斌.工作压力应对与管理[M].北京:航空工业出版社,2004.

[18] 王穆兰.劳动卫生学[M].北京:人民卫生出版社,1993.

[19] 王穆兰.劳动卫生学[M].2版.北京:人民卫生出版社,1981.

[20] 刘新民,余亮,吴金庭,等.管理心理学[M].合肥:中国科学技术大学出版社,2014.

[21] 孙贵范.职业卫生与职业医学[M].北京:中国协和医科大学出版社,2019.

[22] 顾学箕,王筠兰.卫生学[M].2版.北京:人民卫生出版社,1981.

[23] 顾学箕,王筠兰.劳动卫生学[M].2版.北京:人民卫生出版社,1985.

[24] 陈沅江.职业卫生与防护[M].2版.北京:机械工业出版社,2018.

[25] 李珂.嬗变与审视[M].北京:社会科学文献出版社,2019.

[26] 牛侨.职业卫生与职业医学[M].北京:中国协和医科大学出版社,2003.

[27] 吴永会.职业卫生与健康[M].哈尔滨:哈尔滨出版社,2008.

[28] 牛侨,杨文敏.2008公卫执业(助理)医师考试指导[M].北京:人民军医出版社,2008.

[29] 张文昌,夏昭林.职业卫生与职业医学(案例版)[M].北京:科学出版社,2008.

[30] 中国社会科学院工业经济研究所.中国工业发展报告:工业供给侧结构性改革(2016)[M].北京:经济管理出版社,2016.

[31] 张雨强,张书宁.新中国成立70年劳动教育的历史演变:基于教育政策学的视角[J].温州科技职业学院学报,2019(10):61-67.

[32] 邱珍.新中国成立后劳模文化的结构分析[J].天津大学学报(社会科学版),2019,21(4):347-353.

[33] 李珂.行胜于言:论劳动教育对立德树人的功能支撑[J].教学与研究,2019(5):96-103.

[34] 马焕坤.高职院校学生特点及安全教育工作举措分析[J].传播力研究,2019,3(8):164.

[35] 章仁根.低温作业的职业健康与劳动防护[J].安全生产与监督,2016(11):21-23.

[36] 李珂.楷模与引领:劳动模范评选制度的嬗变与省思[J].教学与研究,2018(6):77-84.

[37] 郭权.浅论加强职业道德建设[J].职业,2011(9):23-24.

[38] 健康安全网.低温作业的职业危害及防护措施[J].安全生产与监督,2016(2):25-26.

[39] 历次全国劳模和先进工作者表彰大会资料[J].中国职工教育,2010(5):11.

[40] 李鸿建.社会属性视角:大学生劳动权益保护[J].当代青年研究,2006(12):66-70.

[41] 张迪.中国的"工匠精神"及其历史演变[J].思想教育研究,2016(10):45-48.

[42] 刘克善.心理压力的涵义与特性[J].衡阳师范学院学报,2003(1):102-106.

[43] 宋乃庆,王晓杰.新中国成立以来我国劳动教育政策发展:回眸与展望[J].思想理论教育导刊,2020(2):76-80.

[44] 彭阳,刘亚男,周梅花,等.新型冠状病毒疫情下消化内镜诊疗的关键点与薄弱环节[J].现代消化及介入诊疗,2020,25(3):291-294.

[45] 杨冬梅,孙伟正,黄帅.新时代劳模思想政治引领作用探析[J].中国劳动关系学院学报,2021,35(6):33-39.

[46] 丰箫,陈沙沙.改革开放初期上海劳模评选研究[J].思想政治课研究,2021(5):42-58.

[47] 韩书堂.半耕半读的生活之美[J].人民周刊,2019(17):11.

[48] 王致兵.我国劳动安全问题及对策[J].辽宁科技大学学报,2009,32(1):99-102.

[49] 李梦.从道德的劳动起源认识道德本质[J].理论观察,2019(8):30-32.

[50] 王永玺,张晓明.简述中国劳模的历史发展[J].北京市工会干部学院学报,2010,25(3):7-9.

[51] 彭维锋.新时代劳模精神、劳动精神、"工匠精神"的理论内涵与实践导向[J].江西社会科学,2021,41(5):208-217,256.

[52] 姚力.1977～1979年的全国劳动模范表彰[J].当代中国史研究,2015,22(5):39-47,125-126.

[53] 吴钟琪.无菌技术[J].中国实用乡村医生杂志,2018,25(5):26-28.

[54] 刘延波,陈志军,郝铭,等.电纺膜替代荷电熔喷布解决口罩短缺问题的可能性分析[J].纺织导报,2020(3):64-70.

[55] 海淀区总工会赴朝阳双井街道总工会学习观摩[J].工会博览,2017(6):38.

[56] 武秀敏.医务人员职业暴露危险因素分析与防护措施[J].齐鲁护理杂志,2011,17(15):84-85.

[57] 张晓明.中国劳模的历史叙事与启示[J].领导理论与实践,2011(3):37-39.

[58] 徐敬才.组织中的工作压力与管理[J].商场现代化,2010(24):162-164.

[59] 上海第二医学院马列主义教研室哲学教研组.医学化理学 第一讲 医德及其作用[J].中国医院管理,1983(7):48-50.

[60] 余文静.认知学习理论在第二语言教学中的运用[J].云南电大学报,2008(2):86-89.

[61] 史梦远,崔骊,黄殿忠,等.X射线装置的防护管理[J].中国医学装备,2010(12):28-30.

[62] 储新宇,李珂.弘扬伟大劳模精神 铸就新的历史伟业[N].光明日报,2020-12-23(6).

[63] 小辑.弘扬劳模精神 做新时代的奋进者[N].沈阳建筑大学报,2021-05-20(4).

[64] 口罩有保质期 N95存5年"功力"剩3成[N].消费质量报,2020-02-07(7).

[65] 程建坤.以评价促进劳动教育高质量开展[N].中国教育报,2020-12-24(8).

[66] 低温下作业劳动防护怎么做?[N].中国安全生产报,2017-01-13(A06).

[67] 慢着,先别摘下口罩![N].山东青年报教育周刊,2020-07-02(C08).

[68] 火眼金睛:我看"疫情"信息[N].南湖晚报,2020-05-16(6).

[69] 王慧敏,刘博.中共河南省委 新华社 中共安阳市委 学习弘扬红旗渠精神研讨会在林州举行[N].安阳日报,2015-04-03(1).

[70] 邱曦.我区在5个公共场所投放"救命神器"AED[N].新消息报,2020-11-05(4).

[71] 心率管理好 健康没烦恼[N].中国水运报,2017-08-28(4).

[72] 陈明慧,崔志超,赵景烨.一块鸡肉引发的生死时速[N].黄河口晚刊,2020-09-23(A05).

[73] 赵素萍.大力弘扬红旗渠精神 加快推进文明河南建设[N].新华每日电讯,2015-04-03(16).

[74] 晓峰.生命的拥抱:海姆立克急救法[N].承德日报,2020-08-28(7).

[75] 柏可林.你分清楚这四种垃圾了吗?[N].大众卫生报,2019-07-02(9).

[76] 一分钟学会正确分类垃圾[N].黑河晚刊,2017-03-25(A04).

[77] 杨琳.掌握常见急救技术[N].文摘报,2019-04-09(4).

[78] 吴瑞清.劳动精神的教育内蕴[N].中国教育报,2019-04-25(6).

[79] 中华人民共和国教育部.教育部关于印发《大中小学劳动教育指导纲要(试行)》的通知[EB/OL].(2020-07-09).http://www.moe.gov.cn/srcsite/A26/jcj_kcjcgh/202007/t20200715_472808.html.

[80] 劳动时报."低温"列为新增职业病危害因素之一[EB/OL].(2016-03-01).http://right.workercn.cn/904/201603/01/160301084246703.shtml.

[81] 搜狐网.要学会海姆立克急救法!当孩子或成人被异物卡住喉咙时能救命![EB/OL]. (2020-10-11). https://www.sohu.com/a/423832323_644266.

[82] 闫妍,艾雯.历届全国劳模大会简介[EB/OL].(2017-05-26).http://acftu.people.com.cn/n1/2017/0526/c412682-29302648.html.

[83] 黑龙江省第二医院.高温作业的危害及预防[EB/OL].(2017-05-23). https://www.toutiao.com/article/6423286394726121985/? wid=1653883263469.